Imad Mustafa
DER POLITISCHE ISLAM

Bibliografische Information der Deutschen Bibliothek:
Die Deutsche Bibliothek verzeichnet diese Publikation
in der Deutschen Nationalbibliografie.
Detaillierte bibliografische Daten sind im Internet über http://dnb.ddb.de abrufbar.

© 2013 Promedia Druck- und Verlagsgesellschaft m.b.H., Wien
Alle Rechte vorbehalten
Lektorat: Hannes Hofbauer
Gestaltung: Stefan Kraft
Druck: CPI – Clausen & Bosse, Leck
Printed in Germany
ISBN: 978-3-85371-360-0

Fordern Sie einen Gesamtprospekt des Verlages an:
Promedia Verlag
Wickenburggasse 5/12
A-1080 Wien
E-Mail: promedia@mediashop.at
Internet: www.mediashop.at
                www.verlag-promedia.de

Imad Mustafa

Der Politische Islam

Zwischen Muslimbrüdern, Hamas und Hizbollah

Über den Autor

Imad Mustafa wurde 1980 in Esslingen/Baden-Württemberg als Sohn palästinensischer Gastarbeiter geboren. Er studierte Politologie, Orientalistik und Soziologie an den Universitäten Heidelberg, Damaskus und Frankfurt/Main und arbeitet als freischaffender Publizist zum Nahost-Konflikt und zur Palästinafrage.

Inhaltsverzeichnis

Anhang

Vorwort

Die arabische Welt befindet sich seit Beginn der Aufstände im Frühjahr 2011 im Aufruhr. In Tunesien, Ägypten, Libyen, Syrien, Bahrain und Jemen erhoben sich desillusionierte junge Menschen ohne Arbeit und Perspektive gegen die verkrusteten Regime in ihren Ländern. Ihre Forderungen unterschieden sich dabei kaum von denjenigen sozialer Bewegungen in Europa und Nordamerika im gleichen Zeitraum: Mitbestimmung und eine Verbesserung der Lebensverhältnisse der breiten Bevölkerung.

Der aufgrund seiner Ressourcen und Nähe zu Europa geostrategisch so wichtige Nahe Osten befindet sich seither in einem Umbruch, von dem kaum vorauszusagen ist, welche Entwicklungen er mit sich bringen wird. Zu vielfältig sind die internen und externen Akteure mit ihren zum Teil gegensätzlichen Interessenlagen; zu unterschiedlich die politischen, historischen und sozialen Strukturen in den verschiedenen Ländern.

Eines scheint aber gewiss zu sein: Im Kontext der Transformation und neu gewonnener Freiheiten spielen Parteien und Bewegungen, deren ideologische Basis im Islam zu finden ist, eine zunehmend wichtige Rolle, auch in Ländern, die keinen Regimewechsel erlebt haben. Kaum hatten die Muslimbrüder in Ägypten oder die Ennahda-Bewegung in Tunesien die ersten freien Parlamentswahlen in ihren Ländern für sich entschieden, kontrastierten hiesige Medien in einer Mischung aus Unwissen und Feindbilddenken den in der ersten Euphorie geprägten Begriff vom Arabischen Frühling mit dem des »Arabischen Herbsts«, um die Sorgen vor einer »Islamisierung« des demokratischen Aufbruchs zum Ausdruck zu bringen.

Dahinter verbirgt sich die stillschweigende Annahme, dass islamische Parteien und Bewegungen nur autoritäre Herrschaftsformen errichten können, in denen die Implementierung der Scharia die betreffenden Gesellschaften ins Mittelalter zurückkatapultieren wird. Dass es sich bei den meisten islamischen Bewegungen um genuin politische Organisationen handelt, die bereit sind, sich an einem pluralistischen Willensbildungsprozess zu beteiligen, wird kaum wahrgenommen.

So will dieses Buch in doppeltem Sinne kritische Aufklärungsarbeit leisten. Einmal sollen ethnozentrische Betrachtungen westlicher Orientwissenschaftler und Experten aufgebrochen werden, die sich oft nur auf Sekundärquellen berufen, wenn sie über das Phänomen »Islamismus«, den »Islam« oder den Orient schreiben. Häufig stiften sie durch unscharfe Definitionen oder willkürliche Verwendung von Begriffen wie Islamismus, Fundamentalismus oder Salafismus mehr Verwirrung, als sie zur Aufklärung beitragen. In einem universalistischen Furor wird Gesellschaften islamisch geprägter Länder Unfähigkeit vorgeworfen, westlich-liberale Konzepte der Staatsorganisation zu übernehmen. Der vom palästinensisch-amerikanischen Autor Edward Said erhobene Vorwurf des »Orientalismus«, also einer spezifischen Form von kulturellem und intellektuellem Imperialismus, behält auf diese Weise bis heute seine Gültigkeit.

Dieses Buch will das Phänomen des Politischen Islam in seinen ideengeschichtlichen sowie historischen Kontext einbetten, um davon ausgehend die Positionen ausgewählter islamischer Parteien und Bewegungen anhand von Texten zu vergleichen. Eine Annäherung an Beweggründe und Ziele vollzieht sich über eine kritische Analyse ideologischer, politischer, religiöser, sozialer und wirtschaftspolitischer Standpunkte. Zugleich wird diese Auseinandersetzung zeigen, dass das islamische Spektrum nicht monolithisch strukturiert, sondern reich an ideologischen Varianten ist.

Die Konzentration auf Texte und Reden islamischer[1] Protagonisten soll abseits vom politischen Tagesgeschäft langfristige Perspektiven, Programme und inhärente ideologische Orientierungen aufdecken. Aus diesem Grund sollen auch längere Passagen zitiert werden. Zugleich wird der Versuch unternommen, diese theoretischen Grundlagen mit den gesellschaftlichen und politischen Rahmenbedingungen, in denen die Bewegungen agieren, zu verknüpfen, um Veränderungen und Entwicklungen im Denken dieser Akteure abbilden zu können. So sollen sie als das dargestellt werden, was sie sind: Dynamische soziale Bewegungen.

Ziel dieses Buches ist es, für ein interessiertes Publikum eine Diskussionsgrundlage über den Politischen Islam zu bieten, die über Begrifflichkeiten wie Terror, Angst und Bedrohung hinausgeht und den Blick für die komplexen Zusammenhänge dieses Themas öffnet. Aber auch als Grundlage für »Einsteiger« ist dieses Buch geeignet. Eine erschöpfende Betrachtung aller relevanten islamischen Akteure hätte naturgemäß den Rahmen dieses Buches gesprengt. Deshalb erhebt es keinesfalls einen Anspruch auf Vollständigkeit. In die Analyse wird folglich nur eine Auswahl von Bewegungen miteinbezogen. Mir ist bewusst, dass eine solche Auswahl immer zugleich eine Einschränkung ist und höchst subjektiv bleibt. Als Kriterien für die Auswahl wurde die geostrategische Bedeutung der Länder herangezogen, in denen die jeweiligen Bewegungen aktiv sind, ihr Bekanntheitsgrad hierzulande sowie ihre Bedeutung im jeweiligen politischen System, in dem sie sich bewegen.

Die Untersuchung umfasst daher die ägyptischen *Muslimbrüder* samt ihrer Parteineugründung *Freiheits- und Gerechtigkeitspartei*, die palästinensische *Hamas*, die im Libanon ansässige *Hizbollah* sowie die ägyptische *al-Nur-Partei* (Partei des Lichts). Der Putsch des ägyptischen Militärs und die brutale Zurückdrängung der Muslimbrüder seit Juli 2013 haben auf die hier dargestellten programmatischen Positionen bis Redaktionsschluss dieses Buches keinen Einfluss genommen.

Um ein besseres Verständnis für die Beweggründe, ideologischen Fundamente

---

1. Die Bezeichnung »islamisch« wird im Folgenden nur für Akteure gebraucht, die ihr Handeln und Denken maßgeblich auf islamische Prinzipien und Ideen gründen.

und Ziele der genannten Bewegungen zu erreichen, ist es notwendig, in einem einleitenden Kapitel einen Überblick über die historischen, sozialen und politischen Ursprünge und Rahmenbedingungen modernen islamischen Denkens zu geben, das sich in mehreren Stufen entwickelte. Denn nur vor dem Hintergrund von einsetzender Säkularisierung, der Auseinandersetzung mit westlichem Kolonialismus und der einbrechenden Moderne ist die um die Wende zum 20. Jahrhundert entstandene islamische Reformbewegung und deren Vordenker zu verstehen, ohne die es die heutigen islamischen Bewegungen in dieser Form nicht gäbe.

Dabei soll ebenso auf das Denken zentraler Figuren wie etwa Dschamal al-Din al-Afghani, Muhammad Abduh und Hassan al-Banna sowie Sayyid Qutb eingegangen werden, wie auf die sozio-politischen Bedingungen der Entstehung des Politischen Islams.

In den folgenden Kapiteln werden die Positionen der genannten Bewegungen anhand übersetzter Primärquellen vorgestellt, kritisch analysiert und miteinander verglichen.

So wie es den einen Islam nicht gibt, sondern verschiedene raum-zeitliche Konfigurationen des »Islam«, so gibt es auch nicht den *einen* Politischen Islam. Je nach regionaler und konfessioneller Ausprägung, unterscheiden sich die Bewegungen zum Teil erheblich in ihrer religiös-ideologischen Positionierung. Dies soll Gegenstand der Anfangsbetrachtung werden. Großen Einfluss auf die ideologische Positionierung hat zudem die Tatsache, ob eine Bewegung in einem nationalstaatlich-reformerischen Kontext entsteht und agiert, oder ob sie unter kriegerischen Bedingungen sich als Widerstands- und Befreiungsbewegung konstituiert und erst in einem zweiten Schritt als zivilgesellschaftlicher Akteur. Deshalb werden auch die Entstehungsbedingungen der verschiedenen Bewegungen beleuchtet und in den historischen sowie politischen Kontext eingebettet.

Im Anschluss stehen die politischen Standpunkte und staatlichen Verfasstheiten im Mittelpunkt. Dieses Kapitel wird verdeutlichen, dass aktuelle islamische Staatskonzepte Ansprüchen moderner Gesellschaftsstrukturen durchaus gerecht werden und über den Kalifatsgedanken weit hinausweisen. Zudem sind die jeweiligen Anschauungen immer auch Spiegelbild der politischen Rahmenbedingungen. Zu denken ist etwa an die unterschiedlichen Situationen in den besetzten Gebieten in Palästina und an das postrevolutionäre Ägypten, in denen die jeweilige Bewegung agiert. Es wird sich zeigen, dass genuin islamische Prinzipien wie die Schura an die westlich-liberale Idee der parlamentarischen Repräsentation anschlussfähig sind und islamische Parteien versucht sind, das Rad nicht neu zu erfinden, sondern einen Ausgleich zwischen islamischen und westlichen Konzepten herzustellen. Um die Übernahme vermeintlich westlicher Vorstellungen zu legitimieren, wird häufig ein Identitäts- und Authentizitätsdiskurs geführt, der diese als ursprünglich islamisch, das eigene Vorgehen als Wiederaneignung gestohlener Kulturgüter darstellt.

Während religiöse und politische Standpunkte islamischer Bewegungen oft im Mittelpunkt von Debatten stehen, ist das seltener der Fall, wenn es um deren wirtschafts- und sozialpolitische Positionen geht. Diesem Mangel soll im letzten Kapitel begegnet werden. Die Überlegungen zur brennenden sozialen Frage in den jeweiligen Gesellschaften und wie diese gelöst werden kann, sind insbesondere vor dem Selbstverständnis der verschiedenen Bewegungen auch als Wohlfahrtsparteien interessant. Denn von den Anhängern wird ihr Erfolg nicht zuletzt an ihrem Vermögen gemessen, die Armut und Not der Massen zu lindern.

Umso überraschender erscheint es da, dass sie in wirtschaftspolitischen Fragen oftmals einem kapitalistischen Modell folgen, das man getrost als neoliberal bezeichnen kann. Moderner Islam und freie Marktwirtschaft stellen für islamische Parteien und Bewegungen keinen Widerspruch dar, sondern ergänzen und vervollständigen sich gegenseitig. Soziale Probleme werden zwar benannt, Lösungsvorschläge erarbeitet, aber immer im Rahmen bekannter und bestehender Konzepte.

Der Band wird von einem Glossar zu häufig vorkommenden, arabischen Begriffen und ausgewählten Dokumenten der zu Wort kommenden Parteien und Bewegungen abgerundet.

Für die Transkription arabischer Begriffe wurde eine vereinfachte Schreibweise gewählt, um die Lesbarkeit nicht unnötig zu erschweren. Alle Koranzitate im Buch sind der Übersetzung von Rudi Paret: Der Koran, Stuttgart, Kohlhammer 2007 entnommen.

Zum Schluss möchte ich Herrn Hannes Hofbauer vom Promedia Verlag meinen Dank aussprechen; ohne seine Idee würde es diesen Band nicht geben. Außerdem bin ich meiner Familie zu großem Dank verpflichtet, allen voran Asma, ohne deren Unterstützung dieses Projekt kaum zustande gekommen wäre. Natürlich gilt mein weiterer Dank allen Freunden, die mir durch kluge Ratschläge über manche Durststrecke hinweggeholfen haben.

Imad Mustafa
Frankfurt am Main, im August 2013

Kapitel Eins

Moderner Islam: Von Reformen und Utopien

Wenn es um die Beschreibung sozialer und politischer Phänomene im Nahen Osten geht, dann ist die begriffliche Verwirrung groß. Eine Vielzahl von Konzepten und Definitionen reiht sich aneinander. Im Fall von islamischen politischen Bewegungen ist dies besonders häufig zu beobachten, wo ein wildes Durcheinander von Begriffen herrscht, deren analytische Kraft mit den negativen Konnotationen und Präjudizierungen, die sie hervorrufen, nicht mithalten kann. Die Spannweite reicht dabei von Islamismus, Fundamentalismus, militantem Islam bis hin zum neueren Begriff des Salafismus. Hinzu kommt oftmals eine Qualifizierung dieser Phänomene, die wenig Raum für Phantasie lässt und diese mit dem Etikett des Extremismus, Radikalismus oder Fanatismus belegt.

Ihre vorhandene analytische Dimension haben sie in der öffentlichen Debatte dagegen weitgehend eingebüßt. Gemeinsam ist diesen Phänomenen nur die Funktion, die sie vor allem im medialen Betrieb einnehmen, nämlich Ängste zu schüren, Feindbilder zu erzeugen und Unterstützung für Kriege und militärische Operationen zu mobilisieren.[2] Dies erreichen sie, indem die islamisch geprägten Länder praktisch mit extremistischen, gewaltbereiten Formen von Religiosität gleichgesetzt werden, die keinen Zugang zu Rationalität zulässt und somit unberechenbar, gefährlich und feindselig ist. Dadurch erscheint die islamische Welt als einheitlich und monolithisch. Dabei werden aus »Islamisten« oder »Fundamentalisten«, je nach politischer Interessenlage, mal moderate Islamisten, radikale Fundamentalisten, oder extremistische Salafisten. Der Philosoph und Orientalist Aziz al-Azmeh hat das auf pointierte Weise zum Ausdruck gebracht:

> *Die Reduktion der muslimischen Völker und Gemeinschaften auf ein geschichtstranszendentes Wesen unterwirft sie einer Überislamisierung, verwandelt sie aus konkreten sozialen, historischen, politischen, ideologischen Gebilden mit bestimmten*

---

2. Die Literatur zum Feindbild Islam in den Medien wächst sehr rasch an. Hervorgetan haben sich dabei Sabine Schiffer: Die Darstellung des Islam in der Presse: Sprache, Bilder, Suggestionen, Würzburg: Ergon 2005 und Kai Hafez: Die politische Dimension der Auslandsberichterstattung, Bd. 2: Das Nahost- und Islambild der deutschen überregionalen Presse, Baden-Baden: Nomos 2001.

Tendenzen und Perspektiven in Hypostasen eines seines historischen Charakters gänzlich entkleideten Islam.«[3]

Außer in der wissenschaftlichen Fachliteratur, deren Reichweite zu begrenzt ist, als dass sie korrigierend auf mediale Auswüchse Einfluss nehmen könnte, werden diese Begriffe nur selten hinterfragt oder gar auf ihren propagandistischen Gehalt geprüft. Aus diesem Grund wollen wir uns der Frage zuwenden, warum »Politischer Islam« und nicht »Islamismus« oder »Fundamentalismus« unser Thema ist und was ihn ausmacht?

Nicht erst seit den Umbrüchen in der arabischen Welt stehen islamische Parteien und Bewegungen des Vorderen Orients im Fokus medialer und wissenschaftlicher Beobachtung. Deren Wahlsiege in Tunesien und Ägypten sowie der zunehmend von islamischen Kräften dominierte bewaffnete Aufstand in Syrien haben ein erneutes Schlaglicht auf diese Bewegungen und deren Ziele geworfen. Doch schon seit Jahrzehnten versuchen sie – aufgrund von Verfolgung zumeist aus dem Untergrund heraus – am politischen und sozialen Fortgang ihrer Gesellschaften mitzugestalten. Nun, nach den Umstürzen, hat sich die Situation in einigen Ländern plötzlich verändert. Mit den alten Regimen sind die Parteienverbote gefallen und viel neue islamische Akteure sind in Erscheinung getreten, die zuvor entweder als illegal galten oder gar nicht erst als politische Kraft organisiert waren.[4]

War man hierzulande daran gewöhnt, diese Akteure mit gewaltbereiten Gruppen gleichzusetzen, die Israel und den Westen vernichten wollen, so muss nun umgedacht werden. In Libyen, Tunesien und Ägypten sind zivilgesellschaftliche Organisationen aus dem islamischen Spektrum an die Macht gekommen, denen die Anwendung von Gewalt als Modus Operandi fern liegt und die nun die Geschicke ihrer Länder maßgeblich mitbestimmen. Mit Einschränkungen, was die Gewaltbereitschaft angeht, gilt dies auch für die Hizbollah im Libanon und die Hamas in Palästina, die bereits seit einigen Jahren nicht mehr von der politischen Bühne ihres jeweiligen Landes wegzudenken sind.

Dabei ist das islamische Spektrum, dem diese Akteure angehören, keineswegs homogen. Es ist im Gegenteil reich an ideologischen Varianten und Gegensätzen, die weit davon entfernt sind, den »Islam« zu repräsentieren. Zu dieser Wahrnehmung haben verschiedene Akteure oftmals selbst beigetragen, indem sie einen kulturalistischen Diskurs[5], der alles ursächlich auf eine imaginierte Wesensart des Is-

---

3. Al-Azmeh, Aziz: Die Islamisierung des Islam: Imaginäre Welten einer politischen Theologie, Frankfurt am Main: Campus 1996, S. 7.

4. Die ägyptischen Muslimbrüder etwa haben 2011 mit der FJP ihre erste politische Partei gegründet, obwohl es die Organisation seit 1928 gibt.

5. Vgl. Al-Azmeh, Aziz: Ebd. 1996, passim. Al-Azmeh zufolge betrachtet der Kulturalismus »historische Prozesse als die Naturgeschichte von Kulturen, von denen jede in der Bastion ihrer völligen Abgeschie-

lam zurückführt, aufgenommen und weitergesponnen haben, während sie sich als Verfechter des »wahren« Islam inszenieren, dem sie in Anlehnung an eine utopistische Vision der islamischen Urgemeinde, der Umma, zur Herrschaft verhelfen wollen und diese dem »Westen« diametral gegenüberstellen.[6] Doch diesen einen, wahren Islam gibt es freilich nicht, sondern »genauso viele Formen des Islam, wie Verhältnisse existierten, die diese Formen aufrechterhielten.«[7]

Dennoch gibt es in Theorie und Praxis islamischer Bewegungen einige Determinanten, über die Konsens herrscht und die als gemeinsamer Nukleus dieser Bewegungen bezeichnet werden können, worüber Konsens herrscht.[8] Eine dieser Determinanten ist, dass Anhänger und Akteure islamischer Denksysteme den Islam und seine Bestimmungen (die natürlich abhängig vom je spezifischen Verständnis sind) zur ausschließlichen Grundlage ihres Denkens und Handelns machen. Die zweite Prämisse besagt, dass der Islam ein umfassendes System sei, das alle Lebensbereiche gesellschaftlicher, politischer, ökonomischer sowie kultureller Art regle und deshalb für die islamische Gemeinschaft konstitutiv sei.

Drittens gelten der Text des Korans sowie die normative Grundordnung der islamischen Urgemeinde in Medina unter Führung des Propheten Muhammad als verbindlich für alle Muslime und ihre Gemeinschaft.[9]

Seit der Entstehung der islamischen Erweckungsbewegung gegen Ende des 19. Jahrhunderts entstanden auch über die arabische Welt hinaus verschiedene Schulen, religiöse Bruderschaften und Massenbewegungen, deren »Islamizität« zum Teil stark variieren. Gemeinsam ist ihnen die Verwendung islamischer Symbole und Glaubensinhalte. Die ideologischen Ausdifferenzierungen schwanken dabei zwischen reformorientierten, traditionellen, fundamentalistischen, revolutionären sowie utopistisch-salafistischen[10] Richtungen. Ein zusätzliches, gewissermaßen

---

denheit ein absolutes Subjekt darstellt.« Ebd., S. 10. Diese Sicht sei die Grundlage für ein »Differenzdenken«, das auch im »Westen« vorhanden ist und sowohl heterophob als auch heterophil sein könne. Gemeinsam sei beiden Varianten, dass »sie von einer unüberwindlichen Verschiedenheit der Kulturen« ausgingen. Ebd., S. 18.

6. Vgl. Krämer, Gudrun: Gottes Staat als Republik. Reflexionen zeitgenössischer Muslime zu Islam, Menschenrechten und Demokratie, Baden-Baden: Nomos, 1999, S. 24-32.

7. Al-Azmeh, Aziz: Ebd. 1996, S. 13.

8. Vgl. dazu Krämer, Gudrun: Ebd. 1999, S.25-26; Roy, Olivier: The Failure of Political Islam, London: Tauris 1994, S. 36-38.

9. Erste Risse im islamischen Konsens treten hier bereits bei der Frage auf, inwieweit Aussagen aus dem Koran als wörtlich zu nehmen sind.

10. Die Begriffe »fundamentalistisch« und »salafistisch« werden im Folgenden ausschließlich als analytische Kategorien verwendet, die die Selbstverpflichtung dieser Akteure bezeichnen, den Koran wörtlich auszulegen bzw. sich an den ersten, rechtgeleiteten Muslimen zu orientieren. Mit der Verwendung dieser Zuschreibungen soll keine Wertung vorgenommen werden. Zum Begriff der Salafiyya siehe weiter unten.

Webersches[11], Unterscheidungsmerkmal schneidet quer durch dieses Spektrum hindurch und kann mit »weltabgewandt« sowie »weltbeherrschend« umschrieben werden, wobei alle diese Kriterien natürlich als fließend betrachtet werden müssen. Manche dieser Organisationen wollen ein politisches Gemeinwesen errichten, manche eine religiöse Gemeinschaft und wieder andere kümmern sich lediglich um die innere Mission des Individuums, ohne weitergehende kollektive Ziele zu verfolgen. Entsprechend gibt es in der Wahl der Mittel auch Unterschiede, die von Predigen (Da´wa) bis hin zur sozialen und politischen Betätigung sowie dem bewaffneten Kampf als ausschließlichem Mittel (Dschihad) reichen.

Der Begriff »Politischer Islam« soll nun für diejenigen Organisationen aus diesem Spektrum gelten, deren ideologische Basis der Islam ist, die eine Veränderung der politischen Verhältnisse im Sinne einer Islamisierung der Gesellschafts- und Herrschaftsbeziehungen anstreben und dieses Ziel nicht ausschließlich auf gewalttätige Weise verfolgen, sondern Gewalt höchstens punktuell als strategisches Mittel einsetzen, auch wenn sie sie religiös legitimieren.

Im Gegensatz zu »Islamismus« und »Fundamentalismus« bietet diese Bezeichnung den Vorteil, dass das Politische in den Vordergrund rückt und die gewiss vorhandenen irrationalen, manchmal auch gewalttätigen Elemente dieser Bewegungen nicht den Blick für tieferliegende Ursachen und Beweggründe ihres Handelns verstellen. Bewaffnete Organisationen wie die Al-Qaida[12] zählen explizit nicht dazu, da die Gewaltbereitschaft bei diesen Organisationen der beherrschende Aspekt ihres Aktivismus und das Politische bei Ihnen kaum auszumachen ist.

Wie bereits erwähnt, vermeidet diese Bezeichnung »Politischer Islam« den Rückgriff auf Kampfbegriffe wie »Islamismus« oder »Fundamentalismus«, die zwar ohne Zweifel eine analytische Dimension besitzen, diese aber aufgrund der negativen Zuschreibungen in der Öffentlichkeit kaum noch zum Tragen kommt.[13] Zudem hat der Begriff »Islamismus« den Nachteil, so Gudrun Krämer, dass »er so verstanden werden kann, als seien ›normale‹ Muslime unvollkommene Muslime und der Islamismus die einzig angemessene Ausdrucksform des Islam.«[14] Aus diesem

---

11. Vgl. Weber, Max: Die protestantische Ethik und der Geist des Kapitalismus, in: Ders.: Gesammelte Aufsätze zur Religionssoziologie I, Tübingen: Mohr 1988, S. 17-206, passim.

12. In letzter Zeit hat sich für diese Gruppen die durchaus korrekte Charakterisierung »dschihadistisch« vom arabischen Wort für heiliger Krieg, Dschihad, etabliert. Natürlich kämpfen dschihadistische Gruppen auch für konkrete politische Ziele, doch geht ihr Literalismus und Rigorismus in Bezug auf die Glaubensinhalte so weit, dass sie sich kaum kompromissbereit gegenüber anderen politischen Kräften zeigen und daher nur sehr schwer in politische Aushandlungsprozesse einbezogen werden können. Ironischerweise deckt sich ihre Weltsicht mit der von Al-Azmeh als »kulturalistisch« bezeichneten, die den »Islam« als das absolute Gegensubjekt konstruiert, indem sie ihren eingebildeten »Islam« dem »Westen« dichotomisch als etwas essentiell Anderes entgegensetzen. Vgl. Al-Azmeh: Ebd. 1996, S. 8.

13. Vgl. Krämer, Gudrun: Ebd. 1999, S. 30.

14. Ebd.

Grund werde ich im Folgenden vom Politischen Islam sprechen und dessen Akteure als islamische Parteien, Bewegungen oder Organisationen bezeichnen.

Der organisierte, massenhafte Rückgriff auf die Religion fiel nicht zufällig auf die letzten Jahrzehnte des 19. Jahrhunderts und damit mit der Hochzeit des europäischen Kolonialismus in der arabischen Welt zusammen. Es lohnt sich an dieser Stelle, den Soziologen Martin Riesebrodt etwas ausführlicher zu Wort kommen zu lassen, der einen wesentlichen Grund für die Entstehung fundamentalistischen Denkens – unabhängig von Religion und Ort – in kollektiven Krisen sieht:

> *Das fundamentalistische Denken ist von einer tiefen Krisenerfahrung geprägt und sieht die Ursache für die Krise der Gesellschaft im Abfall von ewig gültigen, göttlich offenbarten und schriftlich-wörtlich überlieferten Ordnungsprinzipien, die in einer idealen Gemeinschaft schon verwirklicht waren: dem Goldenen Zeitalter der Christen, der islamischen oder sonstigen Urgemeinde [...]. Eine Überwindung der gegenwärtigen Krise sei nur durch Rückkehr zu diesen göttlichen Gesetzesvorschriften möglich.«*[15]

Im Laufe der folgenden Analyse wird sich zeigen, dass nicht nur die Vordenker des »islamischen Erwachens« (Nahda), sondern auch die von ihrem Denken inspirierten islamischen Bewegungen Krisen- oder Umbruchserfahrungen gemacht und diese tiefe Spuren bei ihnen hinterlassen haben.

1. Die koloniale Eroberung des Orients im 19. und 20. Jahrhundert

Das Ende des Ersten Weltkrieges 1918 markierte einen tiefen Einschnitt in Geschichte und Geographie des Vorderen Orients. Das Osmanische Reich war endgültig geschlagen, nachdem es bereits mehrere Jahrzehnte zuvor wiederholte Niederlagen und Gebietsverluste hatte verkraften müssen. Die Siegermächte Frankreich und Großbritannien hingegen befanden sich nach der Aufteilung der ehemaligen Provinzen des Osmanischen Reichs auf dem Höhepunkt ihrer kolonialen Ausdehnung im Vorderen Orient.

Damit zogen sie auch einen Schlussstrich unter eine über tausendjährige islamische Reichsgeschichte. Das Kalifat, das in den letzten Jahrhunderten ohnehin nur noch symbolische Funktion gehabt hatte, wurde vom türkischen Republikgründer Mustafa Kemal »Atatürk« 1924 auch formal abgeschafft.

Europäische Kolonisierung und westliche Einflussnahme hatten jedoch bereits

---

15. Riesebrodt, Martin: Fundamentalismus als patriarchalische Protestbewegung: amerikanische Protestanten (1910-1928) und iranische Schiiten (1961-1979) im Vergleich, Tübingen: Mohr 1990, S. 19.

über 100 Jahre zuvor eingesetzt. Napoleons Ägypten-Expedition 1798 bedeutete den Beginn einer kolonialen Eroberung, die nach und nach ganz Nordafrika und den Vorderen Orient unterwerfen sollte. Seither ist die arabisch-islamische Lokalgeschichte unlösbar mit den Hegemonialkonflikten europäischer Mächte verknüpft, die oftmals auf den Territorien der schwachen Kolonialstaaten ausgetragen wurden.[16] Diese wurden von Europa in der für das Zeitalter üblichen imperial-überheblichen Weise nur in ihrer Funktion für das imperiale Machtgefüge beurteilt.[17]

Nach den Niederlagen wurde den »meisten muslimischen Denkern bewusst, dass der europäische Kolonialismus weltweit wirkte und sehr gefährlich war.«[18] In ihrer Wahrnehmung gingen die Angriffe über die militärische Eroberung hinaus und zielten auf den inneren Kern der eigenen islamischen Identität. Deshalb war es nötig, ihnen etwas Eigenes entgegenzusetzen, wollte man die Angriffe des Kolonialismus stoppen. In diesem Kontext forderten islamische Intellektuelle gegen Ende des 19. Jahrhunderts eine Besinnung auf die ursprünglichen Wurzeln des Islams, verkörpert in Koran und Sunna.

Für das Verständnis des Phänomens Politischer Islam ist es unverzichtbar, die historischen, politischen und sozialen Rahmenbedingungen in der Auseinandersetzung mit dem Westen zu berücksichtigen. Er würde ohne diese Konfrontation nicht existieren. Insbesondere die historische Dimension des Politischen Islams, die im Authentizitätsdiskurs[19] islamischer Intellektueller am Ende des 19. Jahrhunderts ihren Ausgang nahm, trägt viel zur Analyse und Einordnung dieses Phänomens bei.

Die Wurzeln des Politischen Islams liegen im islamischen Reformdenken, das in der Mitte des 19. Jahrhunderts Resultat verschiedener, sich teilweise überlagernder Prozesse war. Entscheidend war bei all diesen Prozessen die ständige Auseinandersetzung und Konfrontation mit westlichen Ideen und Einflüssen auf intellektueller, politischer und militärischer Ebene.

Während aber der Imperialismus die arabisch-islamische Welt sowohl politisch als auch ökonomisch ausbeutete und ausbluten ließ, kam es auf kultureller und geistiger Ebene zu vielseitigen Austauschausprozessen. Zentrale Rolle bei diesen Entwicklungen kam ab Mitte des 19. Jahrhunderts in Beirut, Damaskus und Kairo etablierten französischen, britischen und später auch US-amerikanischen christ-

---

16. Vgl.: Schulze, Reinhard: Geschichte der islamischen Welt im 20. Jahrhundert, München: Beck, 1994, S. 43f.
17. Ebd., S. 28.
18. Peters, Rudolph: Erneuerungsbewegungen im Islam vom 18. bis 20. Jahrhundert, in: Ende, Werner/ Steinbach, Udo (Hg.): Der Islam in der Gegenwart, Bonn: BpB, 2005, S. 90-128, S. 105. Vgl. auch: Hourani, Albert: Arabic Thought in the Liberal Age 1798-1939, London et al.: Oxford University Press, 1962, S. 103-104.
19. Zur theoretischen Einbettung des islamischen Authentizitätsdiskurses vgl.: Al-Azmeh, Aziz: Ebd. 1996, Kap. 3.

lichen Missionsschulen zu, von denen wichtige Impulse für Buchdruck, Zeitungswesen und Literatur ausgingen.

Gleichzeitig schickten immer mehr wohlhabende Familien ihre Söhne zum Studium nach Paris oder London, wo sie mit europäischen Ideen der Aufklärung in Kontakt kamen. Diese westlich orientierten Eliten[20] pflegten einen europäischen Lebensstil und waren oftmals schnell bereit, mit den europäischen Mächten zu kooperieren. Nachdem im Laufe des 19. Jahrhunderts Frankreich und Großbritannien Marokko (1844), Algerien (1848), Tunesien (1881) und Ägypten (1882) sowie den Sudan (1899) erobert hatten, verband sich bei diesen Eliten die Aussicht auf Machtpositionen in den neu geschaffenen Territorialstaaten mit der Begeisterung für technische, wissenschaftliche und weitere moderne Neuerungen aller Art. Die Kluft zwischen ihnen und der überwältigenden Mehrheit der Bevölkerung, die weiterhin einen traditionellen Lebensstil pflegte, kaum alphabetisiert war und zumeist in bescheidenen bis armen Verhältnissen lebte, wurde immer größer.

Das langsame Siechtum des Osmanischen Reiches, das sich auch in einer zunehmenden Verschuldung bei europäischen Mächten ausdrückte, die wiederum die Basis der folgenden militärischen Niederlagen werden sollte, ging mit einem tiefgreifenden sozioökonomischen Strukturwandel einher, der zum Ende des 19. Jahrhunderts und in den ersten Jahrzehnten des 20. Jahrhunderts insbesondere in den großen Städten immer sichtbarer wurde und große Bevölkerungsteile von den ländlichen Regionen in die Großstädte des Reichs spülte. Der Einbruch der Lohnarbeit mit der Proletarisierung weiter Teile der Bauernschaft führte zu Landflucht und der Herausbildung einer neuen, traditionell-kleinbürgerlichen Schicht, die ihr Heil in der Religion suchte.[21]

2. Islamisches Erwachen

Parallel entstand eine neue Generation gebildeter islamischer Intellektueller, die den Entwicklungen kritischer gegenüberstand als die europäisierten Eliten, welche im Islam häufig nur ein Relikt aus alter Zeit sahen, unfähig sich an Moderne und Fortschritt anzupassen. Diese neue Generation, deren Reformdenken später als islamische Moderne bezeichnet werden sollte, häufig aus einfachen Verhältnissen stammend, nah am Puls der Zeit und der breiten Bevölkerung, litt geistige Qualen unter der europäischen Besatzung der islamischen Welt.

---

20. Vgl. Wentker, Sibylle: Historische Entwicklung des Islamismus, in: Feichtinger, Walter/ Wentker, Sibylle (Hg.): Islam, Islamismus und islamischer Extremismus. Eine Einführung, Wien: Böhlau, 2008, S. 45-61, S. 46 f.
21. Vgl. Peters, Rudolph: Ebd. 2005, S. 126.

Zentrales Element in ihrem Denken, auch wenn sie unterschiedliche Konzepte vertraten, war das Missverhältnis zwischen »dem Westen« und »dem Islam«, sowie die Suche nach einem eigenständigen, unabhängigen kulturellen Ausdruck für die Moderne.[22] Sie beklagten, dass die islamische Welt ihre einstmals stolze und dominante Position eingebüßt hatte und von den Europäern nur noch als koloniales Objekt wahrgenommen werde. Gestützt wurde diese Wahrnehmung durch Äußerungen europäischer Intellektueller wie etwa Ernest Renan, die im Islam lediglich eine »zurückgebliebene Kultur« sahen, die unfähig sei, eine eigene Moderne hervorzubringen[23] oder andere Ursachen für die Dinge zu sehen als Gott.[24]

In Reaktion auf solche Unterstellung suchte eine neue Generation von islamisch denkenden Intellektuellen einen eigenen Zugang zur Moderne, aus der sie das europäisch-koloniale Projekt ausgeschlossen hatte. Dieser sollte der neuen Zeit entsprechen und zugleich identitätsstiftenden Charakter für die islamische Welt haben.[25] Damit drehten sie den Spieß um und machten die islamische Tradition zum Angelpunkt ihrer Argumentation: Die Schwäche und scheinbare Modernitätsfeindlichkeit des Islams sei gerade aus der Entfernung zur Religion und seinen Traditionen erwachsen, argumentierten sie, und nicht weil die Muslime seinen religiösen Normen folgten, wie die Europäer behaupteten.

Doch wie war es zu dieser vermeintlichen Entfernung von den Lehren des Islams gekommen? Die Reformer machten zwei Entwicklungen für den gegenwärtigen Zustand der islamischen Welt verantwortlich: Einmal das Abweichen vom wahren und echten Islam und der Sunna. Dies drücke sich in der mangelnden Einheit der Muslime aus, in allerlei »obskuren« Heiligen- und Gräberkulten, in regional unterschiedlichen Ausdeutungen seiner Lehren sowie in ketzerischen Abweichungen islamischer Mystikerorden.[26] Und zum anderen steckten die Ulama, islamische Rechtsgelehrte, in einer unheilvollen traditionalistischen Falle, die zu Stillstand und geistigem Verfall geführt hätte.[27] Die Ausübung des Taqlid, also das

---

22. Peters, Rudolph: Erneuerungsbewegungen im Islam vom 18. bis 20. Jahrhundert, in: Ende, Werner/ Steinbach, Udo (Hg.): Der Islam in der Gegenwart, Bonn: BpB, 2005, S. 90-128, S. 104.

23. Vgl.: Schulze, Reinhard: Ebd. 1994, S. 31. Zum Phänomen des Orientalismus als Form des kulturellen Imperialismus und Kolonialismus vergleiche den gleichnamigen Klassiker von Edward Said.

24. »Der Islam und die Wissenschaft.« Vortrag gehalten an der Sorbonne am 29. März 1883, Kritik dieses Vortrags vom Afghanen Scheik Djemmal Eddin und Ernest Renans Erwiderung. Autorisierte Übersetzung, Basel 1883, S. 1-48. Online: www.europa.clio-online.de/site/lang__de-DE/ItemID__275/ mid__11373/40208215/default.aspx#_ftn1 (abgerufen am 25.05.2013).

25. Vgl. Schulze, Reinhard: Ebd. 1994, S. 32.

26. Vgl. Peters, Rudolph: Ebd. 2005, S. 108.

27. Vgl. Schulze, Reinhard: Ebd. 1994, S. 33; Al-Azmeh, Aziz: Ebd. 1996, S. 86.

blinde und kritiklose Befolgen mittelalterlicher Gelehrter und deren Rechtsschulen, habe den Niedergang des Islams erst beschleunigt.[28]

Die neue Generation der Reformorientierten forderte deshalb eine Rückkehr zu den »reinen Wurzeln« des Islams, die am besten in der Lebensweise der Prophetengefährten und den ersten, rechtgeleiteten Generationen repräsentiert werden. In Anlehnung an diese Altvorderen, die im arabischen auch *al-Salaf al-Salih* genannt werden, hat sich die Bezeichnung *Salafiyya* für die islamische Reformbewegung des ausgehenden 19. Jahrhunderts durchgesetzt. Diese *historische Salafiyya* darf aber keinesfalls mit der modernen, oft als radikal bezeichneten Salafiyya verwechselt werden, deren Vertreter heutzutage durch ihre strikt literalistische Auslegung von Koran und Sunna auffallen und im Fadenkreuz von Geheimdiensten und Polizeibehörden stehen.

Diese Rückkehr sollte in Form einer kritisch-historischen Neuinterpretation der alten Quellen erfolgen, um so die »nötige Flexibilität für die Entwicklung der Moderne«[29] zu erhalten. Der Inhalt des Korans sollte kontextualisiert werden, um seine wahren Glaubensinhalte herauszufiltern. So kamen die Reformer zum Schluss, dass »der Koran primär eine metaphysische, spirituelle und moralische Botschaft beinhaltet«.[30] Damit lehnten sie auch wörtliche Interpretationen des Korans ab, wie sie etwa im Anschluss an Muhammad ibn Abd al-Wahhab (1703-1792) (Wahabiyya) betrieben wurden. Diese Art der Exegese hindere die Menschen in der islamischen Welt daran, sich vorteilhafte Entwicklungen - unabhängig von ihrem Ursprung - anzueignen und setze einer gesellschaftlichen Entwicklung enge Grenzen.[31] Zudem wollten sie das islamische Recht durch eine »überlegte Anpassung« an die Anforderungen der Moderne heranführen.[32]

Auch wenn ihre Ziele scheinbar rückwärtsgewandt waren, da sie zu einem »back to the roots« islamischer Ursprünglichkeit der Altvorderen aufriefen, sie gewissermaßen einem Mythos das Wort redeten, so blieb ihr Denken dem Zeitgeist des Fortschritts und der Moderne verhaftet. Sie verschlossen sich keineswegs europäisch-aufgeklärtem Denken, sondern versuchten zum Teil dieses in ihr Denken über eine islamische Moderne zu integrieren.[33] Ihrer Ansicht nach, war der Islam nicht nur vereinbar mit Vernunft und Fortschritt, sondern er schrieb diese sogar vor.[34]

---

28. Murtaza, Muhammad Sameer: Islamische Philosophie und die Gegenwartsprobleme der Muslime. Reflexionen zu dem Philosophen Jamal al-Din al-Afghani, Berlin/Tübingen: Verlag Hans Schiler, 2012, S. 36.
29. Ebd., S. 38.
30. Ebd., S. 39.
31. Ebd.
32. Krämer, Gudrun: Geschichte des Islam, München: C.H. Beck 2005, S. 285.
33. Vgl. Wentker, Sibylle: Ebd. 2008, S. 45-61, S. 48; vgl. Krämer, Gudrun: Ebd. 2005, S. 285.
34. Vgl. Hourani, Albert: Die Geschichte der arabischen Völker, Frankfurt a.M.: S. Fischer 2003, S. 376; vgl. Schulze, Reinhard: Ebd. 1994, S. 32.

In diesem Sinne ist der Reformansatz dieser Intellektuellen, zu deren prominentesten Vertretern Dschamal al-Din al-Afghani (1839-1897) und sein Schüler Muhammad Abduh (1849-1905) zählen, nicht konservativ, sondern eher im Gegenteil progressiv, da er die herrschenden Verhältnisse in der islamischen Welt ablehnte und diese zu erneuern und zu verbessern hoffte.[35] Dies wollten al-Afghani und sein Schüler durch Reformen im Bildungssystem erreichen, so dass möglichst viele Menschen davon profitieren würden. Sie suchten nach authentischen islamischen Wegen, eine neue Gesellschaftsordnung zu errichten, welche Antworten auf die brennenden Fragen der Zeit lieferten und die gleichzeitig im Einklang mit den ursprünglichen Grundsätzen des Islams stünden.

3. Die Überwindung der Tradition: Der Idschtihad

Um den Gehalt des »wahren« Islams zu bestimmen und darauf eine neue Gesellschaftsordnung aufbauen zu können, vollzogen die reformorientierten Intellektuellen einen radikalen Bruch mit der theologischen Tradition der konservativen Ulama ihrer Zeit, der insbesondere am unterschiedlichen Umgang mit Koran und Sunna deutlich wird.
Die Reformer setzten dem Jahrhunderte lang gepflegten Taqlid, also dem unkritischen Anerkennen einer Rechtsschule und ihren Normen den Idschtihad, also die selbstständige Rechtsfindung aus Koran und Sunna, entgegen.
Die konservativen Ulama lehnten dieses Vorgehen entschieden ab. Der Idschtihad, so die Ulama, sei seit dem 10. Jahrhundert verboten, da alles Erfahrbare bereits von den früheren Gelehrten aufgeschrieben worden sei.[36]

Die Reformer hingegen sahen im Idschtihad das einzige geeignete Mittel, die Rückständigkeit der islamischen Welt zu überwinden. Entsprechend qualifizierte Rechtsgelehrte seien nicht verpflichtet, sich an die Ansichten eines einzelnen Madhhab, also einer Rechtsschule zu halten.[37] Denn nur durch den Idschtihad vermag der Gläubige die authentischen Vorschriften der heiligen Schriften zu erkennen und den Islam »den neuen Verhältnissen anzupassen.«[38] Auch kam der Anwendung des Idschtihad die Funktion zu, dem Westen auf ideologischer Ebene zu zeigen, dass der Islam keine Religion des Stillstands und kein Feind der Moderne sei.[39]

---

35. Vgl. Murtaza, M. Sameer: Ebd. 2012, S. 39.
36. Vgl. Murtaza, Muhammad Sameer: Die Salafiya. Die Reformer des Islam, Bad Kreuznach: Books on Demand, 2005, S. 10f.
37. Peters, Rudolph: Ebd. 2005, S. 90-128, S. 92.
38. Vgl. Ebd. S. 108.; vgl. Wentker, Sibylle: Ebd. 2008, S. 48.
39. Vgl. Peters, Rudolph: Ebd. 2005, S. 108.

4. Dschamal al-Din al-Afghani (1839–1897)

Biographisches

Unter den Reformern, die sich besonders hervorgetan haben, war Dschamal al-Din ohne Frage die schillerndste und einflussreichste Figur. Er war politischer Aktivist, Theologe, Philosoph, der zeitlebens für die Verbreitung seiner Ideen und Überzeugungen kämpfte, auch wenn es negative Konsequenzen für ihn hatte. Hourani beschreibt ihn als »eigensinnig, enthaltsam, impulsiv, wenn es um Ehre oder Religion ging, wild und unbezähmbar.«[40]

Um seine Person ranken sich bis heute zahlreiche Mythen. So ist etwa nicht vollständig geklärt, ob er tatsächlich aus Afghanistan stammte, wie es sein Namenszusatz nahelegt, oder nicht doch aus dem Iran.[41]

Er war ein rastloser Wanderer, der im Laufe seines Lebens von Indien über den Iran bis nach Paris streifte, um seine Ideen zu verbreiten. Dabei geriet er immer wieder mit den lokalen Herrschern in Konflikt, die ihn Mal um Mal verbannten und er sich gezwungen sah, anderswo seine Zelte aufzuschlagen.

Sein Antrieb war die politische Situation in Indien, wo er Mitte des 19. Jahrhunderts auftauchte. Die britische Besatzung des Subkontinents, dessen Norden schließlich Teil der Dar al-Islam, also des islamischen Herrschaftsgebiets, war, konnte er nicht akzeptieren.[42] Von nun an widmete er sein Leben dem Kampf gegen den Kolonialismus in der islamischen Welt, die er als eine Einheit begriff.[43]

Nach einem kurzen Aufenthalt in Istanbul, musste er die Stadt 1871 verlassen. Er wandte sich daraufhin nach Kairo, wo er die Möglichkeit bekam, an der al-Azhar Universität zu lehren. Er sollte dort acht Jahre bleiben, in denen er seine Ideen verbreitete und prägenden Einfluss auf seine Studenten ausübte. Unter diesen befand sich auch Muhammad Abduh, der zu seinem wichtigsten Studenten und engsten Mitarbeiter werden sollte. In Ägypten war al-Afghani äußerst produktiv, veröffentlichte viele Artikel, in denen er sich mit Ägyptens Khediven – »Fürsten« – anlegte, dem er vorwarf, an der misslichen Lage Ägyptens Schuld zu tragen.[44] 1878 schließlich wurde er von diesem nach Indien ausgewiesen.

Einige Jahre später, 1884, ging er gemeinsam mit Abduh nach Paris, wo die beiden die einflussreiche Zeitung *al-Urwa al-Wuthqa*[45] herausgaben. Die Zeitung

---

40. Hourani, Albert: Ebd. 1962, S. 112.
41. Vgl. Hourani, Albert: Ebd. 1962 S. 108; vgl. Keddie, Nikki R.: An Islamic Response to Imperialism. Political and Religious Writings of Sayyid Jamal ad-Din »al-Afghani«, Berkeley and Los Angeles: University of California Press 1968, S. 5. Murtaza, M. Sameer: Ebd. 2012 S. 23.
42. Vgl. Heine, Peter: Terror in Allahs Namen. Extremistische Kräfte im Islam, Bonn: BpB, 2004, S. 83.
43. Vgl. Wentker, Sibylle: Ebd. 2008, S. 48.
44. Vgl. Murtaza, Muhammad S.: Ebd. 2005, S. 17.
45. Arab. für »das festeste Band«, koranischer Ausdruck für den Islam, Sure 2:256.

wurde nach 18 Ausgaben verboten, da sie die Politik der Kolonialmächte heftig kritisierte, insbesondere die des britischen Empires.[46] Im Zuge dessen kam es mit Abduh zum Bruch über die richtige Wahl der Mittel.[47]

Sein Weg führte ihn daraufhin nach Iran, wo er Premierminister unter Schah Nasir al-Din wurde. Auch dort wurde ihm sein politischer Aktivismus zum Verhängnis: Er initiierte eine öffentliche Kampagne gegen den Schah, nachdem jener einer ausländischen Unternehmung eine Tabak-Konzession verleihen wollte.[48] Der Schah fürchtete einen Umsturz unter der Leitung Dschamal al-Dins, nachdem dieser öffentlich zur Auflehnung gegen ihn aufgerufen hatte und ließ ihn ausweisen.[49] Er starb schließlich als »Gast« des Sultans in Istanbul im Jahre 1897.[50]

Sein Denken

Dschamal al-Din ist eher als Aktivist denn als systematischer Denker zu bezeichnen.[51] Seine Bedeutung liegt in seinem praktischen Wirken als Lehrer und Politiker und den Einflüssen, die er auf die islamische Welt ausübte. Sein Denken kreiste um die Frage, wie die politische Schwäche der islamischen Welt überwunden werden könnte, die er in der Zersplitterung in eine Vielzahl von Staaten und die Besatzung durch europäische Mächte manifestiert sah.[52] Eine weitere Ursache dieser Schwäche sah er in der geistigen Degeneration der Umma, die in der Tradition des Taqlid begründet lag. Dieser sei zu einem scholastischen Selbstzweck verkommen, der eine Art Starre ausgelöst habe.[53]

Demnach sei die koloniale Eroberung durch Großbritannien in Ägypten und Indien nur möglich gewesen, weil die Muslime nicht geeint waren. Diese Uneinigkeit wurzelte im mangelnden Verständnis für die eigene Religion, so al-Afghani.[54] Deshalb rief er zu einer Neuinterpretation des Korans mittels des vernunftgeleiteten Idschtihads auf. Nur so könne eine starke und geeinte Umma entstehen, die der Gefahr des Kolonialismus entgegentreten konnte.[55]

Während er also den europäischen Kolonialismus scharf verurteilte und ablehnte, sah er andererseits im Westen den Hort für moderne Wissenschaften, politische Institutionen und technologischen Fortschritt, der nötig sei, um eine starke

46. Vgl. Hourani, Albert: Ebd. 1962, S. 110.
47. Murtaza, Muhammad S.: Ebd. 2005, S. 18.
48. Vgl. Hourani, Albert: Ebd. 1962, S. 112.
49. Vgl. Murtaza, Muhammad S. : Ebd. 2005, S. 18; vgl. Hourani, Albert: Ebd. 1962, S. 112.
50. Vgl. Peters, Rudolph: Ebd. 2005, S. 116.
51. Vgl. Ebd., S. 116.
52. Vgl. Heine, Peter: Ebd. 2004, S. 83
53. Ebd., S. 84.
54. Vgl. Hourani, Albert: Ebd. 1962, S. 113-114.
55. Murtaza, Muhammad S.: Ebd. 2005, S. 22.

Gemeinschaft zu bilden.[56] Allerdings warnte al-Afghani davor, dem Westen einen ungebührend hohen Stellenwert bei der Entwicklung dieser Errungenschaften einzuräumen und ihn blind nachzuahmen. Vielmehr seien die Tugenden, die die Basis für die europäische Stärke bildeten, auch im Islam zu finden.[57]

Al-Afghani feierte den Islam für seinen »wissenschaftlichen Geist und seine Toleranz«.[58] So vertrat er den Standpunkt, der Koran müsse da neu interpretiert werden, wo er offensichtlich gegen Vernunft oder wissenschaftliche Erkenntnisse verstoße.[59] Dafür müsse man auch auf die modernen Wissenschaften zurückgreifen können[60]: Der Islam sei »niemals gegen die Suche nach Wahrheit und die Pflege der Wissenschaft gerichtet«.[61]

Hier offenbart sich al-Afghanis sehr spezielles Verständnis vom Islam, der für ihn mehr als nur eine Religion mit bestimmten Glaubensgrundsätzen ist. Vielmehr konstituiert er den Rahmen für eine menschliche Zivilisation, deren Maximen »sozialer Fortschritt, individuelle Entwicklung, der Glaube an die Vernunft, Einheit und Solidarität«[62] seien. Diese verlorenen Eigenschaften müsste sich die Umma vor allem durch die Wiederherstellung der Einheit, aber auch durch die durch Vernunft gewonnen Erkenntnisse des modernen Europa zulegen.[63]

Dabei hatte al-Afghani nicht einen einzelnen islamischen Staat in Form eines Kalifats im Sinne. Vielmehr strebte er eine geistige Einheit der islamischen Welt an, in der die verschiedenen Herrscher gemeinsam gegen die europäische Dominanz vorgehen sollten.[64] Er war der Auffassung, dass eine politische Einheit der Umma nicht notwendig sei, solange der Geist der Zusammenarbeit gegeben war.[65]

Bei al-Afghani scheint bereits durch, was später bei Hassan al-Banna, dem Gründer der Muslimbruderschaft, explizit als Anspruch formuliert wird: Der Islam als Ideologie, die zwischen westlichem Kapitalismus und sowjetischem Kommunismus einen eigenen Weg markieren soll.

---

56. Keddi, Nikki R.: Ebd. 1968, S. 42.
57. Ebd. S. 42; vgl. Peters, Rudolph: Ebd. 2005, S. 117.
58. Keddi, Nikki R.: Ebd. 1968, S. 38.
59. Dieser Gedanke würde ihm im heutigen Saudi-Arabien vermutlich die Todesstrafe einbringen, wo der Koran als unerschaffenes Wort Gottes gilt und somit nicht gegen die Regeln der Vernunft verstoßen kann.
60. Ebd., S. 38.
61. Peters, Rudolph: Ebd. 2005, S. 117.
62. Hourani, Albert: Ebd. 1962, S. 115.
63. Ebd. S. 115.
64. Heine, Peter: Ebd. 2004, S. 86; Peters, Rudolph: Ebd. 2005, S. 118.
65. Hourani, Albert: Ebd. 1962, S. 116.

5. Muhammad Abduh (1849–1905)

Biographisches

Während Dschamal al-Din al-Afghani ein wurzel-und rastloser Wanderer war, immer auf der Suche nach Verbündeten, die ihm bei der Erfüllung seiner politischen Motive behilflich sein konnten, verhielt es sich mit seinem zunächst eifrigsten Schüler Muhammad Abduh ganz anders.

Er stammte aus einem Dörfchen im ländlichen Nildelta, dem er zeitlebens verbunden bleiben sollte. Wie al-Afghani war auch er ein Aktivist, der sich jedoch nicht in solch ungestümer Weise wie sein Lehrer mit den lokalen Herrschern seiner Zeit anlegte. Al-Afghani war zweifelsohne ein Revolutionär, der Intrigen gesponnen hat, vor dem Einsatz von Gewalt nicht zurückschreckte und die Massen für seine Ziele einzusetzen wusste. Abduh hingegen trieben ähnliche Motive wie seinen Lehrer; jedoch glaubte er, dass nur religiöse und moralische Reform und Bildung der geeignete Weg seien, um Veränderung zu bewirken.[66] So geschah es fast zwangsläufig, dass ihn die Methoden al-Afghanis zunehmend abschreckten und es zum Bruch zwischen den beiden kam.[67]

Dies hängt mit seinen frühesten Erfahrungen zusammen, als er mit zwölf Jahren nach Tanta an die damals zweitwichtigste religiöse Institution nach der al-Azhar zum religiösen Studium geschickt wurde. Entsetzt über die monotonen Lehrmethoden, bricht er das Studium ab und kehrt in seine Heimat zurück, entschlossen, den Beruf des Bauern auszuüben. Sein Fazit nach eineinhalb Jahren Tanta: »Ich bin eineinhalb Jahre dort geblieben, aber doch habe ich nichts verstanden, weil die Schulart schlecht war.«[68]

Nur durch die Vermittlung eines Onkels, der großen Einfluss auf seine geistige Erziehung nehmen sollte, setzte er sein Studium fort. 1866 beginnt er seine Ausbildung an der al-Azhar-Universität in Kairo, die er 1877 als muslimischer Rechtsgelehrter, Alim, abschließt.[69]

Während seines Studiums traf er 1871 seinen Mentor al-Afghani, der als Lehrer an der al-Azhar tätig war. Dieser führte ihn in die Werke klassischer islamischer Philosophie eines Ibn Sina und Ibn Khaldun ein, aber auch in die europäische Literatur der damaligen Zeit ein. Zudem war es al-Afghani, der den jungen Studenten auf die missliche Lage Ägyptens und auf europäische Errungenschaften aufmerk-

66. Schacht, J.: »Muhammad Abduh«. Encyclopaedia of Islam, Second Edition, Brill Online 2013, http://referenceworks.brillonline.com/entries/encyclopaedia-of-islam-2/muhammad-abduh-SIM_5378 (abgerufen am 14.04.2013).
67. Murtaza, Muhammad S.: Ebd. 2005, S. 26-27.
68. Zitiert in: Ebd., S. 25.
69. Hourani, Albert: Ebd. 1962, S. 132.

sam machte.[70] Er rezipierte die Werke von Guizot, Comte, Renan. Insbesondere die Zivilisationstheoretiker Ibn Khaldun und Guizot hatten entscheidenden Einfluss auf die Formulierung seiner politischen Weltsicht, vertrat er doch fortan die Position, dass der Islam eine Religion der Vernunft und der Zivilisation war.[71] Guizots 1877 ins Arabische übertragene Werk »Geschichte der Zivilisation in Europa und Frankreich« machte er sogar zum Gegenstad seines Politikunterrichts, den er im selben Jahr im neu geschaffenen Lehrerseminar Dar al-Ulum[72] hielt.[73]

Im Jahr 1881 unterstützte er die allgemeinen Ziele des Urabi-Aufstands, bei dem arabische Offiziere in Ägypten »die Vormachtstellung türkisch-tscherkessischer Offiziere in der Armee brechen wollten«[74]. Dies brachte ihm Haft, Folter und schließlich ein mehrjähriges Exil ein, das er unter anderem in Paris und Beirut verbrachte. In Paris traf er auf seinen alten Lehrer al-Afghani, wo er mit ihm die antikoloniale Zeitschrift al-Urwa al-Wuthqa herausgab. In ihr riefen sie »alle Muslime dazu auf, sich unter dem Banner des Islams zu vereinen, welcher die Grenzen von Rasse und Nation ignoriert, den Einfluss der Europäer zurückzuweisen und Stärke und Größe durch Rückgriff auf die frommen Altvorderen (al-Salaf al-Salih) wiederzuerlangen.«[75]

Das ungewohnte Exil und die Erfahrungen, die er in seinem Kairoer Gefängnis gemacht hatte, ließen ihn jedoch zunehmend am »Sinn des politischen Aufruhrs«[76] zweifeln.

Ein Wandel in seinem Denken setzte ein, der schließlich zum Bruch mit al-Afghani führte. Er widmete sich fortan immer mehr der Theologie und der Frage, wie die islamische Welt durch Bildung von den Kolonialmächten befreit werden könne.[77] 1888 erlaubte ihm der Khedive von Ägypten die Rückkehr in seine Heimat. Anstatt seine Laufbahn als Lehrer an der al-Azhar fortzusetzen, wurde ihm das Amt eines Richters zuteil, da der Khedive seinen schädigenden Einfluss auf die Jugend fürchtete.[78] Sechs Jahre vor seinem Tode 1905 wurde Muhammad Abduh zum Mufti von Ägypten ernannt, also zum höchsten Rechtsgelehrten des Landes. In dieser Position ging er die Reformen der Azhar-Universität und der

---

70. Von Kügelgen, Anke. »Abduh, Muhammad.« Encyclopaedia of Islam, THREE. Edited by: Gudrun Krämer, Denis Matringe, John Nawas, Everett Rowson. Brill Online, 2013. http://referenceworks.brillonline.com/entries/encyclopaedia-of-islam-3/abduh-muhammad-COM_0103 (online abgerufen am 14.04.2013).
71. Vgl. Hourani, Albert: Ebd. 1962, S. 132.
72. An dieser Institution sollte einige Jahrzehnte später auch der Gründer der Muslimbrüder Hassan al-Banna seine Ausbildung genießen.
73. Von Kügelgen, Anke: Ebd.
74. Vgl. Hourani, Albert: Ebd. 1962, S. 133, vgl. Peters, Rudolph: Ebd. 2005, S. 119.
75. Zitiert nach: Von Kügelgen, Anke: Ebd.
76. Murtaza, Muhammad S.: Ebd. 2005, S. 26.
77. Ebd., S. 27.
78. Hourani, Albert: Ebd.1962, S. 134.

Scharia an, die »das religiöse Gesetz im Einklang mit den Bedürfnissen der neuen Zeit reinterpretierten«[79]. So erließ er eine Fatwa, ein islamisches Rechtsgutachten, in der er das Tragen europäischer Hüte erlaubte. Auch nahm er sich individueller Rechtsfragen aus der ganzen Welt an, ein Vorgehen, das bisher nicht praktiziert worden war.[80]

Sein Denken

Im letzten Drittel des 19. Jahrhunderts machte Ägypten große Veränderungen durch. Neben der britischen Besatzung nahm die Säkularisierung weiter gesellschaftlicher Teile immer mehr Raum ein. Es entstanden ein bürgerliches Gesetzbuch, das das traditionelle religiöse Recht in vielen Bereichen ersetzte, sowie parallel zu den religiösen Schulen immer mehr Schulen, die weltlichen Lehrplänen folgten.

Für Abduh waren diese Entwicklungen zunächst Anzeichen eines inneren Verfalls der islamischen Gesellschaften, so wie es sein Meister al-Afghani auch gesehen hatte. Jedoch war sein Urteil viel nuancierter. Er war hellsichtig genug, diese neuen Entwicklungen nicht in einem reaktionären Reflex als Ganzes abzulehnen. Mehr noch stellte Entwicklung für ihn etwas Unvermeidliches und im Prinzip Positives für Ägypten dar, wenn sie nur in die richtigen Bahnen gelenkt würde. Europäische Errungenschaften und Einflüsse stellten nicht per se etwas Verwerfliches für ihn dar. Er erkannte die Stärke Europas auf technischem, politischem und wissenschaftlichem Terrain an, warnte aber vor blinder Nachahmung der Europäer.[81] Ausschlaggebend sei die Kompatibilität mit dem Islam. Diese müsse gewährleistet sein, wolle man moderne Entwicklungen und Institutionen mit dem Islam auf harmonische Weise verbinden.[82]

Die Gefahr, so Abduh, bestehe nicht im Hereinbrechen europäischer Ideen und Institutionen, die er kannte und zum Teil sehr schätzte, sondern in der dadurch verursachten Spaltung der Gesellschaft in zwei »Geister«, einen traditionell islamischen Geist und einen Geist, der ausnahmslos alle Ideen des modernen Europa in sich aufgenommen habe.[83]

Angesichts der gegebenen Lage stellte sich für Abduh die Frage, wie die Kluft zwischen der idealen islamischen Gesellschaft und der gegenwärtigen gesellschaftlichen Realität überwunden werden könne.[84] An dieser Kreuzung verbanden sich sein ethisch-moralischer mit seinem politisch-reformerischen Ansatz: Jede Gesell-

---

79. Ebd., S. 134.
80. Vgl. Von Kügelgen, Anke: Ebd.
81. Peters, Rudolph: Ebd. 2005, S. 117.
82. Weismann, Itzchak: Taste of Modernity. Sufism, Salafiyya, and Arabism in Late Ottoman Damascus, Leiden et al.: Brill, 2001, S. 292; Vgl. Schacht, J.: Ebd.
83. Vgl. Hourani, Albert: Ebd. 1962, S. 138.
84. Vgl. Ebd., S. 136.

schaft brauche eine moralische Richtschnur, Gesetze, an die sich die Menschen halten müssten, damit ihre Gesellschaft Bestand habe.[85] Allerdings müssten diese Gesetze den Verhältnissen des Landes und der jeweiligen Epoche angepasst werden, in dem sie umgesetzt werden. Andernfalls verschlimmern sie die Lage nur weiter.[86]

Eine zeitgemäße Anwendung der islamischen Prinzipien durch eine Neuinterpretation ihrer Quellen Koran und Sunna liefere die Lösung für dieses Problem, so Abduh. Nur wenn dies geschehe, lasse sich eine positive Veränderung erreichen und die Kluft zwischen säkularen und traditionellen Elementen der Gesellschaft überwinden.[87] Das heißt aber nicht, dass Abduh zu einer unreflektierten Rückkehr zu den Anfängen des Islams predigt, sondern zu dem, was er als den »Impetus des Islams bezeichnet: Die Befreiung des Menschen von der Versklavung durch Andere, gleiche Rechte für alle Menschen, Abschaffung des Monopols auf Exegese der heiligen Schrift für religiöse Gelehrte, Abschaffung des Taqlids [...] sowie die Abschaffung rassischer Diskriminierung und religiösen Zwangs [einen Glauben anzunehmen].«[88]

Dabei misst Abduh der Vernunft einen sehr hohen Stellenwert bei. Abduh zufolge seien die göttliche Offenbarung und menschliche Vernunft gleichwertig. Die Existenz Gottes könne durch die Vernunft bewiesen werden.[89] Dementsprechend müssten die Quellen rational ausgelegt werden, da der Islam die einzige Religion sei, deren Dogmen durch die Vernunft bewiesen werden könnten und niemals den Menschen ihren Gebrauch verbiete.[90] Ähnlich wie al-Afghani misst er außervernünftigen Aussagen von Koran und Sunna lediglich symbolischen Charakter zu,[91] die durch den Gebrauch des Verstands entschlüsselt werden müssten.

Daraus folgen für Abduh zwangsläufig die Verwerfung des Taqlid und die Pflicht zum Idschtihad. Nur so könnten die wahren Prinzipien des Islams freigelegt und für die Moderne zugänglich gemacht werden:

> *»Zunächst muss das Denken von den Fesseln des Taqlid befreit werden und die Religion so verstanden werden, wie sie von den Altvorderen der Umma verstanden wurde, bevor Uneinigkeit aufkam; beim Erwerb religiösen Wissens muss zu den ersten Quellen [Koran und Sunna] zurückgekehrt werden, die mit menschlicher Vernunft*

85. Rida, Rashid: Tarikh al-ustadh al-imam al-shaykh Muhammad Abduh, Kairo 1931, S. 97, zitiert nach: Hourani, Albert: Ebd. 1962, S. 137.
86. Hourani, Albert: Ebd. 1962, S. 137.
87. Hourani, Albert: Ebd. 1962, S. 139.
88. Von Kügelgen, Anke: Ebd.
89. Heine, Peter: Ebd. 2004, S. 87.
90. Von Kügelgen, Anke: Ebd.
91. Peters, Rudolph: Ebd. 2005, S. 122.

betrachtet werden müssen. Denn die Vernunft hat Gott geschaffen, um Übertreibungen in der Religion zu vermeiden.«[92]

Bei all seinen Überlegungen, ging es ihm immer darum, die stattfindenden Veränderungen so zu steuern, dass sie nicht die Einheit der ägyptischen Nation untergraben. Es ist gewiss übertrieben, ihn als Nationalisten zu bezeichnen, auch wenn ihn diese neue Ideologie sicherlich auch beeinflusste. Nicht zuletzt die publizistische Unterstützung des arabischen Aufstands unter Urabi Pascha 1882, die ihm sogar ein mehrjähriges Exil einbrachte, kann als Zeichen dafür gewertet werden.

Die Einheit der Umma spielte dagegen nur eine untergeordnete Rolle in seinem Denken. Zwar glaubte er an die Notwendigkeit eines Kalifats; ihm käme jedoch nur die Aufgabe zu, dass die Gesetze in einem islamischen Sinne umgesetzt würden. Die weltliche Macht bliebe hingegen getrennt davon.[93] Er war weitsichtig genug, die Möglichkeit eines politisch weltweit geeinten Kalifats um die Jahrhundertwende für nicht realistisch zu halten.[94]

Sein großer Glaube an die Notwendigkeit und Unvermeidlichkeit gesellschaftlichen Fortschritts in Verbindung mit seiner Konzentration auf die Rolle der Nation, um diesen umsetzen, weisen Abduh als typischen Denker der Moderne aus, »der implizit die Prämissen der europäischen Aufklärung und die optimistische Weltsicht der Wissenschaft zu Ende des 19. Jahrhunderts in sein Denken einbezieht.«[95] Er ging sogar so weit, der Nation eine größere Rolle bei der Herstellung gesellschaftlicher Kohärenz zuzubilligen als der Religion. Diesbezüglich hatte er auch die Stellung von Christen vor Augen. Diese gehörten seiner Meinung nach ebenso der ägyptischen Nation an wie ihre muslimischen Mitbürger.[96]

In Abduhs Todesjahr kam ein Mann zur Welt, der mit seinen Gedanken und seinem Aktivismus wie kaum ein anderer Politik und Geschichte Ägyptens des 20. Jahrhunderts prägte. Hasan al-Banna, Gründer der Gemeinschaft der Muslimbrüder, führte die Gedanken al-Afghanis und Abduhs weiter - Männer, denen die »Sache des Islams«[97] am Herzen lag - indem er diese »vereinfachte und strenger auslegte« und den Islam so zur Ideologie ausbaute, die »zum Fundament einer mächtigen Massenbewegung wurde.«[98]

---

92. Rida, Rashid: Ebd., S. II, zitiert nach: Hourani, Albert: Ebd. 1962, S. 141.
93. Ebd. S. 156.
94. Murtaza, Muhammad S.: Ebd. 2005, S.30-31.
95. Von Kügelgen, Anke: Ebd.
96. Hourani, Albert: Ebd. 1962, S. 156.
97. Mitchell, Richard P.: The Society of the Muslim Brothers. New York/Oxford: Oxford University Press, 1993 [1969], S. 5.
98. »Al-Ikhwan al-Muslimun«. Encyclopaedia of Islam, Second Edition. Brill Online, 2013, (14 April 2013).

Es ist kaum übertrieben zu sagen, dass es ohne ihn und die Muslimbrüder viele Bewegungen und Parteien, die sich auf den Islam berufen, heute nicht geben würde.

6. Hassan al-Banna (1906–1949)

Als die Muslimbrüder 1928 von Hassan al-Banna gegründet wurden, befand sich die ägyptische Gesellschaft in einem sozioökonomischen Umbruch. Die Landbevölkerung trat angesichts zunehmender Armut vermehrt die Flucht in die Städte an, wo sie sich in den Randgebieten der Metropolen in Industrie oder Handel verdingte. Diese einfachen, konservativen Leute, Kleinbürger am Rande der Gesellschaft, die es in der Stadt zu bescheidenen Verhältnissen gebracht hatten, sollten zur Massenbasis der Muslimbruderschaft werden.

Schließlich war Hassan al-Banna ein typischer Vertreter dieser gesellschaftlichen Schicht. 1906 im ländlichen Mahmudiyya, 90 km nordwestlich von Kairo als Sohn eines Uhrmachers geboren, der auch Vorsteher der örtlichen Moschee war und bei Muhammad Abduh an der al-Azhar studiert hatte[99], hatte al-Banna ein natürliches Gespür für die Belange der Landbevölkerung. Nachdem er bereits im Alter von acht Jahren seine klassische theologische Ausbildung begonnen hatte, schloss er sich in seiner frühen Jugend verschiedenen religiösen Bruderschaften an, die es sich zum Ziel gesetzt hatten, »die islamische Moral zu bewahren und den christlichen Missionen Widerstand zu leisten«. Diese Bruderschaften pflegten einen strengen Sittenkodex, dem sich al-Banna von Anfang an verpflichtet fühlte. Die Verbindung zu den Bruderschaften und ihren Lehren sollte er sein Leben lang aufrechterhalten und seine ethischen und moralischen Maßstäbe stark beeinflussen.

Tiefen Eindruck machte in dieser Zeit die Präsenz britischer Besatzungstruppen in seiner Heimat auf ihn. Als 1919 eine Revolte ausbrach, die 1922 in die ägyptische Unabhängigkeit mündete, beteiligte sich der junge al-Banna an Demonstrationen und verfasste nationalistische Literatur zur Unterstützung der Revolution. Nachdem in der Zwischenzeit seine Ausbildung zum Grundschullehrer abgeschlossen war, ging er 1923 erstmals nach Kairo an die Dar al-Ulum, an der bereits Muhammad Abduh gelehrt hatte, um seine Studien fortzusetzen. Das politische und geistige Klima, auf das er in der Stadt traf, schockierte ihn geradezu.

Al-Banna beschrieb sein erstes Erleben Kairos später so: »Niemand außer Gott weiß, wie viele Nächte wir damit zugebracht haben, die Lage der Nation zu bewer-

---

99. Die folgenden biographischen Daten und Zitate sind allesamt Richard P. Mitchells Studie, Ebd. 1993, S. 1-7 entnommen.

ten ... die Krankheit analysierend und über mögliche Lösungen grübelnd. Wir waren so verstört, dass wir den Tränen nahe waren.«[100]

Die Moderne hatte auch von Kairo Besitz ergriffen und füllte die Stadt mit literarischen und politischen Salons, Zeitungen und Büchern, in denen frei debattiert wurde. Für al-Banna war diese Atmosphäre untrügliches Zeichen des um sich greifenden »Nihilismus und der Gottlosigkeit«. Säkulare und Liberale hätten es sich zum Ziel gesetzt, »den Islam zu schwächen«.

Verantwortlich waren in seinen Augen vornehmlich Dekadenz, politische Uneinigkeit und die Abwendung vom wahren Weg des Glaubens, die aus dem zersetzenden Einfluss der europäischen Zivilisation resultierten, die die Welt von Marokko im Westen bis nach Indien im Osten mit ihrem gottlosen Materialismus fest im Griff hatte und die Menschen vom Glauben entfernte.[101]

So stellten für ihn »Abfall von der Religion, Gier, fleischliche Lust und Zinswucher« kennzeichnende Merkmale der europäischen Zivilisation nach der Aufklärung dar. Obwohl nominell noch christlich verfasst, herrsche in den europäischen Staaten ein Klima des ungebremsten Materialismus vor, der »den Geist verdorben und die Moral entwertet« habe.

Diese »Tyrannei des Materialismus«, so al-Banna weiter, hat viele arabisch-islamische Staaten angesteckt und zur Vernachlässigung islamischer Werte geführt, mit der Folge, dass sie sich in einem miserablen Zustand der militärischen, moralischen und politischen Schwäche befinden. Hinzu kommt aus seiner Sicht die direkte Kontrolle muslimischen Bodens durch fremde Mächte, die im Verbund mit korrupten einheimischen Führern die Menschen ausbeuten. Demgemäß sah er seine und die Aufgabe der Muslimbrüder darin, die Menschen »wieder zu erwecken und zu erlösen.«[102]

Al-Banna reiste durch das ganze Land und begann in Moscheen und sogar in Kaffeehäusern, den »Instituten des Volkes«[103], zu predigen und scharte Studenten um sich, die er auf ihren Dienst vorbereitete, den Islam in der Gesellschaft durch beständiges Predigen wieder zu verankern und zu verbreiten. Dabei soll er annähernd 3000 Dörfer persönlich besucht haben[104], in denen er seine Vision verkündete. Er bediente sich einer einfachen Sprache, war bescheiden im Auftreten und setz-

---

100. Al-Banna, Hassan: Al-Mu´tamar al khamis [Der fünfte Kongress], Kairo, o.J. zitiert nach Mitchell, Richard P.: The Society of the Muslim Brothers, Oxford University Press, Oxford 1993 [1969], S. 5.

101. Vgl. Al-Banna, Hassan: Between Yesterday and Today, in: Ders.: Six tracts of Hassan al-Banna. A Selection from the Majmu´at al-Rasail al-Schahid Hassan al-Banna [Auswahl von Abhandlungen des Märtyrers Hassan al-Bannas], I.l.F.S.O. Kairo, 2006, S. 25-55, hier: S.32 ff., S. 42. Die folgenden Zitate sind soweit nicht anders angegeben aus dieser Schrift.

102. Ebd., S. 46.

103. Mitchell, Richard P.: Ebd. 1993, S. 5

104. Vgl. Murtaza, Muhammad S.: Ebd. 2005, S. 58.

te sich somit sichtbar von den abgehobenen Gelehrten der Azhar[105] ab, die einen Sprachstil pflegten, der für die Mehrheit der ungebildeten Bevölkerung kaum zu verstehen war. So etablierte er einen Volksislam, der nahe an den Vorstellungen der armen Landbevölkerung war und ihre Bedürfnisse befriedigte. Dies sollte erheblich zur schnellen Ausbreitung der Muslimbrüder nach ihrer Gründung beitragen.

Er ging seinen Weg konsequent weiter, als er 1927 seine erste Stelle als Lehrer in Ismailiyya antrat. Auch dort begann er Gleichgesinnte um sich zu sammeln, die er für seine Mission auswählte. Allerdings waren es hier vornehmlich Hafenarbeiter, die für die britische Suez Canal Company tätig waren, kleine Händler und Beamte. Sein Umzug nach Ismailiyya wirkte dabei als Katalysator auf dem Weg zur Gründung der Muslimbrüder. Kaum eine andere Stadt im damaligen Ägypten verkörperte so sehr die Fremdherrschaft der Briten wie sie. Obwohl Ägypten offiziell bereits 1922 von Großbritannien in die Unabhängigkeit entlassen worden war, war die militärische und ökonomische Dominanz des Empire im Gründungsjahr der Bruderschaft noch immer allgegenwärtig. Insbesondere in den Städten, die am Suezkanal lagen, blieben die Briten dabei, ihre wirtschaftlichen Interessen auch mit Waffengewalt durchzusetzen. Zudem lebten die Besatzer in luxuriösen Quartieren, während die einheimische Bevölkerung in ärmlichen Hütten hauste, was al-Bannas Wut auf die Verhältnisse noch steigerte.[106]

Ohne Zweifel trug dieser Umstand erheblich dazu bei, seine Zuhörer von der Notwendigkeit einer islamischen Erneuerung zu überzeugen, die das Ziel haben musste

>»das islamische Heimatland von jeglicher ausländischer Macht zu befreien […] und einen islamischen Staat innerhalb dieses Heimatlands zu errichten, der gemäß den Vorgaben des Islams handelt, seine sozialen Regeln umsetzt, seine Prinzipien vertritt, sowie seine Mission der ganzen Menschheit verkündet.«[107]*

Im März 1928 gründete er dann mit sechs Arbeitern der Suez Canal Company die Gemeinschaft der Muslimbrüder. Diese hatten ihn aufgesucht und um Führung gebeten:

>»Wir haben gehört, sind zu Bewusstsein gekommen und bewegt worden. Wir kennen den praktischen Weg zum Ruhm des Islams und Besten der Muslime nicht. Wir sind dieses Lebens der Demütigungen und Einschränkungen überdrüssig. Wir sehen deutlich, dass die Araber und Muslime weder Status noch Würde haben. Sie sind lediglich*

---

105. Die al-Azhar Universität in Kairo gilt als eines der bedeutendsten Zentren islamischer Gelehrsamkeit auf der Welt. Seit Jahrhunderten werden dort Geistliche in islamischem Recht und Theologie ausgebildet.

106. Mitchell, Richard P.: Ebd. 1993, S.7.

107. Al-Banna, Hassan: Between Yesterday and Today, Ebd. 2006, S. 47.

Lohnempfänger, die den Fremden gehören. Wir besitzen nichts außer heißem Blut, das stolz durch unsere Adern fließt, Seelen, die sich im Glauben und in Würde ostwärts[108] wenden und diesen wenigen Münzen aus dem Unterhalt unserer Kinder.

Wir sind unfähig den Pfad der Aktion zu erkennen, wie du es tust, und den Weg zum Dienste des Vaterlandes, der Religion und der Umma kennen zu lernen, so wie du es tust. Unser einziger Wunsch besteht jetzt darin, dir zu geben, was wir besitzen, um von Gott von den Folgen freigesprochen zu werden, und dass du vor Ihm für uns und für das, was wir tun müssen, verantwortlich bist.«[109]

Al-Banna nahm diese Aufforderung an: »Wir sind Brüder im Dienste des Islams. Deswegen sind wir die ›Muslimbrüder‹.«[110]

Al-Banna setzte dem zu Beginn des 20. Jahrhunderts in Mode kommenden Nationalismus der säkularen Kräfte in Ägypten den Islam als ganzheitliches System (Nizam) entgegen, das in seinem Verständnis alle Bereiche des Lebens regelt und allen anderen Ordnungen überlegen ist, da es von Gott offenbart wurde. Hier zeigt sich auch al-Bannas Nähe zu al-Afghanis Denken, der im Islam nicht nur eine Religion, sondern auch eine Lebensweise sah.[111] Allerdings instrumentalisiert al-Banna diesen Gedanken, indem er ihn vereinfacht und verabsolutiert und so für seine Ideologie kompatibel macht.

Zudem versucht er den Islam in das zeitgenössische Denken zu integrieren, indem er den grassierenden Nationalismus umdeutet.[112] Nicht das Volk ist Adressat eines Kollektivs, sondern die islamische Gemeinschaft, Umma[113], die über bestehende Landesgrenzen hinweg das »Haus des Islams« (Dar al-Islam) konstituiert:

»Aber wenn eine Nation (Umma) in ihrem Gottesdienst den Islam annimmt, in ihren übrigen Angelegenheiten jedoch die Nichtmuslime imitiert, so ist ihr Islam schwach [...].

Wir glauben fest daran, dass die Vorschriften des Islams umfassend sind und die Angelegenheiten der Menschen im Diesseits und im Jenseits regeln. Des Weiteren glauben wir, dass diejenigen sich irren, die annehmen, diese Lehren behandelten lediglich die Aspekte des Glaubens und der Spiritualität. Denn der Islam ist Gottesdienst und

---

108. Nach Mekka.
109. Al-Banna, Hassan: Mudhakirat ad-Da'wa wa ad-Da'iya [Aufzeichnungen der Mission und des Predigers], Kairo 1978, S. 86.
110. Ebd. S. 87.
111. Vgl. Murtaza, Muhammad S.: Ebd. 2005, S. 22.
112. Vgl. Ebd., S. 70-71.
113. Vgl. zur historischen Entwicklung des Begriffs: Ayubi, Nazih: Politischer Islam. Religion und Politik in der arabischen Welt, Freiburg u.a.: Herder, 2002, S. 35-47.

Glaubensgrundsatz, Heimatland und Staatsangehörigkeit, Religion und Staat, Idee und Werk sowie Koran und Schwert.«[114]

Mit dieser Deutung lehnt sich al-Banna an klassisch-muslimisches Denken an, bedient sich aber eines modernen Begriffsinstrumentariums. Damit versucht er die Muslimbrüder als zeitgenössisch-progressive Organisation zu positionieren, die fähig ist, den Zeitgeist zu erkennen. Zugleich etabliert al-Banna damit eine Sichtweise, die westlich-moderne Konzepte nicht ablehnt, sondern sie als ursprünglich islamische Konzepte in das Denken der Muslimbrüder integriert und ausgibt. Dieses Vorgehen ist auch für die heutigen Muslimbrüder noch kennzeichnend, wenn sie etwa das koranische Gebot der Schura mit dem modernen Konzept der Demokratie gleichsetzen.[115] Auch darin lehnt er sich stark an Abduhs und al-Afghanis Denken an, die – wie wir gesehen haben - westliche Errungenschaften nicht ablehnten, sondern eine Wiederaneignung dieses Wissens forderten, indem sie behaupteten, europäische Errungenschaften seien ohne die islamische Kultur nicht möglich gewesen. Hassan al-Banna und mit ihm die Muslimbrüder wurden als »Führer einer Generation und Gründer einer Nation« gesehen, die die Gedanken und Vorstellungen dieser Reformbewegung praktisch in die Tat umsetzten.[116]

Insbesondere wegen seines politischen Aktivismus, fühlte sich er sich al-Afghani verbunden, der sein Leben damit verbracht hatte, dem Islam zu alter Größe zu verhelfen. So sahen viele Muslimbrüder in al-Afghani den »spirituellen Vater«[117] der Bewegung. Denn auch al-Banna sah sich unbedingt als Mann der Tat, der die Untätigkeit der Gelehrten an der al-Azhar-Universität angesichts der Gefahren, denen er den Islam ausgesetzt sah, verdammte.[118] Dies führte bei ihm zu einem regelrechten anti-Intellektualismus und puritanischem Extremismus[119]. Al-Banna legte sehr viel Wert auf einen islamischen Ethik- und Verhaltenskodex, der das tägliche Leben der Menschen reglementierte.[120]

Jedoch bleibt die konkrete Ausgestaltung der weltlichen Ordnung den Menschen vorbehalten, so al-Banna. Der Islam gebe hierfür nur den allgemeinen Rahmen vor:

»Die Muslimbrüder sind weiterhin davon überzeugt, dass der Islam [...] aber vollkommener und höher ist, als dass er die Details dieses Lebens, insbesondere die reinen

---

114. Al-Banna, Hassan: Islam al-Ikhwan al-Muslimin [Der Islam der Muslimbrüder], Kairo, o.J., online: www.ikhwanwiki.com, (abgerufen am 05.03.2013).

115. Vgl. hierzu: Krämer, Gudrun: Demokratie im Islam. Der Kampf für Toleranz und Freiheit in der islamischen Welt, München 2011, S. 46.

116. Mitchell, Richard P.: Ebd. 1993, S. 321.

117. Ebd. S. 321-22.

118. Vgl. Ebd. S. 5.

119. Vgl. Ebd. S. 325.

120. Vgl. Ebd. S. 327.

weltlichen Angelegenheiten, erklärt. Vielmehr legt er die allgemeinen Regeln für diese fest. Er weist die Menschen auf den rechten Weg hin, damit sie ihm folgen und sich in seinen Grenzen[121] bewegen.«[122]

Dieses Schariaverständnis drückt im islamischen Spektrum einen liberalen Ansatz aus, der eine wörtliche Auslegung des Korans ablehnt und vielmehr darauf dringt, den Kern des Glaubens, der sich in seinen Werten und Prinzipien artikuliert, zu leben.

Gemäß diesem Islamverständnis, lehnt er es ab, die Muslimbrüder nur als Organisation zu betrachten. Sie sind vielmehr Träger eines »neuen Geistes, der das Herz dieser Nation erobert«[123] und alle islamischen Reformrichtungen umfasst. So definiert al-Banna die Muslimbrüder als:

- *»eine an den Altvorderen (salaf) orientierte Mission: weil sie zur Rückkehr des Islams zu seinen reinen Quellen aufrufen, dem Koran und der Sunna des Gesandten.*
- *einen Weg der Sunna: weil sie sich in ihrem Tun auf die in allem unbefleckte Sunna beziehen. Insbesondere was Glaubenslehre und Gottesdienst angeht, haben sie keinen anderen Weg gesehen.*
- *eine sufische Wahrheit: weil sie wissen, dass das Fundament, um Gutes zu erlangen, Reinheit des Geistes, Klarheit des Herzens, Beharrlichkeit beim Werk, Abwendung von der Schöpfung[124] und Liebe zu Gott sowie die Verpflichtung zum Guten erfordert.*
- *eine politische Organisation: weil sie die Reform der Herrschaft im Inneren fordern und eine Korrektur der Beziehungen der islamischen Nation mit anderen, ausländischen Nationen [...].*
- *Einen sportlichen Zusammenschluss: weil sie sich mit ihren Körpern abmühen und sie wissen, dass der starke Gläubige besser ist als der schwache Gläubige, und dass der Prophet, Gottes Segen und Frieden sei mit ihm, sagte: »Wahrlich, dein Körper ist dir eine Pflicht!«*
- *Um dem Gebet, dem Fasten, der Wallfahrt nach Mekka und der Almosensteuer (zakat) gewachsen zu sein, bedarf es eines Körpers, der die Last des Erwerbs, der Arbeit und des Kampfes um das tägliche Brot aushält [...].*
- *einen gelehrten und kulturellen Bund: weil der Islam die Suche nach Wissen einem jeden Muslim und einer jeden Muslima als Pflicht auferlegt hat, und weil die*

---

121. Hudud al-Tariq: Hier sind die von Gott verfügten Gesetze und strafbewehrten Regeln gemeint, die für den handelnden Menschen die natürliche Grenze des Erlaubten darstellen.
122. Al-Banna, Hassan: Islam al-Ikhwan al-Muslimin [Der Islam der Muslimbrüder], ebd. o. J., o. Seitenzählung.
123. Al-Banna, Hassan: Between Yesterday and Today, ebd. S. 51.
124. Gemeint ist hier eine Weltabgewandtheit im Lebenswandel nach Max Webers »innerweltlicher Askese«.

Clubs der Brüder in Wirklichkeit Schulen zum Erwerb von Wissen und Kultur sind sowie Institute zur Erziehung des Körpers, des Geistes und der Seele.
• *eine Wirtschaftsunternehmung: weil der Islam die rechte Anlage des Kapitals gutheißt, und dass derjenige, der es anlegt, auch den Profit einstreicht.*
• *Dies ist es, was sein Prophet, Gottes Segen und Frieden sei mit ihm, dazu sagte:* »*Die Huld des rechtmäßig (erworbenen) Kapitals gebührt dem rechtschaffenen Mann.*« *Ferner sagte er:* »*Wer am Abend müde durch seiner Hände Arbeit ist, der findet Erlösung bei seinem Herrn.*«[125]

Al-Banna und seine Anhänger predigten, damit sich dieser »neue Geist« auf dem Wege der persönlichen, inneren Mission durchsetzen sollte. Es ging ihnen darum, einen »Mentalitätswechsel hervorzurufen, der der Erneuerung der Gesellschaft notwendigerweise«[126] vorausgehen müsste. Als Blaupause für dieses Vorgehen diente ihnen die göttliche Offenbarung, wo es heißt: »Allah verändert nichts an einem Volk, solange sie nicht (ihrerseits) verändern, was sie an sich haben.«[127]

Schnell breitete sich die neue Bewegung in Ägypten und sogar in die benachbarten Länder, insbesondere nach Syrien und Palästina, aus. Hassan al-Banna verlegte 1933 das Hauptquartier der Bewegung nach Kairo, wo er bis zu seiner Ermordung 1949 blieb.[128] Ihre schnelle Ausbreitung beruhte auf der Arbeit der Organisation, die sehr nah an den Bedürfnissen des Volkes war, Schulen, Krankenhäuser und weitere Sozialeinrichtungen[129] baute und diese Leistungen unentgeltlich anbot. Bei seinem Tod hatte die Organisation eine halbe Million Mitglieder und etwa nochmal so viele Sympathisanten.[130]

7. Sayyid Qutb (1906–1966)

Neben Hassan al-Banna hatte die Muslimbruderschaft in Sayyid Qutb einen weiteren Vordenker, dessen Einfluss weit über seinen Tod und die Grenzen Ägyptens reicht. Im gleichen Jahr wie al-Banna geboren, dachte er die von al-Banna begonnene Ideologisierung des Islams radikal weiter und wurde mit seiner Theorie einer

---

125. Al-Banna, Hassan: Islam al-Ikhwan al-Muslimin [Der Islam der Muslimbrüder], ebd.
126. Mitchell, Richard P.: Ebd. 1993, S. 323.
127. Paret, Rudi: Der Koran/Übersetzt von Rudi Paret, Stuttgart: Kohlhammer 2010, 13:11 (Die Zahl vor dem Doppelpunkt markiert das Kapitel, die Zahl nach dem Doppelpunkt den Vers).
128. Die Umstände seines Todes wurden nie vollständig aufgeklärt. Vieles deutet jedoch darauf hin, dass er im Auftrag oder zumindest mit der Duldung der ägyptischen Regierung von der Geheimpolizei erschossen wurde. Für die Hintergründe und Zusammenhänge seines Todes vgl.: Murtaza, Muahammad S.: Die ägyptische Muslimbruderschaft. Geschichte und Ideologie, Berlin: Verlag rotation 2011, S. 105-111 und insbesondere Mitchell, Richard P.: Ebd. 1993, S. 58-72.
129. Al-Ikhwan al-Muslimun: Encyclopaedia of Islam, Second Edition, Ebd.
130. Vgl. Mitchell, Richard P.: Ebd., S. 328.

islamischen Ordnung zum Vordenker des militanten Islam in der zweiten Hälfte des 20. Jahrhunderts.[131]

Sein Denken kreiste um die Frage, wie eine gerechte Gesellschaftsordnung errichtet und der Mensch aus der »Knechtschaft der Herrschaft von Menschen über Menschen« befreit werden könne. Sein Konzept zur Beantwortung dieser Frage verläuft entlang der Begriffe Islam als System (Nizam/Din), Freiheit und soziale Gerechtigkeit sowie Dschihad, das er westlichen Konzepten wie Kommunismus und Kapitalismus, aber auch dem Nasserismus[132], dichotomisch gegenüberstellt, sie somit als unislamisch und ungerecht brandmarkt. Nur eine Gesellschaft, die auf der Scharia beruht, könne den einzelnen Menschen Freiheit und Gerechtigkeit gewährleisten, so Qutb. Das von ihm entwickelte Dschihad-Konzept zur Durchsetzung dieser islamischen Ordnung inspirierte viele bewaffnete Gruppierungen in der islamischen Welt, sein Werk »Zeichen auf dem Weg«, in dem er seine anti-säkularen und anti-westlichen Vorstellungen am klarsten formuliert, gilt noch immer als Manifest unter dschihadistischen Gruppierungen.[133]

Dabei deutet in seinen ersten Lebensjahrzehnten nichts auf eine solche Entwicklung hin. Im Gegensatz zu al-Banna war er ein liberal eingestellter Mann, der zwar den Koran auswendig konnte[134], dies aber wenig Einfluss auf sein Denken und Schaffen hatte. 1920 zieht er vom Land nach Kairo[135], wo er eine Laufbahn in den Bildungsinstitutionen des Staates einschlägt und für verschiedene Tageszeitungen als Journalist und Literaturkritiker tätig wird, aktives Mitglied der national-liberalen Wafd-Partei[136] ist und mehrere Romane sowie einen Gedichtband verfasst. Nach seiner Lehrerausbildung an der Dar al-Ulum und anschließender Tätigkeit als Lehrer, kommt er in den 1930er Jahren ans Bildungsministerium, wo er bis 1952 tätig sein sollte.

Bis weit in die 1940er Jahre hinein widmete Qutb seine ganze Energie literarischen Fragen und der Schriftstellerei. Nur allmählich verlagerten sich seine Schwerpunkte hin zu politischen Themen.[137] Unter dem Eindruck der zunehmenden Verschlechterung der Lebensumstände für die breite Bevölkerung, der noch immer präsenten britischen Besatzungsarmee sowie einer Staatselite, die mit den Briten

---

131. Dabei war er nicht unbedingt ein Verfechter von Gewalt. Vielmehr wurden seine Gedanken von militanten Gruppierungen nach seinem Tod als Aufforderung zum bewaffneten Kampf interpretiert.

132. Gamal Abdel Nasser, von 1953 bis 1970 ägyptischer Präsident, war im Volk überaus populär.

133. Vgl. Kepel, Gilles: Der Prophet und der Pharao. Das Beispiel Ägypten: Die Entwicklung des muslimischen Extremismus, München: Piper, 1995, S. 36.

134. Noch in die ersten Jahrzehnte des 20. Jahrhunderts gehörte es zum muslimischen Erziehungsideal, den Koran auswendig zu kennen. Dies war auch in weniger religiösen Kreisen üblich.

135. »Sayyid Qutb« Encyclopaedia of Islam, Second Edition. Brill Online, 2013.

136. Vgl. Kepel, Gilles: Ebd. 1995, S. 39.

137. Vgl. Ebd. S. 39; Übersetzte Passagen aus Qutbs Schriften sind sämtlich der hervorragenden Studie von Damir-Geilsdorf, Sabine: Herrschaft und Gesellschaft. Der islamistische Wegbereiter Sayyid Qutb und seine Rezeption, Würzburg: Ergon, 2003, übernommen.

kooperierte oder nicht fähig war, ihnen die Stirn zu bieten, begann Qutb in der vom Bildungsministerium herausgegebenen Zeitung »*Gesellschaftliche Fragen*« gegen diese Missstände zu protestieren und Reformen zu fordern.

Dabei verpackte er seine Kritik in das fortschrittliche Vokabular der damaligen Zeit und forderte eine »ausgewogene Gesellschaft« (Mudschtama´ mutawazin) sowie »soziale Gerechtigkeit« (´Adala idschtima´iyya).[138] Qutb galt manchen als »islamischer Sozialist«[139], nicht zuletzt wegen seiner Schrift »Die soziale Gerechtigkeit im Islam«, in der er sich »für eine islamische Deutung sozialistischer Traditionen«[140] aussprach. So äußerte Qutb etwa, dass »jeder überflüssige Piaster in der Tasche, der über ein vernünftiges Maß des Bedarfs hinausgeht, [...] von der Tasche eines armen Arbeiters gestohlen«[141] sei.

Aufgrund seiner heftigen Kritik, die auch vor Parteien und Staatsfunktionären nicht halt machte, kam es zwischen ihm und der Wafd zu einer zunehmenden Entfremdung, sodass er die Partei 1945 schließlich verließ. Er geißelte Parteipolitiker als »Lehensherren« und »Sklaven ohne eigene Meinung«[142], die nur ihre eigenen Interessen verfolgten und sich nicht um die Belange des Volkes kümmern würden: »Ein Mensch, der nicht fest daran glaubt, dass das Volk einen Anspruch auf innere Freiheit hat, kann auch nicht daran glauben, dass dieses gleiche Volk einen Anspruch auf äußere Unabhängigkeit hat.«[143] Mehr noch sah er – wie viele seiner Landsleute auch – in der eigenen Regierung ein bloßes Anhängsel des britischen Imperialismus.

Nachdem er den Parteien und der Politik den Rücken gekehrt hatte, begann Qutb damit, den Islam als »eigenen Weg«[144], als Mittel im nationalen Kampf gegen die britische Besatzung und für soziale Reformen zu propagieren. Mit scharfen Worten griff er die USA und Europa an, die in seiner Wahrnehmung zum Westen verschmolzen und für das Elend auf der Welt verantwortlich seien. Er kritisierte dabei wiederholt Kapitalismus und Kommunismus als aggressiv, materialistisch und egoistisch. Auf ideeller Ebene erlaubte ihm diese Polemik den Islam zu überhöhen, ihn als identitätsstiftende Quelle für Kraft und Stärke Ägyptens darzustellen, der mit seinen inhärenten Werten allen westlichen Konzepten überlegen sei[145], da er ein ganzheitliches und vollkommenes System sei, das alle gesellschaftlichen und individuellen Bereiche regle.

Qutb hebt damit auf eine politische Utopie ab, in der kollektives und individuelles Glück durch die Errichtung einer islamischen Ordnung garantiert sind. Die-

---

138. Vgl. Ebd., S. 29-34.
139. Vgl. Schulze, Reinhard: Ebd. 1994, S. 177.
140. Ebd.
141. Damir-Geilsdorf: Ebd. 2003, S. 39.
142. Ebd., S. 35.
143. Vgl. Ebd.
144. Vgl. Ebd., S. 37.
145. Ebd., S. 61.

se berücksichtige alle Seiten und Bedürfnisse des Menschen und biete ihnen eine »umfassende Konzeption des Seins.«[146] Nur in ihr lassen sich soziale Gerechtigkeit realisieren und politische Missstände beseitigen[147]:

> »Er [Islam] ist eine Revolution von Dienern Gottes für andere Diener Gottes und eine Revolution gegen Ungerechtigkeit aller Art in allen Bereichen. Er ist eine Revolution gegen Ordnungen, Regierungen und Satzungen, die sich auf diese Ungerechtigkeit stützen und sie zum Vorteil eines Individuums in Form eines Herrschers oder Ausbeuters auf Kosten einer Gemeinschaft bewahren oder auf Kosten einer Klasse zum Vorteil einer anderen Klasse in Form von Lehensherren, Kapitalisten und Strolchen! Oder es geht auf Kosten eines Staates zum Vorteil eines anderen Staates in Form von Besatzern und Kolonialisten.«[148]

Bemerkenswert ist an dieser Stelle, dass Qutb der erste Protagonist des Politischen Islam war, der das »westliche« Konzept der Revolution in sein Denken integrierte. Duktus und Wortwahl sind hier eindeutig von linken Theoretikern beeinflusst und legen Zeugnis von seiner Vergangenheit als säkularer Intellektueller ab.

Wahre Gerechtigkeit, so Qutb weiter, kann nur im Islam verwirklicht werden, wenn die Souveränität Gottes (Hakimiyya) uneingeschränkt gelte, denn

> »nur im Islam sind sie [Menschen] durch die dienende Verehrung von Gott allein von der dienenden Verehrung der Diener Gottes [Menschen] befreit. Das ist die Befreiung des Menschen in ihrer wirklichen großen Bedeutung. Und es ist schließlich die Geburt des Menschen, denn davor gibt es für den Menschen keine vollkommene menschliche Existenz in ihrer einzigartigen, großen Bedeutung.«[149]

Er geht sogar so weit, sich muslimisch nennende Gesellschaften und Regierungen als der Dschahiliyya zugehörig zu bezeichnen, ein Terminus, der eigentlich die Zeit vor dem Aufkommen des Islams beschreibt, aber auch mit barbarisch, unwissend und, in letzter Instanz, ungläubig übersetzt werden kann. Nach Auffassung aller islamischen Rechtsschulen ist die Tötung eines Apostaten – eines religiös Abtrünnigen – rechtmäßig, wenn er nicht innerhalb von drei Tagen seinen Unglauben widerruft. Dieses Instrument des Takfir, also einen Muslim, eine Regierung oder eine ganze Gesellschaft aufgrund ihrer Handlungen oder Worte für ungläubig zu erklären und damit vom Islam auszuschließen, würde nach seinem Tod eine eigene ideologische Strömung innerhalb militant-dschihadistischer Gruppen her-

---

146. Ebd., S. 65
147. Vgl. Ebd., S. 65-67.
148. Qutb, Sayyid: Salam, zitiert in: Damir-Geilsdorf: Ebd. 2003, S. 67.
149. Qutb, Sayyid: Khasa'is: S. 206 f., zitiert in: Damir-Geilsdorf: Ebd. 2003, S. 76; vgl. Kepel, Gilles: Ebd., S. 48.

vorbringen, die die Tötung von anderen Muslimen inflationär mit diesem Instrument legitimieren würden.[150]

Qutbs immer schärfere Kritik stieß zunehmend auf argwöhnisches Misstrauen in der ägyptischen Staatselite bis hinauf zum König, der ihn für seine andauernde Kritik ins Gefängnis werfen wollte. Nur durch alte Verbindungen zur Wafd-Partei konnte er dem Gefängnis vorläufig entgehen. So wurde er ins Quasi-Exil in die USA geschickt, um dort Studien zu betreiben, auf deren Grundlage er Reformvorschläge für das Bildungsministerium erarbeiten sollte, für das er noch immer tätig war.[151]

Diese knapp zweieinhalbjährige Reise, von der er 1950 nach Ägypten zurückkehrte, war nach dem Bruch mit seiner Partei das zweite einschneidende Ereignis in Qutbs Leben. In den USA erlebte er Promiskuität, freizügig gekleidete Frauen, Armut in einem reichen Land, das sich offenbar nicht um die Wohlfahrt der Bedürftigen scherte, und über allem thronte für ihn der alles vereinnahmende Materialismus einer Gesellschaft, die den Erwerb von Geld und noch mehr Geld über alles stellte und darüber ihre Werte eingebüßt hatte.[152]

In seiner Schrift »Dirasat islamiyya« (Islamische Studien), die er nach seiner Rückkehr verfasste, rief er das ganze Volk nicht nur zum Kampf gegen die USA auf, weil sie der Feind der arabischen Länder waren, sondern zum Kampf gegen den weißen Mann insgesamt, der der Feind der gesamten Menschheit sei:

> *»Der weiße Mann tritt uns mit Füßen. Während wir unseren Kindern in der Schule von seiner Zivilisation, seinen höheren Prinzipien und seinem edlen Vorbild erzählen. In den Herzen unserer Kinder säen wir Gefühle der Bewunderung und Achtung vor dem Herrn, der unsere Achtung mit Füßen tritt und uns versklavt. Lasst uns versuchen, Samen der Abneigung, des Hasses und der Rache in den Herzen unserer Millionen Kinder zu säen. [...] Und lasst uns sicher sein, dass der westliche Kolonialismus erzittern wird, wenn er uns diese Samen säen sieht.«[153]*

Als die »Freien Offiziere« 1952 den König stürzten und Ägypten in eine Republik umwandelten, radikalisierte sich Qutbs Denken weiter. Nach anfänglicher Sympathie für die Ziele der Revolution, rückt Nasser immer mehr in den Fokus von Qutbs islamischem Aktivismus. Dessen Weigerung, dem Islam eine tragende Rolle in der neuen Ordnung zu geben, hatte zum Bruch zwischen den beiden geführt. Nun verdammte Qutb nicht mehr nur den Westen, sondern auch das bestehende System als unislamisch (dschahili), da es die göttlichen, in der Scharia verfügten

---

150. Siehe weiter unten zu den Umständen der Ermordung von Anwar as-Sadat.
151. Kepel, Gilles: Ebd. 1995 S. 40, Damir-Geilsdorf: Ebd. 2003, S. 41.
152. Vgl. Damir-Geilsdorf: Ebd. 2003, S.41
153. Qutb, Sayyid: Dirasat Islamiyya [Islamische Studien], zit. n. Damir-Geilsdorf: Ebd. 2003, S. 41.

Gesetze durch menschliche Gesetze ersetzte.[154] In seinen Augen war es ein tyrannisches System, das man bekämpfen müsse.

Diese Wahrnehmung wurde sicherlich auch durch seine Erfahrungen in den Gefängnissen des neuen Regimes verstärkt, in denen Folter und Demütigung an der Tagesordnung waren.[155] Dort musste Qutb neun Jahre absitzen, nachdem es 1954 in Folge eines missglückten Anschlagsversuchs auf Nasser durch einen Muslimbruder zum Verbot der Organisation[156] und einer Verhaftungswelle, der auch er zum Opfer fiel, gekommen war. Gilles Kepel kommt zum Schluss, dass die Verfolgung durch das Nasser-Regime, das viel härter gegen die Muslimbrüder vorging als alle vorherigen Regierungen, zu seiner Radikalisierung beigetragen habe. Ein unabhängiger arabisch-sozialistischer Staat, der seine Kritiker einsperrt, foltert und ins Exil schickt, so Kepel, lässt eine »Predigtarbeit der Muslimbrüder unmöglich«[157] werden. So musste Qutb fast zwangsläufig zu dem Schluss gekommen sein, Alternativen zu suchen, um auf dem eigenen Weg erfolgreich sein zu können.[158]

In dieser Zeit schreibt er unter anderem seine zwei wichtigsten Werke: Einen dreißigbändigen Korankommentar und sein einflussreichstes Werk *Wegzeichen*[159], in dem er sein Dschihad-Konzept entwickelt. Nach einer kurzen Phase in Freiheit 1964, wird er nach einem weiteren missglückten Anschlagsversuch auf Nasser – an dem er wiederum nicht beteiligt ist[160] - ein Jahr darauf erneut eingesperrt und in einem Schauprozess zum Tode verurteilt. Am 29. August 1966 wird er schließlich hingerichtet.[161]

8. Urbaner Protest und Politischer Islam

Nur ein Jahr nach Qutbs Tod erlebte der panarabische Nationalismus, die führende Ideologie der 1950er- und 1960er Jahre, in der Niederlage gegen Israel seine schwärzeste Stunde. Das Charisma des ägyptischen Präsidenten Nasser, der den Massen als Volkstribun und Befreier aus Armut und Unterdrückung galt, war endgültig verblasst, sein Projekt der arabischen Einheit gescheitert.

154. Vgl. Krämer, Gudrun: Ebd. 1999, S. 214, Damir-Geilsdorf: Ebd. 2003, S. 73.
155. Vgl. Kepel, Gilles: Ebd. 1995, S. 46-48.
156. Es ist nicht ganz sicher, wann Qutb der Organisation beitrat. Vermutlich geschah dies erst nach seiner USA-Reise, zwischen 1951 und 1953, vgl. Krämer, Gudrun: Ebd. 1999, S. 212.
157. Vgl. Kepel, Gilles: Ebd. 1995, S. 57.
158. Vgl. Damir-Geilsdorf: Ebd. 2003, S. 180f.
159. Vgl. Krämer, Gudrun: Ebd. 1999, S. 212 und Damir-Geilsdorf: Ebd. 2003, S. 53.
160. Obwohl Qutb bei keinem der Attentatsversuche auf Nasser eine unmittelbare Beteiligung nachgewiesen werden konnte, wurde er dennoch verhaftet, da er dem Regime als Aufrührer und Chefideologe der Muslimbrüder galt.
161. Vgl. Krämer, Gudrun: Ebd. 1999, S. 214, Damir-Geilsdorf: Ebd. 2003, S. 52.

Qutbs Ideen fanden auch ohne ihn ihren Weg in die Gesellschaft. *Wegzeichen* wurde allein im ersten Jahr seiner Veröffentlichung 1965 fünfmal aufgelegt. In den 1970er Jahren bildeten sich in Ägypten militante Abspaltungen der Muslimbrüder, denen der friedliche Weg der Da´wa nicht mehr genügte. Manche gingen in den Untergrund und führten Dschihad, einen heiligen Krieg, gegen die eigene Regierung, die in ihren Augen unislamisch war.[162]

Gamal Abdel Nassers Nachfolger Anwar as-Sadat bezahlte seine Politik der Öffnung gegenüber Israel 1981 mit dem Leben. Dabei bedienten sich die Attentäter Qutbs Dschihad-Konzept[163], das ein sehr offensives, »militärisch-politisch geprägtes Dschihad-Verständnis«[164] widerspiegelt, defensive Auslegungen des koranischen Dschihad-Gebots ebenso ablehnt wie die Auffassung, der Islam führe einen Dschihad der Worte und der individuellen Läuterung.[165] Bei Qutb resultiert die Aufforderung zum Kampf eher aus strategischen Überlegungen und weniger aus messianisch-religiöser Überzeugung, um die sogenannten Ungläubigen zu bekehren. Ziel ist vielmehr, die Menschen aus »ungerechten Ordnungen zu befreien [...], das Königreich der Menschen zu zertrümmern, um das Königreich Gottes auf Erden zu errichten.«[166]

Als Legitimation für den Dschihad gegen die eigene Regierung bedienten sich die Attentäter seines Takfir-Konzepts. Ohne die Verbindung beider Konzepte wäre es wohl kaum so weit gekommen, eine »islamische« Regierung allein wegen ihrer Handlungen als vom Glauben abgefallen zu bezeichnen (Takfir) und sie damit der Todesstrafe für würdig zu erklären.[167] Ohne Zweifel ist das Mittel der Exkommunikation, dem der Takfir gleichkommt, in der Geschichte des Islams aufgrund der möglichen Konsequenzen nur äußerst selten von den Ulama zur Anwendung gekommen, mittlerweile wurde es unter vielen Dschihadisten salonfähig.

---

162. Vgl. für die dschihadistischen Entwicklungen der 1970er und 1980er Jahre Ayubi, Nazih: Ebd. S. 205 ff., Roy, Olivier: Ebd. 1994, Kap. 5; Kepel, Gilles: Das Schwarzbuch des Dschihad. Aufstieg und Niedergang des Islamismus, München/Zürich: Piper 2004, S. 85-112.

163. Vgl. hierzu ausführlich Damir-Geilsdorf: Ebd. 2003, S. 181-190.

164. Ebd. 2003, S. 188.

165. Objekt des Dschihad kann nach islamischer Auffassung der Teufel, die eigene Triebseele, aber auch ein äußerer Feind sein. Jedoch lassen sich die wenigsten Stellen im Koran, in denen Ableitungen dieser Wortwurzel vorkommen, eindeutig als Aufruf zur Kriegsführung gegen sogenannte Ungläubige interpretieren. Vielmehr ergeben sich oftmals mannigfaltige Ansätze zur Interpretation. Vgl. hierzu: Firestone, Reuven: Disparity and Resolution in the quranic Teachings on War: A Reevaluation of a traditional Problem, in: JNES 56, Nr. 1 (1997), S. 1-19; Landau-Tasseron, Ella: Jihad, in: Jane Dammen McAuliffe, general ed.: Encyclopaedia of the Quran, Bd. 3, S. 35-42, Leiden et al. 2003.

166. Damir-Geilsdorf: Ebd. 2003, S. 185.

167. Diese von Qutb inspirierten Islamisten, Mitglieder der Gruppe Gama´at al-Dschihad [Gemeinschaft des Dschihad, oftmals auch als Ägyptischer Islamischer Dschihad bezeichnet], gingen sogar so weit, den Kampf gegen Israel so lange abzulehnen, wie in Ägypten unislamische Herrscher an der Macht waren. Diese Haltung ist bemerkenswert, spielt die Befreiung Palästinas im fundamentalistischen Diskurs eigentlich eine große Rolle. Vgl. Damir-Geilsdorf: Ebd., S. 249-271.

Natürlich beschleunigte der Niedergang des arabischen Nationalismus als herrschende Ideologie den Aufstieg des Politischen Islam zusätzlich. Er breitete sich von Ägypten ausgehend in weiteren Ländern des Nahen Ostens aus. Immer hatte er eine spezifische regional-historische Färbung, die den Politischen Islam Libanons von dem Palästinas und dem der Arabischen Halbinsel unterschied. Politische Erfolge wie die Islamische Revolution in Iran 1979 sowie der Aufstieg anderer Gruppen im Nahen Osten trugen weiter dazu bei, den Politischen Islam in seinen verschiedenen Ausprägungen zur hegemonialen Ideologie der 1970er und 1980er Jahre werden zu lassen.

Auf der ideologischen Ebene suchte der Politische Islam die Lücke zu füllen, die das Versagen des mancherorts sozialistisch eingefärbten, (pan)arabischen Nationalismus verursacht hatte, der in den meisten Ländern bis Anfang der 1970er Jahre tonangebend war.[168] Auf der Ebene der Gesellschaften des Nahen Ostens war die Sozialstruktur vieler Länder in den 1970er Jahren vor schier unlösbare Aufgaben gestellt: Rapides Bevölkerungswachstum, Landflucht, hohe Arbeitslosigkeit und überbordende Staatsbürokratien, die auf ineffizienten, klientelistischen Strukturen basierten, unfähig die grundlegenden Dienstleistungen zu erbringen. Roy spricht in diesem Zusammenhang sogar von »unstrukturierten Gesellschaften«[169]. Auch wenn diese Qualifizierung sicherlich zu weit geht, so kommt sie der vorherrschenden Situation doch sehr nah: Weder gab es ausreichende Bildungschancen, noch flächendeckend funktionierende Gesundheitseinrichtungen oder eine funktionierende Infrastruktur, um die hohen Anforderungen einer modernen Gesellschaft zu erfüllen.[170] Auch mangelte es an Stellen im öffentlichen Dienst und im unterentwickelten privaten Sektor, um Neuankömmlinge auf dem Arbeitsmarkt absorbieren zu können. Der panarabische Nationalismus war auch an der eigenen ineffizienten Bürokratie gescheitert und verfehlte sein Ziel, die Staaten zu modernisieren und aus der Armut zu führen.

Die Folge davon war, dass insbesondere jüngst aufgestiegene Akademiker, Lehrer, Geistliche und Ingenieure – »intellektuelle Kleinbürger« aus dem traditionellen Milieu – auf der Strecke blieben, weil ihre Familien weder Kontakte zu einflussreichen Stellen und Persönlichkeiten innerhalb der eigenen Gesellschaft noch ins Ausland hatten.[171]

Diese Schicht junger, gebildeter und traditioneller Männer sollte in den kommenden Jahrzehnten zum Reservoir werden, aus dem der Politische Islam seine

---

168. Vgl. Kepel, Gilles: Ebd. 2004, S. 40.
169. Roy, Olivier: Ebd. 1994, S. 52.
170. Vgl. Ebd., S. 48.
171. Vgl. Ebd., S. 51; Achcar, Gilbert: Der Schock der Barbarei. Der 11. September und die »neue Weltordnung«, Köln: Neuer ISP-Verlag, 2002, S. 45-46.

Kader rekrutierte. Dies lässt sich sehr gut an den ägyptischen Muslimbrüdern, der Hamas und anderen Organisationen im Vorderen Orient ablesen.[172]

Wie bereits bei der Entstehung der Muslimbrüder, deren Führungskader sich ebenfalls aus jungen gebildeten Männern rekrutierten, kann das Erstarken des Politischen Islam seit den 1970er Jahre keineswegs als Wiederkehr mittelalterlicher Kleriker interpretiert werden, die gegen die Moderne kämpfen. Vielmehr ist es Ausdruck einer Auseinandersetzung mit krisenhaften Erfahrungen, die als Begleiterscheinung der Moderne vor allem in den urbanen Ballungszentren der arabischen Welt auftreten.[173]

Ihre Klientel fanden die Führer des Politischen Islam folgerichtig in den Massen, die der sozialstrukturelle Wandel in die Städte gespült hatte. Ohne große Hoffnung auf ein würdiges Leben und sozialen Aufstieg, zum Teil in elenden Behausungen am Rande der Gesellschaft lebend, konnte hier der Politische Islam prächtig gedeihen und sich ausbreiten.[174] Das Versprechen, die Würde der Armen wiederherstellen zu wollen, ihnen eine Perspektive jenseits von bitterster Armut zu bieten, auch wenn diese erst im Jenseits realisiert werde, reichte aus, um ihn zu einer Massenbewegung in vielen Ländern des Vorderen Orients werden zu lassen.

Der Erfolg des Politischen Islam liegt auch darin begründet, dass die Organisationen, die sich auf den Islam beziehen, es nicht nur bei Worten belassen, sondern in die vom Staat vernachlässigten Bereiche vorstoßen und den Menschen dringend benötigte soziale Dienstleistungen anbieten. Die jeweiligen Regime wiederum lassen sie im Glauben gewähren, die unpolitische Betätigung auf dem Feld der Wohlfahrt stelle keine Gefahr für sie dar und halte die Gruppen davon ab, politische Ambitionen zu entwickeln. Unter dieser Prämisse etwa ließ Nassers Nachfolger as-Sadat die Muslimbrüder als Organisation wieder zu und genehmigten ihnen die israelischen Besatzungsbehörden 1976 in Gaza den Bau des islamischen Zentrums, aus dem später dann die Hamas hervorgehen sollte.

Die hier umrissenen Bedingungen, unter denen sich der Politische Islam in den verschiedenen Gesellschaften der arabischen Welt ausbreitete, waren immer auch abhängig von deren spezifischen nationalen Entwicklungspfaden und politischen Strukturen.

---

172. Vgl. zur sozialen Basis des Politischen Islam: Achcar, Gilbert: Ebd., S. 45-47; Roy, Olivier: Ebd. 1994, S. 48-58.
173. Roy, Olivier: Ebd., S. 50.
174. Ebd., S. 50.

Kapitel Zwei

Entstehungsbedingungen und religiös-ideologisches Selbstverständnis islamischer Bewegungen und Parteien

Der Raum, in dem soziale Bewegungen entstehen, unterliegt immer politischen, sozialen und ökonomischen Bedingungen, die diesen strukturieren und ihm seine Form verleihen. Nicht anders war es in den arabischen Gesellschaften der 1960er, 1970er und 1980er Jahre, die große sozialstrukturelle und politische Umwälzungen durchliefen und schließlich den Boden für die Entstehung diverser Bewegungen des Politischen Islam bereiteten. Diese Umwälzungen sind oftmals als krisenhafte Erfahrung von der Bevölkerung wahrgenommen worden, die sich auf vier Ebenen abgespielt hat[175]: Eine Identitätskrise, die sich im Prinzip durch das gesamte 20. Jahrhundert zieht, weil weder (pan)arabischer Nationalismus noch Sozialismus es vermochten, den Menschen ein neues Narrativ zu bieten, das dem Gefühl der Minderwertigkeit – verursacht durch den Einbruch des westlichen Kolonialismus und dem Ende des Kalifats und des Osmanischen Reichs – etwas entgegensetzt.

Damit eng verbunden ist eine Legitimitätskrise der arabischen, nationalistisch gesinnten Eliten, sei es in Ägypten, dem Libanon, Syrien oder anderen Ländern der Region, die sich folglich über Jahrzehnte nur durch Repression nach Innen und der Beschwörung äußerer Bedrohungen an der Macht halten konnten. Maßgeblich verursacht und verstärkt wurde dies durch die sozialen Krisen, hervorgerufen durch jahrzehntelange Misswirtschaft, Korruption und Versagen der Eliten.

Dies alles gipfelte in den militärischen Krisen, deren schärfster Ausdruck der verlorene Juni-Krieg 1967 gegen Israel und die Besatzung weiterer Teile arabischen Territoriums war.[176] Die in der panarabischen Propaganda immer wieder zum Ziel ausgerufene Befreiung des gesamten historischen Palästinas von den Zionisten war spektakulär gescheitert. Spätere militärische Niederlagen verschärften diesen Aspekt, etwa die Niederlage der PLO in Beirut 1982, die als Katalysator für die Entstehung von Hizbollah und Hamas gleichermaßen angesehen werden kann, die Sta-

---

175. Vgl. für die folgenden Ausführungen: Dekmejian, Richard H.: Fundamentalism in the Arab World, Syracuse: Syracuse University Press 1985, S. 23-30.

176. Während des in der israelischen Geschichtsschreibung Sechs-Tage-Krieg benannten Konflikts, eroberte Israel in diesem Präventivkrieg von Ägypten die Sinai-Halbinsel und den unter ägyptischer Verwaltung stehenden Gazastreifen, das unter jordanischer Verwaltung stehende Westjordanland sowie die syrischen Golanhöhen.

tionierung amerikanischer Truppen auf »heiligem Boden« 1991 in Saudi-Arabien, und der dritte Golfkrieg 2003, bei dem der ehemalige Held der Massen und Vorkämpfer des arabischen Nationalismus, Saddam Hussein, gestürzt wurde.

So überrascht es nicht, dass die in unserem Zusammenhang untersuchten Organisationen den Menschen in unterschiedlicher Ausprägung neben einem neuen, jetzt islamischen Narrativ immer auch Wohlstand und eine ökonomische Perspektive eröffnen wollen sowie eine Wiederherstellung ihrer verloren geglaubten Würde durch militärische Stärke versprechen. Es sind Bewegungen, die als Reaktion auf politische und soziale Missverhältnisse in ihren Ländern entstanden. Sie sind auch oppositionelle Artikulationsform bestimmter gesellschaftlicher Klassen, die vom ohnehin kaum vorhandenen Entwicklungsprozess in den arabischen Ländern ausgeschlossen wurden.[177]

Im Falle von islamischen Organisationen, die sich wie Hamas und Hizbollah als Widerstandsorganisationen verstehen, ist der Einfluss, den die Existenz der Besatzung auf ihre ideologische Grundausrichtung hat, kaum hoch genug einzuschätzen. Unentwegt kommen sie in ihren programmatischen Schriften darauf und die Notwendigkeit von »Widerstand« dagegen zu sprechen. Islamische Symbolik und Narrative wie Dschihad und Martyrium dienen in solchen Zusammenhängen immer als Mobilisierungsfaktor und jenseitiges Heilsversprechen zugleich.

Natürlich sind die ordnungspolitischen Rahmenbedingungen, denen diese Bewegungen im jeweiligen nationalen Kontext unterworfen sind, trotz aller strukturellen Gemeinsamkeiten höchst unterschiedlich. Man denke nur an den kriegsverwüsteten Libanon der 1970er und 1980er Jahre, die palästinensischen Gebiete unter israelischer Besatzung oder das postrevolutionäre Ägypten nach dem Sturz Mubaraks. Diese Faktoren müssen immer mitgedacht werden, will man das Selbstverständnis und die ideologischen Wegmarken der jeweiligen Organisation besser verstehen.

Dabei variieren die ideologischen Bezüge der im Folgenden untersuchten Bewegungen und Parteien von moderat-islamisch (Hamas, FJP) über dschihadistisch-islamisch (Hizbollah) bis hin zu ultrakonservativ-salafistisch (al-Nur-Partei)[178]. Im islamischen Spektrum gibt es eine große Bandbreite von Bewegungen, die bei allen Unterschieden eine Gemeinsamkeit vorweisen: Eine tiefe Verankerung in der jeweiligen Bevölkerung. Sowohl Hamas und Muslimbrüder, als auch Hizbollah und al-Nur-Partei sind in ihren jeweiligen Ländern breite Massenbewegungen mit einer Anhängerschaft, die in den urbanen unteren Mittelklassen zu verorten ist, also Lehrer, Geistliche, kleine Handwerker, Kaufleute usw., die den Aufstieg nicht geschafft haben. Jedoch ist ihre Anhängerschaft nicht auf diese Klassen beschränkt,

---

177. Vgl. Achcar, Gilbert: Ebd. 2002, S. 46.
178. Diese Qualifizierungen geben den jeweiligen Ist-Zustand wieder und sagen nichts über ursprüngliche ideologische Orientierungen aus, die sich mit der Zeit verändern (können).

sondern erstreckt sich auch auf diejenigen Klassen von Bauern und Arbeitern, die schon immer zu den Unterprivilegierten gehört haben.[179]

Denker wie Hassan al-Banna und Sayyid Qutb überführten das islamische Erwachen der Jahrhundertwende in ein neues Stadium, indem sie dem Glauben ein ideologisches Kleid überstülpten und sich damit an die verarmten Massen wandten. Ihnen gelang es, ähnlich wie den sozialistisch angehauchten Nationalisten vor allem unter Nasser, den sogenannten Massen vermeintlich einfache Antworten auf die drängendsten Fragen ihrer Not zu geben, indem sie den Islam als diesseitiges und jenseitiges Beruhigungsmittel einsetzten.

Durch die Verbindung mit dem Nationenbegriff und dessen Ausweitung auf die Umma wurde der Islam von ihnen essentialistisch reduziert und damit praktisch seines geistig-spirituellen Gehalts entledigt, profaniert. Was blieb, war, überspitzt formuliert, eine Ideologie, die instrumentell flexibel angepasst und eingesetzt werden konnte. Alle Bewegungen im islamischen Spektrum, seien sie bewaffnet oder nicht, gäbe es ohne diese geistige Wende nicht.

Dabei sind die Bezüge zu den Theorien dieser Denker bei den verschiedenen Parteien und Bewegungen unterschiedlich stark ausgeprägt. Und nur selten findet man – außer bei den Muslimbrüdern – einen expliziten Bezug zu ihnen.

1. Hizbollah: Islamische Revolution und nationaler Widerstand

Der 6. Juni 1982 markierte in vielerlei Hinsicht eine Zäsur für den Libanon und den seit Jahren andauernden Bürgerkrieg.[180] An diesem Tag marschierte Israel zum zweiten Mal binnen vier Jahren in das Land ein. Diesmal mit dem Ziel, die Palästinensische Befreiungsorganisation (PLO) zu zerschlagen, standen die israelischen Streitkräfte nach wenigen Tagen vor Beirut und belagerten die Stadt für die folgenden drei Monate.

Die Belagerung endete im September desselben Jahres, nachdem ein Großteil der PLO-Kämpfer – unter US-amerikanischer Vermittlung – das Land verlassen hatte. Was folgte, war das Massaker in den palästinensischen Flüchtlingslagern Sabra und Schatila bei Beirut, das von phalangistischen Milizen begangen wurde, die mit Israel verbündet waren.[181] Dieses Ereignis löste nicht nur einen Schock

---

179. Vgl. Achcar, Gilbert: Ebd. 2002, S. 45-48.

180. Es würde den Rahmen dieses Buches sprengen, auf die komplexen Hintergründe und wechselnden Allianzen eines 15jährigen Bürgerkriegs hier einzugehen. Für den wohl besten Bericht über den libanesischen Bürgerkrieg, der von 1976 bis 1990 andauerte, vgl. Fisk, Robert: Pity the Nation. Lebanon at War, London 1990 und insbesondere für die israelische Invasion 1982: Chomsky, Noam: The Fateful Triangle: The United States, Israel and the Palestinians, London: Pluto Press 1983, Kap. 5.

181. Vgl. Fisk, Robert: Ebd. 1990, Kap. 11; dieses Kapitel ist auch in deutscher Übersetzung erschienen: Sabra und Schatila. Ein Augenzeugenbericht, Wien: Promedia 2011.

in der gesamten islamischen Welt aus, sondern führte auch zu einem Radikalisierungsschub insbesondere unter der jungen, schiitischen wie sunnitischen Bevölkerung im Libanon.[182]

Während sich Israel in den Süden[183] des Landes zurückzog und dort eine »Sicherheitszone« errichtete, die für die nächsten achtzehn Jahre mit Hilfe verbündeter libanesischer Milizen besetzt werden sollte, formierten sich im Osten des Landes, im Beqaa-Tal, die ersten kleineren Gruppierungen, die zur Hizbollah verschmelzen würden.[184] Doch diese Entwicklung markierte nur den vorläufigen Zenith eines Politisierungs- und Radikalisierungsprozesses unter den libanesischen Schiiten, der viele Jahre zuvor eingesetzt hatte.

1.1 Schiitisches Erwachen und die Bewegung der Unterprivilegierten

Die sozioökonomische Struktur der schiitischen Glaubensgemeinschaft war im Libanon traditionell durch große Armut, ihren Minderheitenstatus und ihre mangelnde politische wie religiöse Strukturiertheit geprägt.[185] Bis eine landwirtschaftliche Krise in den 1950er Jahren große Massen verarmter Schiiten in die Vororte der größeren Städte und insbesondere ins politische und ökonomische Zentrum des Landes, Beirut, spülte, besiedelten sie vorwiegend die ländlichen Gebiete des Libanon.[186]

Diese Menschen sollten zur Massenbasis des religiös und politisch erweckten schiitischen Islam in Beirut werden, der in den 1960er und 1970er Jahren entstand und maßgeblich von Musa al-Sadr, einem iranisch-libanesischen Kleriker, Philosophen, und politischen Aktivisten initiiert und angeführt wurde.[187] Er kam 1959 in den Libanon und wurde Mufti, oberster Rechtsgelehrter der südlibanesischen Stadt Tyre. Konfrontiert mit der politisch-ökonomischen Marginalisierung der Schiiten, begann er gegen ihre Ausbeutung und Unterdrückung vorzugehen.[188] Er organisierte Generalstreiks und Demonstrationen und rief die Schiiten immer wieder dazu auf, sich politisch zu vereinen. Im Laufe der 1960er Jahre gründete er

---

182. Esposito, John L.: Islam and Politics, Syracuse: Syracuse University Press 1987, S. 296.
183. Diese »Sicherheitszone«, wie Israel die Besatzung des südlichen, an Israel angrenzenden Teils Libanons nannte, umfasste 1100 km², was ca. 15 Prozent des libanesischen Territoriums ausmacht, vgl. Alagha, Joseph Elie: The Shifts in Hizbullah´s Ideology. Religious Ideology, Political Ideology and Political Program, Leiden: ISIM/Amsterdam University Press 2006, S. 37.
184. Esposito, John L.: Ebd. 1987, S. 298.
185. Ebd. 292.
186. Malthaner, Stefan: Mobilizing the Faithful. Militant Islamist Groups and their Constituencies, Frankfurt/New York: Campus 2011, S. 79; Nasr, Vali: The Shia Revival. How Conflicts within Islam will shape the Future, New York: W.W. Norton, o.J., S. 84 f.
187. Zur Geschichte dieses Mannes und seinem Wirken vgl. das Standardwerk von Fouad Ajami, The Vanished Imam. Musa al Sadr and the Shia of Lebanon, Ithaca and London: Cornell University Press 1986.
188. Vgl. Malthaner, Stefan: Ebd. 2011, S. 79 f.; Norton, Augustus R.: Hezbollah. A short History, Princeton: Princeton University Press 2007, S. 18 ff.; Esposito, John L.: Ebd. 1987, S. 293.

die »Bewegung der Unterprivilegierten«[189], die es sich zum Ziel gesetzt hatte, die herrschende Ungleichheit zwischen den Schiiten und den anderen Konfessionen im Land zu beseitigen. Schnell avancierte sie zu der Emanzipationsbewegung der Unterdrückten im Libanon schlechthin. Sie sprach mit ihrer Rhetorik nicht nur Schiiten, sondern auch Unterprivilegierte anderer Konfessionen an.[190] Der charismatische Musa al-Sadr wurde zur Ikone, seinen Demonstrationsaufrufen folgten bis zu 100.000 Menschen[191], weit mehr, als die linken Gruppierungen im Land zu mobilisieren vermochten. Doch trotz seines Aktivismus, blieb al-Sadr ein »moderater Reformer«, der die christlich-maronitische Regierung zu sozialen Reformen aufrief, nicht zu ihrem Sturz.[192]

Zu Beginn der 1970er Jahre kam es im Süden des Landes zu wiederholten Attacken Israels, die in den nächsten Jahren zur permanenten Bedrohung der dort ansässigen, mehrheitlich schiitischen Bevölkerung wurden.[193] Als sich in einer parallelen Entwicklung 1974 die innerlibanesischen Verhältnisse derart zuspitzten, dass ein Bürgerkrieg nur noch eine Frage der Zeit war, gründete al-Sadr den militärischen Flügel seiner Bewegung und nannte ihn Amal[194], arabisch für Hoffnung.

Im Laufe des 1975 ausgebrochenen Bürgerkriegs schlug sich die Bewegung auf die Seite der intervenierenden Syrer und maronitischen Milizen, die einen militärischen Sieg der Palästinenser verhindern wollten. Dies führte 1982 zur Abspaltung eines Teils der Bewegung, die Amal »Verrat« und »Kollaboration mit Israel vorwarf«.[195] Der Anführer der Splittergruppe »Islamische Amal«, Hussein al-Musawi, ging ins Beqaa-Tal, wo er auf militante Unterstützer der iranischen Revolution traf, die sich dort seit 1979 sammelten. Diese hatte als ungeheurer Katalysator der islamischen Bewegung weltweit, insbesondere aber unter den Schiiten im Libanon gewirkt.[196] Hussein al-Musawi gründete in Baalbek (Beqaa-Tal) ein religiö-

---

189. Arab. »Harakat al-Mahrumin«, wobei Mahrumrin »die Unterprivilegierten, die Armen, die Bedürftigen« bedeutet. Es impliziert jedoch immer auch, dass dieser Zustand von außen erzwungen ist.

190. Vgl. Esposito, John L.: Ebd. 1987, S. 293.

191. Stephan Rosiny: Von der »Islamischen Revolution« zum »Islamischen Widerstand«. Gewaltlegitimationen schiitischer Religionsgelehrter im Umfeld der Hizb Allah, in: Zeithistorische Forschungen/Studies in Contemporary History, Online-Ausgabe, 5 (2008) H. 1, Abschnitt 7, Online: www.zeithistorische-forschungen.de/16126041-Rosiny-1-2008 (abgerufen am 25.05.2013).

192. Malthaner, Stefan: Ebd. 2011, S. 80; Esposito, John L.: Ebd. 1987, S. 293.

193. Nachdem die PLO 1970/1971 aus Jordanien vertrieben worden war, strömten die Kämpfer zu Tausenden in den Libanon und machten den Süden des Landes zum Ausgangspunkt wiederholter Attacken gegen Israel, das seinerseits zu Gegenangriffen überging. Ihre Position wurde so dominant, dass die PLO zum Staat im Staate wurde und auch die dort ansässige Bevölkerung gegen sich aufbrachte. Vgl. Norton, Augustus R.: Ebd. 2007, S. 19-20; Vgl. Malthaner, Stefan: Ebd. 2011, S. 80.

194. Gleichzeitig war dieser Name ein Akronym für Afwaj al-Muqawamah al-Lubnaniyah, »Libanesische Widerstandsbataillone«.

195. Norton, Augustus R.: Ebd., 2007 S. 20; Esposito, John L.: Ebd. 1987, S. 296.

196. Malthaner, Stefan: Ebd., S. 81.

ses Ausbildungszentrum, wo der junge Hassan Nasrallah, späterer Generalsekretär der Hizbollah, sein Schüler wurde. Des Weiteren traf er dort auf Subhi Tufayli, erster Generalsekretär der Hizbollah sowie auf Sayyid Abbas al-Musawi, Mitbegründer der Hizbollah und zweiter Generalsekretär der Bewegung.[197]

Die sehr jungen und revolutionär gesinnten[198] Anhänger Ayatollah Khomeinis im Beqaa-Tal übernahmen dessen panislamisch-internationalistisch ausgerichtete Ideologie und formierten sich zu einer Vielzahl kleinerer, militanter Gruppen und propagierten ganz im Sinne der islamischen Revolution die Verteidigung der Muslime weltweit.[199] Ihre ideologische und militärische Ausbildung erhielten sie von Iran, der nach der israelischen Invasion im Sommer 1982 ungefähr eintausend Pasdaran, iranische Revolutionswächter, ins Beqaa-Tal schickte.[200] Damit war der Iran auch das einzige Land, das unmittelbar auf die israelische Invasion in den Libanon reagierte. Weder die arabischen »Bruderstaaten« (Syrien hatte zum Zeitpunkt der Invasion sogar eigene Truppen im Land, verfolgte aber andere Interessen), noch die libanesische Armee selbst boten den israelischen Streitkräften die Stirn.

Um die Entstehung der Hizbollah, einer schiitisch-islamischen Widerstandsbewegung, richtig verstehen zu können, ist dieser Umstand von großer Bedeutung. Denn unter der israelischen Invasion hatten insbesondere die schiitischen Bevölkerungsteile im Libanon zu leiden, die überwiegend im Süden des Landes lebten und direkt mit der israelischen Besatzung konfrontiert waren. Die Bevölkerung sah in der technologischen Überlegenheit Israels eine Parallele zum aussichtslosen Kampf des Imams al-Husain[201] gegen den aus schiitischer Sicht tyrannischen Kalifen Yazid. Diese Identifikation mit dem Schicksal ihres Imams aktivierte den Widerstand und weckte die Bereitschaft, sich im Namen einer gerechten Sache zu opfern, genauso, wie es das schiitische Vorbild getan hatte.[202]

Aus dem losen Verbund der Kräfte im Beqaa-Tal entwickelte sich schließlich die libanesische Hizbollah, die als dominanteste dieser Bewegungen die anderen absorbierte und integrierte. Allerdings sollte es noch bis zum Jahr 1985 dauern, bis die Hizbollah als Organisation an die Öffentlichkeit trat. Bis dahin beschränkte

---

197. Vgl. Norton, Augustus R.: Ebd. 2007, S. 31.

198. Vgl. Ebd., S. 34.

199. Vgl. Malthaner, Stafan: Ebd. 2011, S. 84.

200. Vgl. Esposito, John L.: Ebd. 1987, S. 297.

201. Al-Husain, Sohn des vierten Kalifen Ali und Neffe des Propheten Muhammad wurde von den Truppen des Kalifen Yazid im Jahr 680 bei Kerbela getötet, nachdem er sich geweigert hatte, diesem zu huldigen. Nach schiitischer Überlieferung war al-Husain der rechtmäßige Nachfolger des verstorbenen Mu'awiya. Seine Bereitschaft im Angesicht eines ungerechten Usurpators den Märtyrertod zu sterben, gilt in der schiitischen Dogmatik bis heute als Kristallisationspunkt schiitischer Religiosität. Vgl. hierzu: Halm, Heinz: Die Schiiten, München: Beck 2005.

202. Stephan Rosiny: Ebd. 2008 Abschnitt 12.

sie ihre Aktivitäten auf klandestine, militante Aktionen, die gegen die israelischen Besatzer gerichtet waren.[203]

1.2 Die ideologischen Grundlagen der Hizbollah – Widerstand, Revolution und Dschihad

Die Hizbollah bezieht ihr ideologisch-religiöses Selbstverständnis aus zwei Quellen: zum einen aus Musa al-Sadrs Denken, ohne das es die schiitisch-aktivistische Bewegung im Libanon nicht gegeben hätte. Er transformierte das schiitische Hauptmotiv, das Leiden und Erdulden von Ungerechtigkeit, das in Folge der Ermordung al-Husains entstand, in ein politisches Instrument zur Mobilisierung der Massen, indem er es mit dem Leid der ausgebeuteten und unterdrückten Schiiten im Libanon gleichsetzte.[204] Aufgrund ihrer Geschichte ist die schiitische Glaubensgemeinschaft weder revolutionär noch besonders politisch ausgerichtet; sie zeichnet sich eher durch einen religiösen, fast fatalistischen Quietismus aus, dem die Erlangung weltlich-politischer Macht suspekt ist.[205] Musa al-Sadr schaffte es – ähnlich wie Khomeini für Iran - durch seinen Aktivismus, sein hohes Ansehen und Charisma als auch durch seine Autorität als schiitischer Gelehrter, die im politischen System des Libanons marginalisierten Schiiten wachzurütteln und zu politisieren.

Die andere Quelle ist die revolutionär-islamische Bewegung des Ayatollah Khomeini, der aus der Schia eine revolutionäre Bewegung formte.[206] Seine Lehre drehte sich um die Errichtung eines islamischen Staates, angeführt vom Klerus, an dessen Spitze ein religiöser Experte steht, der den entrückten Imam bis zu seiner Wiederkehr vertritt. Diese Velayet-e Faqih (»Herrschaft des Rechtsgelehrten«) sollte den Schlüssel für gesellschaftliche Gerechtigkeit darstellen[207], die sich auf der ganzen Welt zu verbreiten hatte. Auf dieses tendenziell transnationale Verständnis beruft sich auch die Hizbollah, wenn sie in ihrem ersten Dokument (1985), den »Offenen Brief an die Unterdrückten im Libanon und der Welt« ihr Selbstverständnis definiert. Weitere Fixpunkte ihrer Ideologie sind der Islam und der Widerstand gegen ausländische Besatzer in Form des Dschihad:

»Wer sind wir und was ist unsere Identität?
An die freiheitsliebenden Unterdrückten! Wir, die Söhne der Umma Hizbollahs

---

203. Vgl. Esposito, John L.: Ebd. 1987, S. 298; Norton, Augustus R.: Ebd. 2007, S. 34; Fisk, Robert: Ebd. 1990, S. 468-470.
204. Vgl. Esposito, John L.: Ebd. 1987, S. 293.
205. Vgl. für diesen Aspekt in Kürze: Halm, Heinz: Ebd. 2005 S. 94 ff.; Rosiny, Stephan: Ebd. 2008 Abschnitt 2.
206. Vgl. Malthaner, Stefan: Ebd. 2011, S. 80-82; Halm, Heinz: Ebd. 2005, S. 86-113.
207. Für eine eingehendere Darstellung der iranisch-revolutionären Bewegung vgl.: Nasr, Vali: The Shia Revival. How Conflicts within Islam will Shape the Future, New York: W.W. Norton 2006. Kap. 4.

im Libanon, grüßen Euch und richten uns durch Euch an die gesamte Welt. [...]
Wir sind die Söhne der Umma Hizbollahs, deren Avantgarde Gott den Sieg im Iran
gab und die von neuem die Saat des zentralen islamischen Staates säte. Wir halten
uns an die Befehle einer einzigen, weisen und gerechten Führung, vertreten durch die
»Herrschaft des Rechtsgelehrten«, die zur Zeit durch den Imam Ayatollah al-Musawi
al-Khomeini verkörpert wird, der die islamische Revolution entzündet hat, die die
glorreiche Renaissance des Islam zur Folge hatte.

Deshalb sind wir im Libanon weder eine geschlossene Partei noch ein beschränk-
tes politisches Bezugssystem. Wir sind vielmehr eine Umma, die mit den Muslimen
in allen Teilen der Welt durch ein starkes ideologisches und politisches Band verbun-
den ist. Dieses Band ist der Islam, dessen Sendung Gott durch seinen letzten Prophe-
ten Muhammad vollendet hat. Davon ausgehend sagen wir: was den Muslimen in
Afghanistan, Irak, den Philippinen oder anderswo zustößt, stößt dem Körper unserer
Umma zu, zu der wir gehören. Wir suchen die Konfrontation damit aus einer reli-
giösen Pflicht heraus, als auch wegen einer allgemeinen politischen Vision, die der
Anführer der Velayet-e Faqih beschließt. [...]

Was unsere militärische Stärke angeht, so kann sich keiner ihre Größe vorstellen,
denn wir haben keinen militärischen Apparat, der vom Rest unseres Körpers getrennt
wäre, sondern jeder von uns ist ein Soldat, ein Kämpfer, wenn der Ruf zum Dschi-
had ertönt. Und ein jeder von uns übernimmt seine Aufgabe im Kampf gemäß seinen
religiösen Pflichten im Rahmen der Herrschaft des Rechtsgelehrten. Gott ist es, der
mit seiner Güte hinter uns steht, uns beschützt und die Furcht in die Herzen unserer
Feinde pflanzt sowie uns den Sieg über sie schenkt!«[208]

Bereits in der Ansprache an die »Unterdrückten der Welt« wird der universelle Anspruch der Hizbollah deutlich, ein Merkmal, das sie von anderen Bewegungen, etwa der Hamas, unterscheidet. Auch wenn ihr militärisches Operationsgebiet - bis
zu ihrem Eingreifen 2013 in Syrien – auf den Libanon beschränkt ist, so sieht sie
sich dennoch als Vorkämpferin für die Armen der Welt, insbesondere für die Muslime unter ihnen. Dieses Element ihrer Weltsicht hat sie sich über die Jahre bewahrt, wie sie in ihrem politischen Manifest von 2009 erklärt:

»Auch wenn die gesamte unterdrückte Welt dem Joch dieser arroganten Macht [USA]
unterworfen ist, so leidet die arabische und islamische Welt aufgrund ihrer Geschichte,
Kultur, ihren Ressourcen und ihrer geographischen Lage am meisten darunter.

Unsere arabisch-islamische Welt ist seit Jahrhunderten endlosen, kolonialen, bar-
barischen Kriegen ausgesetzt. Ihren Zenith erreichten diese Kriege jedoch erst, als
die Vereinigten Staaten die alten Kolonialmächte in der Region beerbten. [...] Die

---

208. Hizbollah: Offener Brief 1985.

Gefahr, die von Amerika ausgeht, ist nicht auf eine Weltregion beschränkt. Aus diesem Grund muss die Verteidigungsfront zur Abwehr dieser Gefahr auch global agieren.«

Ihren panislamischen Universalismus, in dem sich die Hizbollah nur als Teil der weltweiten, transnationalen Gemeinschaft der Gläubigen sieht, bezieht sie von den Lehren Khomeinis und dem Erfolg der Islamischen Revolution in Iran – den sie explizit als ihren geistigen und politischen Anführer sowie als Vorbild sieht[209]:

»Wir wenden uns an alle arabischen und islamischen Völker, um ihnen mitzuteilen, dass die Erfahrung der Muslime in Iran niemandem eine Ausrede lässt, da sie ohne Zweifel bestätigt hat, dass diejenigen, die vom Glauben angetrieben werden – mit Gottes Hilfe – in der Lage sind, die Ketten aller tyrannischen Regime zu sprengen. Deshalb rufen wir diese Völker auf, ihre Reihen zu schließen, ihre Ziele festzulegen und die Fesseln zu sprengen, die ihren Willen einschränken sowie die Regierungen zu stürzen, die [mit den Feinden] kollaborieren.«[210]

Nur der Islam vermag, so die Position der Hizbollah, den Menschen den Weg in eine bessere Zukunft, frei von Unterdrückung zu weisen. Denn alle anderen Systeme, namentlich das US-amerikanische und das sowjetische Modell, seien menschlicher Natur und deshalb nicht geeignet, als Basis für den Widerstand zu fungieren. Gleichzeitig verband sie bis in die 1990er Jahre hinein diese Position mit der Forderung, einen islamischen Staat nach iranischem Vorbild zu errichten. So machte sich die Hizbollah den Slogan der iranischen Revolution – weder Ost noch West – zu Eigen und übertrug ihn zumindest auf dem Papier auf die Situation im Libanon[211]:

»Alle unterdrückten Völker, vor allem die arabischen und islamischen, müssen verstehen, dass nur der Islam fähig ist, die intellektuelle Basis für den Widerstand und die Konfrontation mit dem Aggressor zu sein, nachdem die Erfahrung gezeigt hat, dass alle menschlichen Ideologien endgültig im Interesse der Koexistenz zwischen Amerikanern und Sowjets begraben werden. [...] Nur der Islam führt den Menschen zu Reform, Fortschritt und Kreativität, denn ›Allah ist das Licht von Himmel und Erde. Sein Licht ist mit einer Nische zu vergleichen, mit einer Lampe darin. Die Lampe ist von Glas umgeben, das (so blank) ist, wie wenn es ein funkelnder Stern wäre. Sie brennt (mit Öl) von einem gesegneten Baum, einem Ölbaum, der weder östlich noch westlich ist, und dessen Öl fast schon hell gibt, (noch) ohne dass (überhaupt) Feuer darangekommen ist‹[212] [...].«[213]

---

209. Vgl. Malthaner, Stefan: Ebd. 2011, S. 84.
210. Hizbollah: Offener Brief 1985.
211. Vgl. Norton, Augustus R.: Ebd. 2007, S. 36.
212. Koran 24:35.
213. Hizbollah: Offener Brief 1985.

Hassan Nasrallahs Vision, formulierte er in einem frühen Interview folgendermaßen:

> *Wir glauben nicht an verschiedene islamische Republiken; aber wir glauben an eine einzige islamische Welt, die durch eine zentrale Regierung gesteuert wird, weil wir alle Grenzen in der islamischen Welt als künstlich und kolonialistisch ansehen – die aus diesem Grund zum Verschwinden verurteilt sind.*[214]

Zudem muss betont werden, dass es zwar zum Selbstverständnis der Hizbollah gehört, die Islamische Revolution auf der gesamten Welt zu propagieren und damit zum Islam aufzurufen, sie aber vom koranischen Verbot des Religionszwangs ausgeht und Nichtmuslimen den Glauben nicht aufzwingen will. Unter der Überschrift »Wir sind an den Islam gebunden, aber wir zwingen ihn keinem mit Gewalt auf«, äußert sie sich in ihrem Offenen Brief ausgiebig zu diesem Thema:

> *Ihr freiheitsliebenden Unterdrückten! Wir sind eine Umma, die an die Offenbarung des Islams gebunden ist und wir wünschen, dass alle Unterdrückten und die gesamte Menschheit diese himmlische Offenbarung studieren, weil sie der Welt Gerechtigkeit, Frieden und Ruhe bringt: ›In der Religion gibt es keinen Zwang. Der rechte Weg (des Glaubens) ist (durch die Verkündigung des Islam) klar geworden [...]. Wer nun an die Götzen nicht glaubt, an Allah aber glaubt, der hält sich (damit) an der festesten Handhabe, bei der es kein Reißen gibt.‹*[215]
>
> *Aus diesem Grund wollen wir den Islam nicht irgendjemandem aufzwingen, so wenig wie wir es wollen, dass andere uns ihre Überzeugungen und politischen Systeme aufzwingen.*[216] *[...]*
>
> *»Wir unterscheiden zwischen Theorie und Praxis. Unsere theoretische Sichtweise besagt: Wir rufen zur Errichtung eines islamischen Staates auf und ermuntern die anderen dazu, dies anzunehmen, weil dies zum Glück des Menschen beiträgt. Aber auf der praktischen Ebene, verlangt diese Angelegenheit nach einem Fundament, das die Errichtung eines solchen Staates annimmt; und dieses Fundament ist dieses Volk, dessen Recht es ist, auszuwählen, wer es regieren darf.*[217]

Diese Sichtweise ist selbst mit orthodoxen Lesarten des Korans vereinbar. Denn selbst wenn die Errichtung eines globalen islamischen Staates als Ziel formuliert wird, ist es nicht zwingend erforderlich, dass die Menschen unter islamischer Herr-

---

214. Nasrallah, Hassan: Interview mit al-Khaleej (Tageszeitung, UAE), 11. März 1986, in: Noe, Nicholas: Voice of Hezbollah. The Statements of Sayyed Hassan Nasrallah, London/New York: Verso 2007, S. 23-33, S. 32.
215. Koran 2:256.
216. Hizbollah: Offener Brief 1985.
217. Qasim, Na'im: Hizbullah. Al-Manhadsch, Al-Tadschruba, Al-Mustaqbal, Beirut: Dar al-Mahajja al-Bayda 2011, S. 51-52.

schaft Muslime sein müssen. Die Kopfsteuer für Nichtmuslime, die in einem solchen Staat erhoben würde, sichert ihnen zugleich den Schutz durch den jeweiligen Herrscher. Zudem schlug die Hizbollah in den 1990er Jahren einen neuen Kurs ein und eignete sich nationale Positionen an, die zu einer zunehmenden Integration ins politische System führten.

Der Konflikt im Libanon verlief zwar entlang konfessioneller Linien, doch einerseits ging es nicht um die physische Ausschaltung des Gegners (ein Merkmal, das viele Bürgerkriege auszeichnet), sondern um die Machtverteilung zwischen den Konfessionen und andererseits verstand sich die Hizbollah nicht als Bürgerkriegspartei, sondern als Widerstandsorganisation, die aufgrund der israelischen Invasion auf den Plan getreten war. Sie hatte und hat bis heute kein Interesse daran, einen innerlibanesischen Glaubenskampf anzuzetteln. Dies ist neben ihrer wohltätigen Arbeit einer der wichtigsten Gründe, weshalb die Hizbollah sich bis in sunnitische und christliche Kreise solch großer Beliebtheit erfreut. Doch Zumindest für die Jahre des Bürgerkriegs ist diese Sichtweise nicht ganz zutreffend, da auch die Hizbollah durchaus in innerlibanesische, bewaffnete Auseinandersetzungen verstrickt war und bezüglich der christlich-maronitischen Regierung sogar deren Sturz forderte.[218]

Aber abgesehen von dieser Episode, verstand sie sich von Beginn an als islamische, revolutionäre Bewegung und wird bis zum heutigen Tag nicht müde, sich als Speerspitze und Verkörperung des erst islamischen, dann nationalen Widerstands gegen ausländische Besatzer zu inszenieren, insbesondere gegen Israel.[219]

1.2.1 Widerstand im Angesicht des Feindes

Die Identifizierung als Widerstandsbewegung geht so weit, dass man die Hizbollah, unabhängig von den ideologischen Entwicklungen und Radikalisierungsprozessen unter den libanesischen Schiiten, als direktes Resultat des israelischen Angriffs auf den Libanon 1982 bezeichnen kann[220], wie selbst Nasrallah konstatierte[221]:

»Dies [die Invasion] änderte alles und alle politischen Bewegungen wurden nichtig

---

218. So lieferte sie sich zwischen 1988 und 1990 heftige bewaffnete Auseinandersetzungen mit der vorwiegend säkularen schiitischen Organisation Amal.

219. Vgl. Malthaner, Stefan: Ebd. 2011, S. 85. Deutlichster Ausdruck dieses Wandels in der Ideologie der Hizbollah war der Wechsel ihres Slogans von »Die Islamische Revolution im Libanon« zu »Der Islamische Widerstand im Libanon«.

220. Vgl. Alagha, Joseph Elie: Ebd. 2006, S. 281.

221. Auch der spätere israelische Ministerpräsident Ehud Barak gab zu, dass erst der israelische Einmarsch die Hizbollah erschuf: »Als wir in den Libanon einmarschierten…gab es die Hizbollah nicht. Wir wurden von den Schiiten im Süden mit parfümiertem Reis und Blumen empfangen. Es war unsere Präsenz dort, die die Hizbollah erschuf.«, in: Newsweek, 18.07.2006, zitiert nach: Norton, Augustus R.: Ebd. 2007, S. 33.

angesichts der schieren Größe der israelischen Invasion. Iranische Revolutionswäch-
ter kamen auf Befehl von Imam Khomeini ins Beqaa-Tal. Die Gläubigen waren der
Meinung, dass eine revolutionäre und islamische Bewegung ins Leben gerufen wer-
den sollte, um der neuen Herausforderung angemessen begegnen zu können, der sich
der Libanon ausgesetzt sah. Diese Bewegung sollte eine deutliche islamisch-politische
Vision haben und auf Basis einer soliden Ideologie operieren, die auf den Prinzipien
und den politischen Leitlinien von Imam al-Khomeini beruht sowie gemäß des Prin-
zips der Velayet-e Faqih (Herrschaft des Rechtsgelehrten), an das wir glauben. Auf
diese Art entstand die Hizbollah.«[222]

Als Gegner ihres Widerstands identifizierte die Hizbollah nicht nur Israel, sondern
auch die USA und ihre europäischen Verbündeten, die im Rahmen einer sogenannten Peacekeeping-Mission 1982 nach Beirut gekommen waren:

»Wir sind entschlossen, die Sünde zu bekämpfen. Die Hauptursache der Sünde ist
Amerika. [...] Wenn wir sie bekämpfen, dann üben wir lediglich unser legitimes
Recht aus, unseren Islam und die Würde der Umma zu verteidigen. Wir erklären laut
und deutlich, dass wir eine Umma sind, die Gott allein fürchtet und die keineswegs
bereit ist, Ungerechtigkeit, Aggression sowie Demütigung zu ertragen. Amerika, seine
NATO-Verbündeten und die zionistische Entität im heiligen Palästina greifen uns
unablässig an. [...] Aus diesem Grund sind wir in permanenter Alarmbereitschaft,
um Aggressionen zurückzuschlagen und unsere Religion zu verteidigen, unsere schiere
Existenz, unsere Würde. [...] Wir haben keine andere Wahl, als Aggression mit Auf-
opferung zu begegnen.«[223]

In ihrem politischen Manifest aus dem Jahr 2009 führt die Hizbollah diese Gedanken weiter aus und konzentriert sich dabei auf Israel. Zwar gibt es noch im Rahmen einer UNO-Mission zur Überwachung der libanesisch-israelischen Grenze
ausländische Soldaten im Land, doch die Hizbollah hat sich heute mit deren Präsenz abgefunden. Israel steht jedoch weiterhin im Fokus der Bedrohungsanalyse der
Hizbollah, obwohl es sich im Jahr 2000 aus dem Libanon zurückgezogen hatte.[224]

Dies hängt eng mit Hizbollahs Selbstverständnis als Widerstandsorganisation
ab, woraus sie bis heute ihre Legitimität und populäre Unterstützung ableitet. Fie-
le dieser Aspekt weg, dann würde das die Hizbollah in eine existenzielle Krise stürzen. Überspitzt formuliert kann man sagen, dass die Fortdauer der Hizbollah als

---

222. Nasrallah, Hassan: Ebd., S. 26, in: Ebd.
223. Hizbollah: Offener Brief 1985.
224. Die Hizbollah lehnt diese Lesart ab, da Israel die Scheba-Farmen im Grenzgebiet zwischen den beiden
     Ländern weiterhin besetzt hält.

militärische Organisation von der anhaltenden realen oder eingebildeten Bedrohung durch Israel abhängt:

> »›Israel‹[225] *bedroht den Libanon permanent und unmittelbar. Zum einen aufgrund seiner historischen Gier nach libanesischem Land und libanesischen Wasserressourcen. Und andererseits wegen der Modellfunktion, die der Libanon für das einzigartige Zusammenleben der Anhänger der semitischen Religionen ausübt, aber ebenso aufgrund seiner Absage an eine rassistische Staatsideologie, wie sie in der zionistischen Entität verfolgt wird. [...]*
>
> *Unter diesen Umständen hatten die Libanesen nur eine Wahl: Eine bewaffnete Volkswiderstandsbewegung ins Leben zu rufen, um der zionistischen Gefahr und den permanenten Angriffen auf ihr Leben, ihre Ressourcen und Zukunft zu begegnen. Als sie ihren Staat verloren[226], begaben sich die Libanesen also auf den Pfad des Widerstands, um das Vaterland zu retten. Die Befreiung des Landes[227] und die Zurückeroberung politischer Entscheidungsgewalt von der israelischen Besatzung sollten als Vorstufen der Wiederherstellung des Staates und dem Aufbau seiner Verfassungsorgane dienen.«[228]*

Gemäß dieser Bedrohungsanalyse, sieht die Hizbollah ihre Ziele in der Verteidigung der Muslime gegen den Imperialismus der USA und Israels auf der ganzen Welt, insbesondere aber in Palästina und dem Libanon:

> »*Wir sehen in Israel die Avantgarde der USA in unserer islamischen Welt. [...] Dieser Feind ist die größte Gefahr für unsere zukünftigen Generationen und für das Schicksal unserer Länder, insbesondere weil es [Israel] die Ideen von Kolonialismus und Expansion vertritt, die sie [die Zionisten] in Palästina zuerst angewandt haben und nun danach streben, Großisrael vom Euphrat bis zum Nil zu errichten.«[229] [...] »All dies [Staatsgründung Israels] geschah mit voller Unterstützung der Vereinigten Staaten und einem Ausmaß an Ignoranz von der sogenannten ›Internationalen Gemeinschaft‹ und ihren internationalen Organisationen, das an Kollaboration heranreicht.«[230]*

---

225. Die Hizbollah erkennt den Staat Israel bis heute nicht an, weshalb sie entweder von »zionistischem Gebilde« spricht oder Israel in Anführungszeichen setzt.
226. Gemeint ist mit dieser Formulierung die israelische Invasion 1982.
227. Damit spielt sie auf die Scheba-Farmen im israelisch-libanesischen Grenzgebiet an, die bis heute ein Zankapfel zwischen beiden Seiten sind.
228. Politisches Manifest 2009.
229. Offener Brief 1985.
230. Politisches Manifest 2009.

1.2.2 Ideologische Schmiermittel: Dschihad und Martyrium

Wie eingangs erwähnt, ist das Mittel der Wahl für die Hizbollah der bewaffnete Kampf. Dschihad und Martyrium bilden dabei eine ideologische Symbiose, wie sie wohl bei keiner anderen islamischen Bewegung zu finden ist. Zu erklären ist das mit der bereits erwähnten Bedeutung für die schiitische Dogmatik, die der Heldentod von al-Husain 680 bei Kerbela einnimmt. Dieser war nach schiitischer Lehre mit einer kleinen Schar Anhängern gegen das um ein Vielfaches stärkere Heer des Kalifen Yazid gezogen, mit dem er um die Nachfolge als Anführer der muslimischen Umma konkurrierte. Doch anstatt die Aussichtslosigkeit seiner Position zu erkennen und sich zu unterwerfen, opferte er lieber sein Leben, als einem ungerechten Usurpator der Macht zu huldigen.[231]

Diese in der schiitischen Glaubensgemeinschaft mystisch überhöhte »Schlacht von Kerbela« wurde von der Hizbollah als Narrativ für Widerstandsgeist und Opferbereitschaft in ihrem Kampf gegen die ausländische Besatzung instrumentalisiert, um unter der schiitischen Bevölkerung Kämpfer zu rekrutieren, die im Extremfall bereit waren, ihr Leben zu geben.[232] Bereits Musa al-Sadr und auch Khomeini im Iran bedienten sich dieses Narrativs, um die Menschen im Libanon zu mobilisieren bzw. den Schah zu stürzen.[233] Im Kampf Gefallene konnten zudem als heldenhafte Märtyrer gefeiert werden, die im Jenseits weiterlebten.[234] Dies erhöhte die Attraktivität des bewaffneten Widerstands und verschaffte den Angehörigen Erleichterung, wenn einer ihrer Angehörigen im Kampf fiel.

Auch wenn man nun annehmen könnte, dass die Hizbollah mit dieser Konstruktion einen Freifahrtschein hatte, ihre Mitglieder als Märtyrer reihenweise zu verheizen, so setzte sie dieses Mittel überaus dosiert ein.[235] In ihrer Logik setzte sie dem Einsatz des Märtyrertums als Kampfmittel enge Grenzen: nur wenn es militärisch sinnvoll und strategisch notwendig war, galt es als legitimes Mittel im Kampf gegen die Besatzung:

»Die Aktion, die zum Martyrium führt, ist nicht erlaubt, es sei denn sie kann den Feind erschüttern. Der Gläubige darf sich nicht selbst in die Luft sprengen, wenn

---

231. Zwischen Sunniten und Schiiten ist die Deutung dieser Episode der islamischen Geschichte heftig umstritten und der eigentliche Auslöser des muslimischen Schismas in Sunna und Schia. Vgl. für die Hintergründe: Krämer, Gudrun: Ebd. 2005, S. 47-49.
232. Vgl. Malthaner, Stefan: Ebd. 2011, S. 87.
233. Vgl. Norton, Augustus R.: Hezbollah, Ebd. 2007, S. 49-50.
234. Im Koran heißt es in Sure 2:154 dazu: »Und sagt nicht von denen, die um der Sache Allahs willen getötet werden, (sie seien) tot. (Sie sind) vielmehr lebendig (im Jenseits). Aber ihr merkt es nicht.«
235. Vgl. die Übersicht bei Alagha, Ebd. 2006, S. 280-289 der zwischen 1982 und 1999 auf insgesamt zwölf Selbstmordoperationen der Hizbollah kommt.

das Ergebnis den Verlust der Seele des Gläubigen nicht ausgleicht oder darüber hinausgeht.«[236] […]

Sayyid Nasrallah konkretisiert die Gedanken von Scheich Fadlallah, einem hohen Geistlichen der Hizbollah, und bietet eine erstaunlich nüchterne Kosten-Nutzen-Analyse des Märtyrertums, das er dem großen Ziel der Organisation unterordnet:

> *»In unseren internen Diskussionen sprechen wir darüber, dass das Martyrium zwar ein individuelles Projekt ist, das Ziel der Hizbollah aber darin besteht, den Sieg zu erringen. Es gibt ein besetztes Land [Libanon], das befreit werden muss und eine Nation, die sich Israel nicht unterwerfen sollte. Der individuelle Akt des Martyriums sollte deshalb nicht das Martyrium der gesamten Nation einschließen. Mein Endziel als Hizbollah und mein Endziel als Nation ist der Sieg und nicht das Martyrium.«[237]*

Im Vergleich zu Muslimbrüdern und Hamas haben sich die ideologischen Positionen der Hizbollah weniger stark verschoben. Dies liegt zum einen daran, dass sie in ihrem Operationsgebiet sich als dominante militärische Kraft etablieren konnte. In ihrer Geschichte war sie keiner politischen oder staatlichen Verfolgung ausgesetzt; vielmehr wurde ihre Rolle als Beschützerin der Nation selbst vom libanesischen Staat immer wieder anerkannt, auch wenn ihre Bewaffnung ein Streitpunkt bleibt.[238] So wurde die Hizbollah etwa nach dem Juli-Krieg von 2006 von praktisch allen politischen Lagern im Libanon für ihren Widerstand gegen Israel gefeiert.

Ihre Einbindung ins politische System des Libanon und ihre spätere Regierungsbeteiligung führte dazu, dass sie ihre Position gegenüber der Herrschaft des Rechtsgelehrten (Vilayet-e Faqih) praktisch ganz aufgab und sich auf den Weg der »Libanonisierung«, also der Nationalisierung ihrer Standpunkte zuungunsten der panislamischen Ideologie begab. Dies geschah allerdings eher implizit durch einen zunehmenden Verzicht auf die panislamische Rhetorik als durch explizite, programmatische Veränderungen.

Die große Zahl von Kämpfern, die die Hizbollah für den Kampf im syrischen Bürgerkrieg aktivieren vermag[239], ist deutlichstes Zeichen für ihr hohes Mobilisie-

---

236. Scheich Fadlallah, zitiert nach: Malthaner, Stefan: Ebd. 2011, S. 87-88.

237. Nasrallah, Hassan: Interview mit Nida al-Watan, in: Noe, Nicholas: Ebd. 2007, S. 142.

238. Nach dem Abkommen von Taif, das 1989 den Bürgerkrieg beendete, sollten alle bewaffneten Milizen ihre Waffen abgeben. Da sich die Hizbollah aber als Widerstandsbewegung und nicht als Bürgerkriegspartei versteht, weigert sie sich bis heute, über ihre Waffen auch nur zu verhandeln. Immer wieder wird ihr deshalb von ihren innenpolitischen Gegnern der nicht ganz von der Hand zu weisende Vorwurf gemacht, dass sie einen Staat-im-Staate etabliert habe.

239. Mitte Mai 2013 entsandte die Organisation viele Kämpfer auf die syrische Seite der Grenze, um die syrische Armee beim Kampf gegen die bewaffneten Rebellen und Dschihadisten zu unterstützen. Schätzungen über die Anzahl der entsandten Kämpfer variieren dabei zwischen einigen hundert und mehreren tausend Kämpfern. Sicher ist nur, dass die Hizbollah ihre Kräfte in den Krieg geschickt hat, »um

rungspotential. Da sie sich bis heute in einem existenziellen Kampf mit den »Kräften des Bösen«, also den USA und von ihr unterstützten Ländern sieht, hat sich die Position der Hizbollah nicht geändert.

2. Die Hamas als Kind der Intifada – Nationaler Widerstand gegen Besatzung

Am 8. Dezember des Jahres 1987 erfassten die größten Massenproteste in der Geschichte der besetzten Gebiete[240] den Gazastreifen. Wenig später griffen sie auch auf das Westjordanland über und weiteten sich zu einem mehrjährigen Aufstand aus, der ersten Intifada. Unmittelbarer Auslöser war ein Verkehrsunfall mit israelischer Beteiligung, bei dem mehrere palästinensische Arbeiter ums Leben gekommen waren.[241] Dieser Unfall und die darauffolgenden Proteste waren jedoch nur der vorläufige Höhepunkt einer ganzen Reihe von internen und externen Entwicklungen, die zum Ausbruch des Aufstands führten.

Auf der internationalen Ebene erfuhr der Kampf der Palästinenser einen Bedeutungsverlust. Das Palästinaproblem hatte sich abgenutzt und war auf der Prioritätenliste der Arabischen Liga durch andere, akutere und gefährlichere Konflikte nach hinten gedrängt worden. Vor allem der irakisch-iranische Krieg und der Bürgerkrieg im Libanon bestimmten seit den frühen 1980er Jahren die politische Agenda in der Region. Auf ihrem Gipfel 1987 in Amman kam die Palästinafrage erst nachträglich auf die Agenda, jedoch ohne, dass eine Resolution dazu verabschiedet worden wäre.

Hinzu kam eine fehlende innenpolitische Perspektive, deren deutlichster Ausdruck das Scheitern der PLO war, Israel von außen zu Kompromissen zu bewegen. Dies manifestierte sich in besonderer Weise in der militärischen Niederlage, die die PLO 1982 in Beirut erlitten hatte und nur einen Schluss zuließ: Die säkulare Nationalbewegung der Palästinenser war vorläufig in ihrem Anspruch gescheitert, über den bewaffneten Kampf einen unabhängigen Staat zu erringen. So formulierte die Hamas 1993 in einer Selbstbeschreibung zu den Umständen ihrer Gründung:

---

die amerikanisch-zionistische Verschwörung zu vernichten«, wie Hassan Nasrallah in einer Rede vor Anhängern der Hizbollah bekannt gab (siehe Rede im Anhang).

240. Die besetzten Gebiete umfassen nach der völkerrechtlich verbindlichen Definition: Den Gaza-Streifen, das Westjordanland sowie Ost-Jerusalem.

241. Die folgende Darstellung der Ereignisse unmittelbar vor Ausbruch der Intifada beruht auf: Baumgarten, Helga: Hamas. Der politische Islam in Palästina, Diederichs 2006, S. 37 ff. und Abu-Amr, Ziad: Islamic Fundamentalism in the West Bank and Gaza. Muslim Brotherhood and Islamic Jihad, Indiana University Press 1994, S. 53 ff.

»Die palästinensische Sache war auf der Prioritätenliste der arabischen Staaten auf die unterste Stufe gerutscht. Zudem war das Projekt der palästinensischen Revolution[242] vom bewaffneten Kampf zu politischen Verhandlungen degradiert worden, die dem palästinensischen Volk oktroyiert wurden. Im Lichte dieser beiden Rückschläge und während das palästinensische Volk in- und nicht außerhalb Palästinas reif für den bewaffneten Kampf war, wurde ein bewaffnetes palästinensisch-islamisches Projekt unausweichlich.«[243]

Gleichzeitig kam es innerhalb der besetzten palästinensischen Gebiete zu gravierenden Veränderungen. Die sozioökonomische und politische Situation hatten sich extrem zugespitzt. Zunehmende Armut, Überbevölkerung, Landenteignungen für jüdische Siedlungen auf besetztem Boden sowie der Frust über die alltägliche Unterdrückung vereinigten sich mit der israelischen Politik der »Eisernen Faust« zu einem explosiven Gemisch.[244] Immer häufiger demonstrierten die Menschen gegen die israelische Besatzungspolitik, kam es zu gewaltsamen Zusammenstößen mit der Besatzungsarmee, bei denen es Tote und Verletzte auf palästinensischer Seite zu beklagen gab, sowie zu bewaffneten Guerillaaktionen der verschiedenen palästinensischen Fraktionen.

Insbesondere der 1981 als Abspaltung der palästinensischen Muslimbruderschaft gegründete und von Iran unterstützte Palästinensische Islamische Dschihad tat sich bei diesen Aktionen hervor und avancierte zum Schrittmacher von Widerstandsaktionen in den Besetzten Gebieten. Seine Kämpfer wurden als Helden gefeiert und sein Einfluss nahm derart zu, dass weite Teile der Gesellschaft seinen Streikaufrufen folgten. Immer mehr Menschen schlossen sich dem Islamischen Dschihad an oder wurden dessen Anhänger.[245]

Die Muslimbrüder in Palästina beobachteten diese Entwicklung mit Sorge, hatten sie sich doch seit den 1950er Jahren dem bewaffneten Kampf ganz bewusst verweigert[246] und auf den Bau von Moscheen, Institutionen und Sozialeinrichtungen konzentriert, um über die Verbreitung des Islams (Da'wa) gesellschaftliche Veränderung und letztlich die Befreiung zu erreichen.

---

242. Palästinensische Organisationen haben ihren Befreiungskampf immer auch als Revolution bezeichnet.
243. Zitiert in: Hroub, Khaled: Al Fikr wa-l-Mumarasa al-Siyasiyya [auf engl. erschienen: Hamas. Thought and Political Practice, Washington: Institute for Palestine Studies 2000], Beirut 1997, S. 311.
244. Baumgarten, Helga: Ebd. 2006, S. 42.
245. Ebd. S. 34; Vgl. Hroub, Khaled: Hamas. Die islamische Bewegung in Palästina, Heidelberg: Palmyra 2011, S. 39 und 42.
246. Vgl. Baumgarten, Helga: Ebd. 2006, S. 21. Laut Hroub lehnten in den 1950er Jahren die Muslimbrüder in Gaza den bewaffneten Widerstand explizit ab. Daraufhin bewaffneten sich zwei Abspaltungen der Muslimbrüder und gingen später in der neu gegründeten Fatah auf. Unter den Anführern dieser Splittergruppen befand sich der spätere Stellvertreter Arafats in der PLO Khalil al-Wazir (Abu Dschihad), der 1988 von einem israelischen Kommando in Tunis getötet wurde, vgl.: Hroub, Khaled: Ebd. 1997, S. 21-23.

Die wichtigste Einrichtung der Muslimbrüder auf diesem Weg war das wohltätige »Islamische Zentrum« in Gaza, das 1976 vom Führer der Muslimbrüder und späteren Hamas-Mitbegründer Scheich Ahmad Yassin gegründet wurde.[247] Dieses Zentrum vereinte eine Moschee, eine Klinik, einen Jugendclub und weitere soziale Einrichtungen unter einem Dach. Von hier aus organisierten die Muslimbrüder ihre weiteren Aktivitäten und mobilisierten insbesondere die palästinensische Jugend für ihre noch friedvollen Ziele. Die israelische Militärregierung in Gaza förderte zu der damaligen Zeit islamische Aktivitäten finanziell und glaubte damit, ein Gegengewicht zu den dominanten nationalistischen und linken Kräften innerhalb der PLO aufbauen zu können, in denen sie die größere Bedrohung sah.[248]

Doch unter dem Druck der laufenden Ereignisse in den Jahren unmittelbar vor Ausbruch der Intifada, hatten sich zwei gegensätzliche Pole innerhalb der palästinensischen Muslimbrüder gebildet. Der eine forderte, die passive Haltung aufzugeben und sich in die direkte Konfrontation mit der israelischen Besatzung zu begeben, während der andere Pol darauf beharrte, den eingeschlagenen Weg der »Vorbereitung der Generationen auf die Schlacht« beizubehalten[249]. In den Worten eines Hamas-Führers ging es darum »den Glauben einer neuen Generation zu mobilisieren und zu vereinen, umzuorientieren und zu konsolidieren als Vorbereitung auf die Konfrontation mit dem Zionismus.«[250]

Die Popularität, die der Islamische Dschihad genoss, trieb die Führung der Muslimbruderschaft immer weiter vor sich her. Die passive Haltung war nicht mehr länger tragbar. Für den Führungszirkel der Muslimbrüder stellte sich die Frage nach der zukünftigen Strategie der Organisation: Sollte sie weiterhin an ihrem Weg der Erziehung der Gesellschaft zum wahren Islam festhalten und so weitere Abspaltungen übereifriger Mitglieder riskieren oder sich dem bewaffneten Kampf gegen die Besatzung anschließen?

Um eine vollständige Marginalisierung zwischen links-säkularen Gruppen und dem Islamischen Dschihad zu vermeiden, entschieden sich die Muslimbrüder letztlich für den bewaffneten Kampf. So begannen sie ab 1985 ihre Anhänger zu Streiks aufzurufen, sich an passiven Widerstandsaktionen zu beteiligen und den bewaffneten Widerstand vorzubereiten.[251] Allerdings ist der bewaffnete Kampf für die Muslimbrüder in Palästina nie Ersatz für den Weg der sozialen Veränderung gewesen, sondern stellte eine essentielle Ergänzung dessen dar. Schließlich sollten sie durch

247. Ghassan Scharbal: Hamas und die Befreiung Palästinas. Gespräch mit Khaled Mashal. [orig. arabisch: Harakat Hamas wa tahrir Filastin. Khaled Mashaal hawarahu Ghassan Sharbal], Beirut 2006, S. 30-31; Baumgarten, Helga: Ebd. 2006, S. 33.

248. Vgl. Baumgarten, Helga: Ebd. 2006, S. 32-33; Vergleiche zu dieser Thematik ausführlich: Schiff, Ze'ev/ Ya'ari, Ehud: The Palestinian Uprising – Israel's Third Front, New York: Touchstone 1991, S. 224-25.

249. Hroub, Khaled: Ebd. 2011, S. 41.

250. Zitiert in: Baumgarten, Helga: Ebd. 2006, S. 32.

251. Vgl. Baumgarten, Helga: Ebd. 2006, S. 34f.

diese Doppelstrategie großen Zulauf bekommen und ihre Position gegenüber dem Islamischen Dschihad und den säkularen Gruppen der PLO stärken.

Es sollte noch bis zum Dezember 1987 dauern, bis die Vorbereitungen abgeschlossen waren und die Führung der Muslimbrüder entschied, in Form einer neuen Organisation, offen und aktiv am Widerstand gegen die Besatzung teilzunehmen. Historischer Zufall oder nicht, einige Tage nach Ausbruch der Intifada trat die neu gegründete »Islamische Widerstandsbewegung« ans Licht der Öffentlichkeit. Die internen Vorbereitungen sowie der Einstellungswandel, den die Organisation ab Mitte der 1980er Jahre vollzogen hatte, lassen es aber als plausibel erscheinen, dass die Ereignisse vom Dezember 1987 lediglich der Funke waren, auf den die Muslimbrüder gewartet hatten, um ihren bewaffneten Kampf beginnen zu können.

Darauf verweist auch das erste Flugblatt der Organisation, das wenige Tage nach Ausbruch der Intifada am 14. Dezember 1987 in den besetzten Gebieten verteilt wurde[252] und das in gewisser Weise als Geburtsurkunde der »Islamischen Widerstandsbewegung« bezeichnet werden kann. Es stellt einen direkten Zusammenhang zwischen aktuellen Ereignissen, der israelischen Besatzung, dem Anspruch der neuen Organisation und dem Ausbruch des Aufstands her. Zudem eignet es sich die Motive des Aufstands an und verspricht den Besatzern in agitatorischem Duktus einen langen und schweren Kampf, sollten sie sich nicht zurückziehen. In recht martialischer und kompromissloser Weise heißt es darin:

»An unser standhaftes und muslimisches Volk[253]:

Ihr habt heute eine Begegnung mit Gottes Vorsehung, des Erhabenen, dessen Urteil an den Juden und ihren Unterstützern vollzogen wird ... mehr noch, ihr seid Teil dieser Vorsehung, die früher oder später, so Gott der Gepriesene und Erhabene will, die Wurzeln ihrer Entität [Israel] ausreißen wird.

Hunderte Verletzte und Dutzende Märtyrer haben innerhalb einer Woche für ihre Nation Gaza[254], ihre Würde sowie für die Wiederherstellung unseres Rechts ihre Seelen auf dem Pfade Gottes geopfert und in unserem Vaterland die Flagge Gottes hochgehalten. [...]

Die Juden müssen trotz ihrer Ketten, Gefängnisse und Kerker verstehen; trotz der Leiden, die unser Volk im Lichte ihrer verbrecherischen Besatzung erträgt, trotz der

---

252. Legrain, Jean-François: Les voix du soulevement palestinien 1987-1988, CEDEJ Kairo 1991, S. 97.

253. Im Arabischen ist die Ansprache doppeldeutig: Das hier verwendete Wort *murabit* bedeutet wörtlich »garnisoniert, postiert, für eine Sache kämpfen oder eintreten«. Hiermit spricht die Hamas-Führung ihre Anhänger sowohl als standhaft im Angesicht der israelischen Besatzung an, als auch alle muslimischen Anhänger qua Religionszugehörigkeit als ihre Volksarmee.

254. Die Hamas spielt hier auf die vier Toten des Verkehrsunfalls an, der sich im Gazastreifen am Grenzübergang Erez ereignete und den Ausbruch des Aufstands zur Folge hatte. In den ersten Tagen des Aufstands kamen bei Massendemonstrationen in Gaza zudem weitere Palästinenser bei Zusammenstößen mit der israelischen Armee ums Leben.

blutigen Wasserfälle, die jeden Tag fließen, trotz der Verwundungen: Unser Volk ist stärker als sie, geduldiger und standhafter im Angesicht ihrer Tyrannei und Arroganz. Sie werden erfahren, dass unsere Jugend der Politik der Gewalt umso härter begegnen wird, weil sie die ewigen Gärten [Paradies] mehr lieben, als unsere Feinde das irdische Leben.

Die Intifada unseres standhaften Volkes brach im besetzten Land als Ablehnung der Besatzung mit all ihren Einschränkungen aus, als Ablehnung der Politik der Landenteignungen und der Einpflanzung von Siedlungen, als Ablehnung der Unterdrückungspolitik der Zionisten; sie brach aus, um die Gewissen derjenigen zu wecken, die unentwegt einem nicht wahrnehmbaren Frieden nachlechzen, hinter nutzlosen internationalen Konferenzen, hinter separatistischen, verräterischen Versöhnungen in der Art von Camp David.[255] *Die Intifada brach aus, damit sie einer Sache gewiss sind: Der Islam ist die Lösung*[256] *und die Alternative.*

So mögen die Siedler und die Rücksichtslosen erfahren, dass unser Volk seinen Weg kannte und kennt – den Weg des Martyriums und der Aufopferung, und dass unser Volk sehr freigiebig in dieser Arena ist und dass ihnen die Politik der Militarisierung und der Besiedlung nichts einbringen wird. Alle ihre Versuche zur Auflösung und Vernichtung unseres Volkes werden trotz ihrer Kugeln, ihrer Kollaborateure und ihrer Schandtaten scheitern.

Sie sollen wissen, dass Töten und Gewalt nichts als Töten und Gewalt gebiert. Und richtig ist der Spruch: ›Keine Angst habe ich vor der Nässe, da ich doch ertrinke‹.[257]

Die Hamas war die erste palästinensische Bewegung, die – in diesem Flugblatt – den Begriff Intifada, »Abschütteln [der Besatzung]«, für den ausbrechenden Aufstand benutzte. Zum Zeitpunkt der Verteilung dieses Flugblatts war jedoch noch nicht absehbar, dass sich dieser Begriff etablieren würde.

Das Flugblatt schließt mit einer unmissverständlichen Warnung an die Besatzer, in der auch das Ende der Besatzung gefordert wird:

»Und an die verbrecherischen Zionisten: Lasst ab von unserem Volk – unseren Städten – unseren Flüchtlingslagern – unseren Dörfern; unser Kampf mit Euch ist ein existenzieller Glaubenskampf und ein Überlebenskampf! Und es mögen alle wissen:

---

255. Gemeint ist hier der Separatfrieden, den der ägyptische Präsident Anwar as-Sadat 1979 mit Israel in Camp David abgeschlossen hat, und der gegen die sogenannte Khartoum-Resolution der Arabischen Liga von 1967 verstieß. In ihr verabschiedeten die arabischen Regierungschefs die »Drei Neins«: Kein Frieden mit Israel, Keine Anerkennung Israels und Keine Verhandlungen mit Israel.
256. Die Hamas eignet sich hier den Leitspruch der Muslimbruderschaft an und demonstriert damit ihre organisatorische und ideologische Nähe zu ihr.
257. Alle Flugblätter der palästinensischen Fraktion aus der ersten Intifada sind im arabischen Original und in französischer Übersetzung beim bereits zitierten Jean-François Legrain zu finden.

Die Juden verüben gegen unser Volk Nazi-Verbrechen, aber sie werden aus dem gleichen Kelch kosten.«

Die Relativierung des Holocaust durch den Vergleich des Leids der Palästinenser mit den durch die Nazis verübten Schrecken brachte der neuen Organisation sofort den Vorwurf des Antisemitismus ein. Bis heute hat sie damit zu kämpfen, obwohl ihre Haltung zu Israel sich stark verändert und sie eine viel differenziertere Position eingenommen hat.

Gezeichnet war dieses erste Dokument mit »Harakat al-Muqawama al-Islamiyya«, also »Die Islamische Widerstandsbewegung«. Das Akronym der arabischen Bezeichnung (*HaMaS*), welches gleichzeitig »Eifer, Begeisterung« bedeutet, sollte erst einige Monate später zum Markenzeichen der neuen Bewegung werden.[258]

2.1 Hamas´ Selbstverständnis: Im Spannungsfeld von nationaler Befreiung und religiöser Mobilisierung

Wie bei allen Organisationen, die Teil eines politischen Systems und Kräftemessens sind, unterliegen auch die Positionen der Hamas und sogar ihre Selbstdefinition einem Wandel. Bei kaum einer anderen Organisation trifft dies mehr zu, als bei ihr, die sich immer wieder den politischen Realitäten in den besetzten palästinensischen Gebieten anpassen musste.

Obwohl die Hamas nun schon seit 25 Jahren existiert und sie eine Unzahl an Dokumenten und Verlautbarungen veröffentlicht hat, in denen sie sich und ihre Politik vorstellt, wird zumeist nur auf ihre Charta von 1988 zurückgegriffen. Dabei hat sie heute für die meisten ihrer Mitglieder und selbst die Führungsebene kaum noch praktische Relevanz[259]. So gab Politbürochef Khalid Mashal 2009 in einem Interview mit der *New York Times* zu bedenken, dass das wichtigste sei, »was Hamas tut und welche Politikmaßnahmen sie implementiert. Die Welt muss sich mit dem befassen, was Hamas heute tut. [...] Es ist nicht logisch, dass die internationale Gemeinschaft Hamas auf Grundlage dieser Sätze [Hamas-Charta] beurteilt, während sie schweigt, wenn Israel unser Volk vernichtet und tötet«[260].

Diese Haltung reflektiert die gesamte Entwicklung der Hamas in den letzten Jahrzehnten. Von einer militärischen Widerstandsorganisation hat sie sich zu einer modernen politischen Partei mit bewaffnetem Arm gewandelt, bei der das Po-

---

258. Die Bewegung nutzte das Akronym zum ersten Mal auf ihrem vierten Flugblatt vom 11. Februar 1988. Einige Tage später, auf dem fünften Flugblatt, erschien dann der Name Hamas, unter dem die Bewegung fortan operieren würde.
259. Baumgarten, Helga: Ebd. 2006, S. 58; ähnlich: Hroub, Khaled: Ebd. 2011, S. 55.
260. New York Times-Interview mit Khaled Mashaal, in: Journal of Palestine Studies: Vol. 37 (4), 2009, S. 215-216.

litische immer mehr an Gewicht gegenüber den religiösen Ziele und ideologischen Positionen gewonnen hat.[261]

Dennoch liefert die Charta bis heute gültige Hinweise darauf, wie sich die Organisation sieht und wo ihre religiös-ideologischen Wurzeln liegen. Zudem kann man durch einen Vergleich der Charta mit neueren Dokumenten ein klares Bild davon gewinnen, wie sich ihre Standpunkte im Laufe der Zeit gewandelt haben. So heißt es in Artikel eins und zwei:

>*Die Islamische Widerstandsbewegung: Der Islam ist ihr Weg, von ihm leitet sie ihre Ideen und Vorstellungen über die Schöpfung, das Leben und den Menschen ab; und seinen Gesetzen unterwirft sie sich in all ihrem Handeln, von ihm lässt sie all ihre Schritte inspirieren.«[262] Ihr Islamverständnis ist wie das der Muslimbrüder ein allumfassendes, das alle Bereiche des Lebens regelt: »Die Islamische Widerstandsbewegung ist ein Flügel der Muslimbrüder in Palästina. […] Die Organisation der Muslimbrüder ist eine weltumspannende Organisation, […], die sich auszeichnet durch ein umfassendes Verständnis aller islamischen Konzepte in den verschiedenen Bereichen des Lebens: im Denken und Glauben, in Politik und Ökonomie, in Bildung und Gesellschaft.«[263]*

Artikel 3 und 4 der Charta sprechen Muslime als Mitglieder der Hamas an und laden sie dazu ein, Mitglied zu werden:

>*Das Fundament der Islamischen Widerstandbewegung besteht aus Muslimen, die Gott die Gefolgschaft geschworen haben […]. Die Islamische Widerstandsbewegung heißt jeden Muslim willkommen, der ihre Ideologie annimmt, sich ihre Idee zu eigen macht, sich an ihren Weg hält sowie ihre Geheimnisse bewahrt und gewillt ist, sich ihren Reihen anzuschließen, um die Pflicht zu erfüllen. Und sein Lohn ist bei Gott.«*

Während die Religion bei Gründung der Hamas und die ganzen 1990er Jahre hindurch eine wichtige Rolle gespielt hat, wurde dieser Aspekt in ihrer Ideologie danach schwächer. Der Islam trat dabei insbesondere als Faktor zur Mobilisierung der Kämpfer nach dem Ende der al-Aqsa-Intifada (2000-2005) hinter den Primat der Politik zurück, den die Hamas im Zuge ihrer strategischen Neuausrichtung ausgerufen hatte. Als Abkömmling der Muslimbruderschaft mit entsprechender Anhänger- und Mitgliederstruktur und als bewaffnete Widerstandbewegung ins Leben gerufen, um der säkularen PLO die Stirn zu bieten, war der Fokus auf den Islam

---

261. Vgl. Hroub, Khaled: A »new Hamas« through its new Documents, in: Journal of Palestine Studies, Vol. 35 (4), 2006, S.27.
262. Hamas-Charta: Artikel 1.
263. Hamas-Charta: Artikel 2.

anfangs ideologisches und strategisches Erfordernis zugleich. Der Nationalismus war, wie bereits erwähnt, in der arabischen Welt im Rückzug begriffen, der Islam trat an seine Stelle.[264] Am stärksten kam der islamische Bezug der Hamas in ihrer Losung zum Ausdruck, die in Artikel 8 der Charta formuliert ist:

>*Gott ist ihr Ziel, der Prophet ihr Vorbild, der Koran ihre Verfassung, der Dschihad ihr Weg und der Tod auf dem Pfade Gottes ihr nobelster Wunsch.*«

Hier kommen mehrere Elemente zusammen, die für islamische Bewegungen typisch sind. Sowohl der Bezug auf die Sunna (Vorbild) des Propheten, als auch auf Koran und Dschihad gehören zum Standardrepertoire dieser Bewegungen.

Vergleicht man das mit den Formulierungen aus ihrem Wahlprogramm von 2006 fällt jedoch auf, dass sie sich viel zurückhaltender äußert. Überhaupt findet der Islam in dieser expliziten Weise kaum noch Erwähnung. Wenn man alle Stellen im Wahlprogramm von 2006 zusammennimmt, dann machen sie lediglich eineinhalb Seiten des 14 Seiten langen Dokuments aus.[265] Die offensichtlichsten Bezüge erscheinen dabei im ersten Abschnitt, »Unsere Prinzipien«[266]:

1.   »Der wahre Islam und seine zivilisatorischen Errungenschaften sind unser Bezugsrahmen und offener Weg für unser Leben in all seinen politischen, ökonomischen, gesellschaftlichen und rechtlichen Dimensionen.
2.   Das palästinensische Volk ist eine unteilbare Einheit, unabhängig von seinem jeweiligen Aufenthaltsort, und es ist ein integraler Bestandteil der arabisch-islamischen Umma: ›Dies ist eure Gemeinschaft. Es ist eine einzige Gemeinschaft. Und ich bin euer Herr. Dienet mir!‹[267] Unser palästinensisches Volk lebt noch immer in der Phase der nationalen Befreiung. Ihm kommt das Recht zu, seine Rechte wiederherzustellen und die Besatzung mit allen Mitteln zu beenden – dies schließt auch den bewaffneten Widerstand ein.«

Es fällt auf, dass die Hamas in Punkt eins lediglich den Allgemeinplatz aus der Charta wiederholt, der das umfassende Islamverständnis der Organisation widerspiegelt. Jedoch wird es nicht näher spezifiziert. Selbst in den restlichen achtzehn Punkten der Plattform kommt der Islam als dominierendes Ordnungsprinzip nicht

---

264. Natürlich muss diese Entwicklung als Prozess begriffen werden, der sich über viele Jahre hinzog. Auch die Hamas konnte sich als Befreiungsbewegung dem Nationalismus nicht völlig entziehen. Wie zu sehen sein wird, steht sie in einem ständigen Spannungsverhältnis zwischen religiös motivierten und national definierten Zielen.

265. Vgl. Hroub, Khaled: Ebd. 2006, S. 12-13.

266. Wahlprogramm der Liste »Veränderung und Reform« [Hamas], Palästinensische Legislativratswahlen 2006, Kapitel 1.

267. Koran 21:92.

vor. Die Sprache bleibt »bürokratisch« und zu einem hohen Grad überraschend säkular[268]. Auch im zweiten Punkt wiederholt sie lediglich eine altbekannte Phrase aus der Charta, die jedoch kaum praktische Relevanz hat, sondern mehr die Einheit des Volkes beschwören soll.

2.2 Von der »Befreiung Palästinas« zur »Beendigung der Besatzung«

Obwohl sich die Hamas wie eben gesehen als islamische Bewegung definiert, nehmen der Nationalismus und die Befreiung des Heimatlandes einen zentralen Platz in ihrem Denken ein. Sie sieht sich als palästinensische Bewegung, deren Ziel die Befreiung Palästinas von der Besatzung ist:

> *»Die Islamische Widerstandsbewegung (Hamas) ist eine palästinensische nationale Befreiungsbewegung, die für die Befreiung der besetzten palästinensischen Gebiete und für die Anerkennung der legitimen Rechte der Palästinenser kämpft. [...] Die Bewegung kämpft gegen Israel, weil Israel der Aggressor, Usurpator und Unterdrückerstaat ist, der Tag und Nacht seine Waffen auf unsere Söhne und Töchter richtet.«[269]*
> *Sie geht sogar so weit, den »Nationalismus als Teil des Glaubenssystems«[270] zu bezeichnen. Auch an weiteren Stellen der Charta rekurriert sie immer wieder darauf, dass sie eine palästinensische Organisation sei, so etwa in Artikel 6 der Charta: »Die Islamische Widerstandsbewegung ist eine entschieden palästinensische Bewegung.«*

Dies ist damit zu erklären, dass sich die Hamas als neue Bewegung zunächst konsolidieren[271] und auch auf ideologischem Gebiet positionieren und durchsetzen musste. Das Misstrauen in der Bevölkerung gegenüber den frömmlerischen Muslimbrüdern war zu diesem Zeitpunkt noch sehr groß, da sie bisher nichts zum Befreiungskampf beigetragen hatten. Die PLO war 1988 zwar geschwächt, aber auf der politischen Bühne keineswegs obsolet. Jedoch wäre es zu kurz gegriffen, den Nationalismus der Hamas als bloß taktisches Mittel zu begreifen. Vielmehr hat sie sich seit ihrer Gründung immer in einem ideologischen Spannungsfeld zwischen religiös-islamischen und nationalen Positionen bewegt. Hier zeigt sich einmal mehr ihr Ursprung in der Muslimbruderschaft und die Nähe zu al-Bannas Denken. Dabei ist ihr die Synthese zwischen beiden Positionen nicht immer gelungen. Je nach politischer Situation, überwog einmal das islamische und ein anderes Mal das national-befreiungsideologische Element.

Im Rückblick erscheint die kompromisslose Haltung der Hamas gegenüber Is-

268. Hroub, Khaled: Ebd. 2006, S. 14.
269. Zitiert in: Hroub, Khaled: Ebd. 2011, S. 45-46.
270. Hamas-Charta: Artikel 12.
271. Vgl. Büscher, Matthias Alexander: Der Strategiewandel der palästinensischen Hamas, Frankfurt 2011, S. 32.

rael der machtpolitischen Konkurrenz zur PLO und ihrem Selbstverständnis als bewaffnete Widerstandsbewegung geschuldet. Nachdem die PLO Ende der 1980er Jahre dem bewaffneten Kampf abgeschworen und sich auf Friedensverhandlungen mit Israel eingelassen hatte, stieß die Hamas in dieses Vakuum. In diesem Kontext steht auch die Befreiung des historischen Palästinas als Ziel der Bewegung, da die PLO auch hier Konzessionen eingegangen war und mit den Friedensverhandlungen auf Grundlage der Grenzen von 1967 implizit Israels Existenz anerkannt hatte. So bezogen sich Forderungen der Bewegung bis zum Jahr 2006 immer auf das gesamte historische Palästina, da es die Hamas als Teil des islamischen Kerngebietes betrachtet, von dem »kein Teil aufgegeben werden«[272] dürfe:

> *»Die Islamische Widerstandsbewegung glaubt daran, dass Palästina ein islamisches Stiftungsland ist, den muslimischen Generationen bis zum Jüngsten Gericht anvertraut. Es ist nicht rechtmäßig, das Land oder einen Teil davon aufzugeben. Weder ein einzelnes, noch alle arabischen Länder haben das Recht hierzu, auch nicht Könige und Präsidenten oder alle Könige und Präsidenten zusammen. Auch palästinensische oder arabische Organisationen haben keinerlei Recht dazu, denn Palästina ist ein islamisches Stiftungsland, den muslimischen Generationen bis zum Jüngsten Gericht anvertraut.«[273]*

Folglich könne die Befreiung nur über den Dschihad, also den bewaffneten Kampf der Muslime, gegen die Besatzer erfolgen[274], eine Verhandlungslösung wird explizit abgelehnt, da diese den Unterdrückten keine Gerechtigkeit bringe[275] und letztlich zur Aufgabe eines Teils des Landes führe: »Bei der Konfrontation mit den Juden, die Palästina usurpiert haben, führt kein Weg daran vorbei, das Banner des Dschihad zu hissen […] sowie den Geist des Dschihad in der Umma zu verbreiten […] und sich den Reihen der Kämpfer anzuschließen.«[276]

Später relativierte die Hamas diese Position nachhaltig. Im Wahlprogramm von 2006 ist statt einer Befreiung Palästinas immer wieder von der »Beendigung der Besatzung« als Fernziel der Bewegung die Rede. Deutlichstes Zeichen der ideologischen Abkehr vom bewaffneten Kampf zur »Befreiung Palästinas« und der damit verbundenen Zerstörung Israels, ist das Nischendasein, das der bewaffnete Kampf in der Plattform führt. Lediglich an zwei Stellen wird der (bewaffnete) Widerstand überhaupt erwähnt, im bereits zitierten Punkt drei des ersten Kapitels »unsere Prinzipien« und im Vorwort der Plattform. Dort heißt es: »Die Beteiligung

---

272. Hamas-Charta: Artikel 11.
273. Hamas-Charta: Artikel 11.
274. Hamas-Charta: Artikel 12, insbesondere Artikel 15 (» Der Dschihad zur Befreiung Palästinas ist individuelle Pflicht«).
275. Vgl. Hamas-Charta: Artikel 13.
276. Hamas-Charta: Artikel 15.

an den Wahlen soll das Programm des Widerstands und der Intifada unterstützen, welches das palästinensische Volk als strategisches Mittel zur Beendigung der Besatzung gebilligt hat.«[277]

Bei beiden Stellen liegt die Betonung aber auf dem Recht, die Besatzung zu beenden, bewaffneter Widerstand ist nur ein Mittel unter anderen, dieses Ziel zu erreichen. Hroub kommt zum Schluss, dass es kein Vergleich zwischen dem Gewicht, der zivilen Aspekten zukommt und dem Raum, der dem Widerstand eingeräumt werde, sei.[278]

2.3 Ist die Hamas antisemitisch?

Obwohl die ideologischen Positionen der Hamas im Laufe der Zeit immer konzilianter geworden sind und sie sich von extremen Positionen der Anfangszeit verabschiedet hat, ist sie bis heute mit dem Vorwurf des Antisemitismus konfrontiert. Doch was ist wirklich dran an diesem Vorwurf?

Tatsächlich lassen sich vor allem in frühen Verlautbarungen ziemlich krude Thesen über die Natur der Juden, deren Mittel und Ziele finden:

>»Mit dem Kapital haben sie [die Juden] die Kontrolle über die globalen Medien erlangt: Presseagenturen, Zeitungen, Verlage, Rundfunk etc. Mit dem Kapital traten sie an den verschiedensten Orten der Welt Revolutionen los, um ihre Interessen zu verwirklichen (...). Und mit dem Kapital war es ihnen möglich, die Kontrolle über die Kolonialstaaten zu erlangen, um sie dazu zu bringen, viele Länder zu kolonisieren und deren Ressourcen zu plündern sowie in ihnen ihre Untugenden zu verbreiten.«[279]

Es fällt auf, dass verschwörungstheoretische Elemente im Antisemitismus der Hamas[280] überwiegen, für den europäischen Antisemitismus typische, rassistische Argumentationsmuster fehlen hingegen völlig.[281] So heißt es etwa in Artikel 32 der Charta:

>»Der globale Zionismus versucht gemeinsam mit den kolonialistischen Kräften mittels intelligenter Bewegung und strategischer Planung, einen arabischen Staat nach dem anderen aus der Kampfarena mit dem Zionismus zu verdrängen, damit er es [globaler Zionismus] am Ende mit dem palästinensischen Volk alleine zu tun hat. Zudem hat er Ägypten mit den verräterischen Camp-David Verträgen zu einem großen Teil aus

---

277. Wahlprogramm der Liste für Veränderung und Reform 2006, Vorwort.
278. Vgl. auch: Hroub, Khaled: Ebd. 2006, S. 10
279. Vgl. Hamas-Charta: Artikel 22.
280. Vgl. zu diesem Thema ausführlich: Achcar, Gilbert: Die Araber und der Holocaust. Der arabisch-israelische Krieg der Geschichtsschreibungen, Hamburg; Edition Nautilus 2012, S. 236-243.
281. Baumgarten, Helga: Ebd. 2006, S.61; Achcar, Gilbert: Ebd. 2012, S. 242.

der Kampfarena gedrängt. Der globale Zionismus versucht weitere Länder zu ähnlichen Abkommen zu zwingen, um sie aus der Kampfarena auszuschließen. [...] Ihre Planungen [stehen] in den Protokollen der Weisen von Zion und ihr gegenwärtiges Tun ist der beste Beweis für das, was wir sagen.«[282]

Ohne Zweifel kommt hier antisemitisches Denken in Reinform zum Ausdruck, wenn die Hamas sogar die gefälschten Protokolle der Weisen von Zion zitiert, welche für antisemitische Propaganda in Europa in Umlauf gebracht wurden. Die Zionisten werden als global agierende und steuernde Macht gezeichnet, deren Ziel es ist, die Palästinenser in ihrem Kampf zu isolieren, damit sie »gierig vom Nil bis zum Euphrat expandieren, nachdem sie Palästina [erobert haben]. Und wenn ihnen gelingt, die Region zu verschlingen, dann schauen sie nach mehr und wieder mehr.«[283] Weltbeherrschung, Kapitalbesitz, Verschwörung sind die Zutaten, aus denen jede antisemitische Propaganda zusammengesetzt ist und uns auch hier entgegentritt.

Allerdings unterscheidet sich der Antisemitismus der Hamas von seinem christlich-abendländischen Pendant in einem wichtigen Detail. Er ist auf die Natur des Konflikts zurückzuführen, bei dem es in erster Linie um die Kontrolle von Land und die Auseinandersetzung mit einem Gegner geht. Der arabisch-islamische Antisemitismus der Hamas ist also Folge des Konflikts und der »traumatischen Erfahrung der Niederlage, die Errichtung eines unabhängigen Israels und den Kampf dagegen« und nicht seine Ursache. Folglich ist »der Antisemitismus [...] eine Waffe im Rahmen dieses Kampfes. Er spielt eine funktionale und politische Rolle und ist kein gesellschaftliches Phänomen.«[284] Helga Baumgarten zufolge müsse der Antisemitismus der Hamas als »überdimensionale Vergrößerung des Feindes verstanden werden, die [...] die sonst unerträgliche Niederlage gegen diesen Feind erklärt und erleichtert.«[285] Trotz der Erklärung und Funktionalität, den der Antisemitismus im ideologischen Gerüst der Hamas einnimmt, ist er – wie jeder chauvinistische und exklusivistische Rassismus - nicht zu rechtfertigen oder zu tolerieren.

Bereits 1990 hat die Hamas Stellungnahmen veröffentlicht, in denen sie sich vom Antisemitismus der Charta zu distanzieren versucht hat, da sie eine Unterscheidung zwischen Zionismus, Judentum und Israel einführen wollte. Inwieweit dieser Versuch überzeugen konnte, bleibt dahingestellt, da im Sprachgebrauch immer wieder eine Vermischung dieser Begrifflichkeiten zu beobachten war. Fest steht jedoch, dass die Hamas seither und insbesondere nach ihrem Wahlsieg 2006 sich kaum noch dieser hässlichen Rhetorik bedient.[286]

---

282. Hamas-Charta: Artikel 32.
283. Hamas-Charta, Ebd.
284. Harkabi, Yehoshafat: Arab Attitudes to Israel, London: Vallentine, Mitchell & Co. 1972, S. 298-299, zitiert nach: Achcar, Gilbert: Ebd. 2012, S. 242.
285. Baumgarten, Helga: Ebd. 2006, S. 62.
286. Vgl. Hroub, Khaled: Ebd. 2011, S. 66-70.

Dieser Wandel ist ein weiterer Beleg für die Fähigkeit der Hamas, ihre ideologische Linie immer wieder den veränderten politischen Gegebenheiten *on the ground* anpassen zu können[287], vor allem, damit sie im Kampf um internationale Anerkennung bestehen kann.

Die ideologischen Grundlagen der Hamas basieren also auf einer Synthese aus religiösen und befreiungsnationalen Elementen. Adressat ihrer Agitation ist dabei das gesamte palästinensische Volk, das sie als muslimischen Teil der Umma anspricht. Zwar erwähnt sie in ihren Dokumenten immer wieder die Heiligkeit Jerusalems auch für die christlichen Konfessionen, jedoch richtet sie kaum einmal das Wort an die beträchtliche christliche Minderheit in Palästina.

Ihr ideologisches Ziel bestand zu Beginn ihres Wirkens in der Befreiung des gesamten historischen Palästinas, was sie mit der »Heiligkeit des Bodens« für die Muslime weltweit begründete. Die zionistische Besatzung sei durch nichts zu rechtfertigen und verstoße quasi gegen göttliches Recht, indem die Hamas Palästina zu einem muslimischen Stiftungsland, Waqf[288], erklärt. Diese ideologische Figur erlaubt es der Hamas, den Dschihad gegen Israel auszurufen und es bis zum Ende zu bekämpfen. Einen Kompromiss ließ diese Haltung nicht zu.

Mit der Zeit und erst recht nach 2006 lässt sich beobachten, dass die Sprache der Hamas immer säkularer und gemäßigter geworden ist und sie zunehmend Abstand zu religiösen Begriffen genommen hat. Im Jahr 2005 hat sie durch einen formellen Beschluss den Dschihad eingestellt und seitdem auch keine Selbstmordattentate mehr verübt.[289] Wie zu sehen sein wird, hängt dieser ideologische Wandel mit der zunehmenden Einbindung der Bewegung in das palästinensische politische System zusammen.

3. Der Sturz Mubaraks und die Gründung der FJP[290] im Geiste des Arabischen Frühlings

Der politische Umbruch von 2011 eröffnete dem ägyptischen Volk zum ersten Mal in der modernen Geschichte die Möglichkeit, seine politischen Repräsentanten selbst auszuwählen. Während manche von der Geschwindigkeit der Ereignisse überrollt wurden, schienen die Muslimbrüder auf diesen Moment nur gewartet zu haben.

---

287. Vgl. Achcar, Gilbert: Ebd. 2012, S. 241.
288. Ein Waqf ist eine muslimische, auf Dauer angelegte Stiftung. Nach Auffassung der Hamas wurde Palästina nach der Eroberung durch die muslimischen Heere vom Kalifen Umar ibn al-Khattab (reg. 634-644) den Muslimen als unveräußerliches, ewiges Waqf-Land vermacht. Damit ist es nach islamischer Rechtsauffassung integraler Bestandteil der Dar al-Islam, also Teil des islamischen Herrschaftsgebiets.
289. Vgl. Hroub, Khaled: Ebd. 2011, S. 183-184.
290. Die hier verwendete Abkürzung richtet sich nach dem englischen Namen »Freedom and Justice Party«.

Direkt nach dem Sturz Mubaraks begannen die verschiedenen politischen Kräfte sich öffentlich zu organisieren und ohne Einschränkung zu artikulieren. Nach einer wechselvollen Geschichte, in der sie zumeist verfolgt, verboten und 1954 sogar vollständig zerschlagen worden waren, hatten sie zum ersten Mal in ihrer über achtzigjährigen Geschichte die Gelegenheit, als legale politische Partei und zivilgesellschaftlicher Akteur an der Gestaltung des Landes mitwirken zu können.[291]

Nur zehn Tage später erklärte der oberste Führer der Muslimbrüder die Gründung einer nur formal von ihnen unabhängigen politischen Partei, die jedoch »an die Idee der Muslimbrüder«[292] glaubt. Diese sollte den Namen Freiheits- und Gerechtigkeitspartei tragen und in den ersten freien Parlamentswahlen 2011/2012 zur größten Fraktion werden. Bei den darauffolgenden Präsidentschaftswahlen errang ihr Kandidat Mohammad Mursi sogar den Sieg und wurde zum ersten frei gewählten Präsidenten des Landes.

Ironischerweise gewann also jene Kraft die ersten freien Parlaments- und Präsidentschaftswahlen im Land, die zu Beginn der Proteste gegen Mubarak ihre Anhänger und Mitglieder aufgefordert hatte, sich nicht daran zu beteiligen, was vor allem unter den Jüngeren in ihren Reihen auf Unverständnis und Widerstand gestoßen war. Erst als absehbar wurde, dass die Proteste anhalten würden, begannen sie ihre Mitglieder zu mobilisieren.[293] Allerdings putschte das Militär bereits ein Jahr nach der Amtsübernahme im Juli 2013 gegen ihn und stellte ihn unter Hausarrest.

Diese Position scheint im Widerspruch zu ihren Erfahrungen unter einem Regime zu stehen, das sie über viele Jahrzehnte unterdrückt und an der kurzen Leine gehalten hat. Unter Mubarak waren sie zwar offiziell verboten, aber als zivilgesellschaftlicher Akteur, der vornehmlich soziale Aufgaben erfüllen durfte, toleriert. Angesichts dieser Haltung warfen ihnen ihre Gegner Opportunismus vor.

Aber dieser Vorwurf verkennt, dass die Muslimbrüder aufgrund ihrer blutigen Erfahrungen mit den verschiedenen ägyptischen Regimen vorsichtiger geworden sind.[294] Zudem waren sie immer schon sehr pragmatisch und passten ihre ideologischen Standpunkte flexibel den politischen Gegebenheiten an. An mehreren Stellen kommt dies bereits im Vorwort des Parteiprogramms der FJP zum Ausdruck, etwa wenn sie die Gründung der Partei trotz der anfänglichen Vorbehalte in den

---

291. Zu den Muslimbrüdern und ihrer Geschichte gibt es mittlerweile unzählige Werke. Als Standardwerk gilt aber bis heute der bereits zitierte: Mitchell, Robert P.: Ebd. 1993. Vergleiche auch: Murtaza, Muhammad Sameer: Ebd. 2011 und Lia, Brynjar: The Society of the Muslim Brothers in Egypt, Reading: Ithaca Press, 1998.

292. Internetseite der Freiheits- und Gerechtigkeitspartei: www.hurryh.com/About_us.aspx, (abgerufen am 05.03.2013).

293. Vgl. Tadros, Samuel: Egypt´s Muslim Brotherhood after the Revolution, in: Brown, Eric/ Fradkin, Hillel (Hrsg.): Current Trends in Islamist Ideology, Vol. 12 (2011), S. 5-21, hier: S. 8, online: www.currenttrends.org/docLib/201110281_ct12.pdf (abgerufen am 27.04.2013).

294. Vgl. Ebd., S. 8-9.

Kontext der Revolution stellen und die Revolutionäre ausgiebig für ihre Verdienste würdigen oder andere Kräfte zur Kooperation aufrufen.

Auch sieht man hier den hohen Anspruch der Gründer der FJP, altgedienten Muslimbrüdern, der Gesellschaft ein umfassendes Reformprogramm verordnen zu wollen, das viele Forderungen der Revolutionäre aufgreift, diese aber durch eine Synthese mit eigener Programmatik zum Ausdruck bringen:

»Zu Beginn wollen die Gründer der Freiheits- und Gerechtigkeitspartei zum Ausdruck bringen, dass sie in ihr eine Frucht der gesegneten Revolution vom 25. Januar sehen, ohne die es – mit der Güte Gottes – der Partei nicht gestattet gewesen wäre, das Licht der Welt zu erblicken.

Die gesegnete Revolution eröffnete dem ägyptischen Volk Horizonte der Hoffnung, um aus dem Dunkel der Armut, des Unwissens und der Krankheit auszutreten und sich der Weite der Freiheit, der Demokratie sowie der gesellschaftlichen Gerechtigkeit und der Menschenrechte hinzuwenden. [...]

Und weil die Freiheit und Gerechtigkeit im Leben eines jeden Menschen von solch enormer Bedeutung ist, beschlossen wir, die Partei ›Freiheits- und Gerechtigkeitspartei‹ zu nennen. Die Freiheit ist eine Gabe Gottes, des Erhabenen, für den Menschen, der nicht unterjocht werden darf. Gott schuf ihn frei und diese Freiheit darf ihm nicht unrechtmäßig entrissen werden. Davon ausgehend hat das islamische Recht die Freiheit als ein ursprüngliches Recht des Menschen definiert. Als Beweis für ihren Wert reicht es uns zu sehen, dass die Menschen ihr Leben dafür geben.

Aber was die Gerechtigkeit angeht, so ist sie die andere Seite der Freiheit. Mit diesen beiden zusammen tun sich die Talente des Menschen auf. Er und seine Umma werden gemeinsam zum Aufbau des Landes und zu einem Leben in Wohlstand für alle Menschen aufbrechen. Und wenn wir von Gerechtigkeit sprechen, dann meinen wir die Gleichheit vor dem Gesetz, die gesellschaftliche Gerechtigkeit sowie die Solidarität unter den Gesellschaftsmitgliedern [...].

Die Gründer der FJP sehen in der Reform dessen, was der Tyrann[295] korrumpiert hat und in der Erneuerung des Vaterlandes eine sehr große Aufgabe, die keine Fraktion oder eine einzelne Partei alleine bewältigen kann. Deshalb rufen die Gründer der FJP alle patriotischen Kräfte zur gegenseitigen Unterstützung auf, zum Aufbau des Landes oder zumindest zum ehrenvollen Wettbewerb, ohne den Ausschluss anderer und Einsatz unlauterer Mittel oder ideologischen Terrorismus. Die Gründer der FJP bekräftigen, dass sie in den Bereichen, in denen sie tätig sein werden, an allen Prinzipien und Regeln des Anstands festhalten werden.

Und Allah ist Herr über jeden Erfolg!«[296]

---

295. Der zurückgetretene Präsident Husni Mubarak.
296. Parteiprogramm der FJP, Vorwort.

Neben der obligatorischen Würdigung der Revolution und der Jugend, die sie entflammt hat, geht die Partei vor allem auf die Pfeiler eines zukünftigen Gemeinwesens ein. In diesem kommen Freiheit und Gerechtigkeit wegen ihrer Bedeutung für das Individuum oberste Priorität zu. So sei es auch naheliegend gewesen, die Partei danach zu benennen.

Die Ableitung der Freiheit als vom Islam vorgegebenes natürliches Recht fungiert dabei nicht nur als Feigenblatt. Es steht im Einklang mit der Vorstellung, dass Gott alleiniger Souverän[297] und der Mensch somit auch nur ihm unterworfen ist. Einschränkungen der individuellen Freiheit dürfen in diesem Bezugsrahmen nur durch das göttliche Recht legitimiert werden, die dann als solche aber nicht verstanden werden. Es sind *hudud*, also Grenzen des göttlichen Rechts, die dem Gläubigen als natürliche Grenzen der Religion gegenübertreten. Ähnlich wie Qutbs Verständnis von Freiheit und Gerechtigkeit, glaubt auch die FJP, dass wahre Freiheit nur in der Verwirklichung der göttlichen Gebote und Verbote erreicht werden kann.[298] Allerdings ist ihr Verständnis islamischer Gebote und Verbote flexibler als dasjenige von salafistischen Vertretern, etwa von der al-Nur-Partei.

Als Voraussetzung der Freiheit nennt die FJP die Gerechtigkeit, die sich aus dem Zusammenspiel der drei Bestandteile Gleichheit vor dem Gesetz, soziale Gerechtigkeit und Solidarität zwischen allen Gesellschaftsmitgliedern ergibt.

In ihrem Anspruch, die Gesellschaft umfassend erneuern zu wollen, knüpft sie an al-Bannas Definition der Muslimbrüder an, der in ihnen eine Organisation sah, die alle gesellschaftlichen Teilbereiche durchdringt.

Die FJP schließt das Vorwort mit einem Aufruf an andere gesellschaftliche und politische Kräfte zur Kooperation. Angesichts bestehender Ängste im In- und Ausland[299] vor einer Vereinnahmung des Erneuerungsprozesses durch die gut organisierten Muslimbrüder, wollen sie diesem Eindruck entgegenwirken. Denn von ihrer Größe und Tiefe der Organisationsstruktur sind die Muslimbrüder auf Kooperation nicht angewiesen. Doch nach dem Sturz des langjährigen Präsidenten, in einem politischen Klima, das von einer Vielzahl publizistischer Neuerscheinungen, zivilgesellschaftlichen Zusammenschlüssen und Parteineugründungen gekennzeichnet ist und in dem autoritäre Tendenzen oder ein Monopolanspruch auf die Macht im Staate als Angriff auf die Errungenschaften der Revolution empfunden wird, ist ein zu selbstbewusstes Auftreten den eigenen Zielen eher abträglich. Auch dies war den Gründern der FJP bewusst. Dass der Wille zur Kooperation aber nicht bloße Rhetorik ist, zeigt der Zusammenschluss der FJP zu einem Wahlbündnis mit zunächst vierzig weiteren Parteien im Vorlauf zu den Parlamentswahlen.

297. Eine Vorstellung, die auch innerhalb der Muslimbrüder nicht unumstritten ist, siehe Kapitel 3.
298. Vgl. Damir-Geilsdorf: Ebd. 2003, S. 74-75.
299. Vgl. hierzu exemplarisch: Saleh, Mohsen: The rise of ›Ikhwanophobia‹: Fear of the Muslim Brotherhood, in: http://amec.org.za/articles-presentations/political-islam/230-the-rise-of-ikhwanophobia-fearof-the-muslim-brotherhood. (abgerufen am 27.04.2013).

3.1 Von der inneren Mission zur gesellschaftlichen Reform

Die FJP legt bei der Erläuterung ihrer Prinzipien großen Wert darauf, nicht nur als politische Kraft aufzutreten, die die Macht im Staat übernehmen will, sondern auch als moralische Kraft, die eine gesellschaftliche Reform über die innere Mission (Da´wa) erreichen will. Dazu ist es nötig, an das Gute im Menschen und die normative Ordnung des Islams zu appellieren:

> »*Wenn Menschen beginnen, ihre Reformprogramme zu entwickeln, dann legen sie gewöhnlich Wert auf materielle Strukturen und Beziehungen sowie auf organisatorische, administrative und legislative Angelegenheiten. Diese sind auch wesentlich und unabdingbar für Reform und Fortschritt. Allerdings gibt es noch andere Fragen, von denen die FJP glaubt, dass sie nicht weniger wichtig wie die eben erwähnten sind. Diese behandeln intellektuelle, spirituelle, moralische, emotionale und Glaubensfragen, Fragen, die sich um die absolute Wahrheit über den Menschen drehen.*
>
> *Menschen leben nicht von Brot allein, nur durch das Zusammenspiel von Geist und Materie wird der Mensch vollkommen. Deshalb glauben wir, dass die Reform der inneren, geistigen und psychologischen Aspekte genauso wichtig ist wie die Reform der offensichtlichen physischen und materiellen Aspekte. Dies ist eine ewige Wahrheit, die schon der heilige Koran ausspricht: ›Allah verändert nichts an einem Volk, solange sie nicht (ihrerseits) verändern, was sie an sich haben.‹[300]*
>
> *Deshalb unterstützt der erste Teil unseres Programms die Reinigung der Seele und der Herzen, die Beförderung edler Gefühle und eine Läuterung des Charakters, indem es an die Verpflichtung appelliert [Gott] anzubeten und gutes wohlgefälliges Verhalten an den Tag zu legen [...].*
>
> *Es soll ein angemessenes Klima geschaffen werden, das Rechtschaffenheit fördert und ein gutes Vorbild bietet. Dafür sollen Schulen, Moscheen, Wohnhäuser und auch die Kirchen genutzt werden.*
>
> *Dieses Vorgehen ist nicht nur den Muslimen eigen. Es wird auch von anderen monotheistischen Religionen angewandt, insbesondere vom Christentum, welches Moral und Werte in den Mittelpunkt rückt. [...]*
>
> *Diese Herangehensweise rückt nicht nur einzelne Individuen in den Mittelpunkt, sondern auch die Familie als den kleineren, aber essentiellen Teil der Gemeinschaft [...]. Diese islamische Herangehensweise stellt die Fundamente und Prinzipien dar, auf denen die Familie beruht, während sie die Pflichten und Verantwortlichkeiten zu gleichen Teilen unter deren Mitgliedern aufteilt und zwar auf eine Art und Weise, die auf Werten der Liebe und des Vertrauens beruht.*«[301]

---

300. Koran 13:11. Interessanterweise bezogen sich Hassan al-Banna und seine Anhänger Ende der 1920er Jahre auf dieselbe Koranstelle, um ihre Missionsarbeit zu legitimieren.
301. Parteiprogramm der FJP, Ausgangspunkte und Prinzipien.

Zunächst fällt hier die deutliche Referenz ans Christentum auf, das explizit als Adressat dieser Aufforderung genannt wird. Dahinter steckt kein versteckter Aufruf zur Konvertierung, sondern die im Koran verankerte Überzeugung, dass Christen sogenannte Schriftbesitzer sind und somit Empfänger der göttlichen Offenbarung. Auch ihnen wird somit eine Rolle bei der moralisch-ethischen Entwicklung der Gesellschaft zugeschrieben. Die relativ große koptische Minderheit in Ägypten und deren Ängste vor einer weiteren Marginalisierung in der Gesellschaft wird dabei auch eine Rolle gespielt haben.[302]

Der Appell an die »innere Reform« knüpft dabei nahtlos an al-Bannas Lehre der Daʿwa an. Nur indem der Mensch an sich selbst arbeitet, seinen Geist und sein Herz läutert und den Geboten des heiligen Korans folgt, sei eine Reform der gesamten Gesellschaft zum Besseren möglich.

Zu beachten gilt, dass die Begriffe Reform (Islah) und Erneuerung (Nahda) zwei untrennbar miteinander verknüpfte Begriffe im Denken der Muslimbrüder sind. Ihr Reformbegriff ist viel weiter zu fassen als der uns bekannte. Zwar wollen auch sie herkömmliche soziale, politische und ökonomische Reformen durchsetzen, um vorgeblich die Lage der Menschen, insbesondere ihrer Anhänger, zu verbessern. Aber ihr gesellschaftspolitisches Programm ist immer auch eines, das die Gesellschaft nach islamischen Maßstäben umgestalten will.

Diese Komponente der gesamtgesellschaftlichen Umwälzung kommt vor allem in ihrem Nahda-Begriff zum Ausdruck, welcher am besten mit »Renaissance« wiedergegeben werden kann. Mit der Verwendung dieses Begriffs implizieren sie natürlich auch, eine Verbindung zu den islamischen Intellektuellen herstellen zu wollen, die diesen Begriff zum ersten Mal im 19. Jahrhundert benutzt haben, um damit das Erwachen aus einem als unislamisch angesehenen Zustand der Schwäche und Entfremdung von den Grundsätzen der Religion zu beschreiben.

Der stellvertretende Vorsitzende der Muslimbrüder in Ägypten, Khairat al-Schater, rief am 21. April 2011 in einem Vortrag, den er in Alexandria hielt, das Nahda-Projekt der Muslimbrüder aus.[303] Dieser Vortrag kann gleichzeitig als die umfassendste Erklärung der Muslimbrüder zu ihrem Reformansatz betrachtet werden. Darin geht al-Schater auf die Ziele und Inhalte der Nahda ein und umreißt sie als historischen Prozess, der vom einzelnen Individuum bis zur Gesellschaft reicht und schließlich zur Wiederherstellung einer islamischen Gesellschaft führt:

---

302. Im selben Zusammenhang ist auch die Ernennung des Kopten Rafiq Habib zum stellvertretenden Vorsitzenden der FJP zu sehen. Diesen Posten hatte er von Juli 2011 bis Dezember 2012 inne. Im Anschluss daran wurde er sogar einziger christlicher Berater des abgesetzten Präsidenten Muhammad Mursi.

303. Meine Übersetzung beruht auf der englischen Transkription seiner Rede: Al-Shater, Khairat: Translation: Khairat al-Shater on the Brotherhood´s Rise, in: Brown, Eric/Fradkin, Hillel (Hg.): Current Trends in Islamist Ideology, Vol. 13, 2012, S. 127-155, Hudson Institute: Center on Islam, Democracy, and the Future of the Muslim World. Online: http://currenttrends.org/research/detail/current-trends-in-islamist-ideology-volume-13 (abgerufen am 25.05.2013).

»*Überall arbeiten die Muslimbrüder daran, den Islam in seiner allumfassenden Gestalt für die Menschen wiederherzustellen. Und sie glauben, dass dies nur durch die starke Gemeinschaft erreicht wird. Folglich ist die Mission klar: Wiederherstellung des Islam in seiner allumfassenden Konzeption; die Unterwerfung der Menschen unter Gottes Willen[304]; die Ermächtigung von Gottes Religion; die Islamisierung des Lebens; die Errichtung der Nahda der Umma auf dem Fundament des Islams.*

All diese synonymen Phrasen haben dieselbe Bedeutung, Absicht oder Definition, nämlich die übergeordnete Mission (Da'wa), die wir als Muslimbrüder verfolgen.

Im Rahmen der Methode der Muslimbrüder wurde uns hinsichtlich dieser übergeordneten Mission gelehrt, dass Imam[305] al-Banna, möge er in Frieden ruhen, eine Reihe von Stadien oder untergeordneten Zielen umrissen hat, die sich an sein Verständnis der Methode des Propheten – Gottes Segen und Frieden sei mit ihm – anlehnen und seines Weges, die Religion zu errichten, und die schließlich zur Vollendung dieser übergeordneten Mission führen werden. Demzufolge haben wir gelernt, mit der Ausbildung des muslimischen Individuums zu beginnen, [gefolgt] von der muslimischen Familie, der muslimischen Gesellschaft, der islamischen Regierung, dem globalen islamischen Staat bis wir den Status der Ustathiya[306] mit diesem Staat erreicht haben. Wenn all diese untergeordneten Ziele erreicht sind, dann ist die gesamte Mission vollendet: die Ermächtigung von Gottes Religion.

Die Methode der Muslimbrüder hat uns auch gelehrt, dass die übergeordnete Mission und die ihr untergeordneten Ziele nur durch das Mittel der starken Dschama'a[307] erreicht werden können. Die Dschama'a ist deshalb das Hauptinstrument, um diese Ziele zu erreichen. Wir sagen, dass der Islam aus dem Alltag verschwunden ist; folglich haben die Prediger der Muslimbrüder es unternommen, den Islam in seiner allumfassenden Konzeption für die Menschen wiederherzustellen [...].

Die Partei, meine Brüder, entstammt nicht der islamischen Idee, der islamischen Erfahrung oder dem islamischen Modell. Sie ist vielmehr ein Produkt der westlichen Zivilisation, des westlichen Modells oder der westlichen Renaissance. Sie ist ein Instrument, um die Macht im politischen Raum auszuhandeln, ein Mittel, um sich am

---

304. Wenn im arabisch-islamischen Kontext von Unterwerfung unter Gott oder seinen Willen die Rede ist, dann ist damit die Hinwendung zu Gott durch Gebet und die Einhaltung seiner Gebote gemeint. Gewalt oder Zwang sind in diesem Kontext nicht vorgesehen. Vielmehr kommt hier die Vorstellung zum Ausdruck, dass Gott der absolute Souverän ist, die Befolgung seiner Gesetze den Menschen freier macht als die Befolgung menschlicher Gesetze.

305. Imam nimmt hier die Bedeutung eines Ehrentitels an, der islamischen Rechtsgelehrten, denen eine hohe Autorität zukommt, verliehen wird.

306. Dieses Wort leitet sich vom arabischen Ustath für »Lehrer, Meister« ab. Hier soll es einen Führungsanspruch unter den Nationen zum Ausdruck bringen.

307. Dschama'a hat zwei Bedeutungsebenen: Es kann sowohl Gesellschaft bezeichnen, als auch eine Gemeinschaft mit Partikularinteressen meinen, wie etwa *Gemeinschaft der Muslimbrüder*. Der Begriff ist zentral in der Ideologie der Muslimbrüder, beschreibt er doch gewissermaßen das Endziel ihrer Missionsarbeit: Eine umfassende Gemeinschaft der Gläubigen.

Streit um die Erlangung der Macht zu beteiligen. Die Dschama'a hingegen ist kein Instrument des Wettbewerbs oder Konflikts. Sie ist ein Instrument der Integration der gesamten Umma, um die Nahda auf Grundlage des Islams zu errichten. [...] Es kann sein, dass die Dschama'a eine Partei, eine Gesellschaft, Schulen und viele andere Mittel für einige der untergeordneten Ziele errichtet; aber die Dschama'a soll das Instrument bleiben, welches das ganze Leben für die Umma auf Basis islamischer Grundsätze oder islamischer Methodik organisiert.«

Die hier von al-Schater skizzierten Bedingungen eines gesellschaftlichen Umbruchs beinhalten die für die Muslimbrüder typischen ideologischen Elemente: Da'wa, Erneuerung durch Einheit, sowie ein stufenförmiges Verfahren zur Etablierung einer islamischen Gesellschaft.

Die Ablehnung einer Trennung von Religion und Politik, die bereits bei al-Banna zum Ausdruck kam[308], wird auch hier deutlich und verwischt die Grenzen zwischen religiösen und politischen Standpunkten. Anders ausgedrückt: Die religiösen Standpunkte weisen eine politische Dimension auf, die untrennbar mit der Methode der Muslimbrüder verknüpft ist. In ihr spiegelt sich der Wille zur Reform durch religiöse Erziehung des Individuums zu einem gläubigen Muslim wider. Sodann soll die Familie, die Gesellschaft und schließlich die Regierung reformiert werden. Am Ende dieses Prozesses soll schließlich ein islamisches Gemeinwesen – ein Staat – stehen, der die Vorgaben des Korans erfüllt und so Gottes Religion auf Erden einsetzt. Allerdings bestehen die Muslimbrüder nicht darauf, die Macht im Staat an sich zu reißen, so al-Schater:

»Unsere einzige Sorge dreht sich darum, dass es eine Regierung gibt, die sich in gottesfürchtiger Weise an die Methode unseres allmächtigen Herrn hält und die eifrig [darauf bedacht] ist, die Leben der Menschen nach islamischen Grundsätzen auszurichten, unabhängig davon, ob es sich dabei um uns handelt oder nicht.«[309]

Hinsichtlich der Stellung von Nichtmuslimen nimmt die FJP eine äußerst liberale Position ein. An verschiedenen Stellen garantiert sie allen Angehörigen anderer Religionen – ohne eine Einschränkung auf die monotheistischen Religionen – die freie Ausübung ihres Glaubens und die Gleichheit vor dem Gesetz ohne Ansehen der Religion oder anderer Faktoren, etwa wenn die FJP allen Bürgern Chancengleichheit zusichert. Diese Position ist im islamischen Spektrum mit Sicherheit eine der liberalsten[310] und nicht unbedingt mit orthodoxen Lehren zu vereinbaren.

---

308. Vgl. al-Banna, Hassan: Between Yesterday and Today, Ebd., S. 51.
309. Al-Shater, Khairat: Translation: Kairat al-Shater on the Brotherhood's Rise, Ebd., S. 136.
310. Qualifizierungen wie »liberal« oder »fortschrittlich« erfolgen immer im Vergleich zu anderen Standpunkten innerhalb des islamischen Spektrums und nicht im Vergleich zu westlich-liberalen Positionen.

Es stimmt zwar, dass islamische Glaubenssysteme einen ethnisch oder völkisch begründeten Rassismus durch den universalen Anspruch der Religion nicht kennen, jedoch hat es historisch betrachtet immer wieder Diskriminierungen von Christen und anderen Konfessionen in islamischen Herrschaftsgebieten gegeben, die zumeist durch die Abgabe der sogenannten Kopfsteuer für Nichtmuslime, Dschizya, institutionalisiert waren. Zugleich fungierte diese Abgabe jedoch als Schutzgarantie durch den islamischen Herrscher vor Verfolgung, ein Angebot, das viele Christen gerne annahmen, da sie etwa im Byzantinischen Reich verfolgt wurden.

Die Muslimbrüder werden eher die säkularen und christlichen Kräfte im Sinn gehabt haben, als sie die folgenden Sätze formulierten, insbesondere da diese eine zu starke Rolle der Religion im neuen Ägypten ablehnen und die Position der Muslimbrüder noch nicht so weit konsolidiert ist, als dass sie einen Führungsanspruch formulieren könnten, der die Interessen und Rechte der anderen zivilgesellschaftlichen Akteure offen missachtet:

> »Bürger dürfen in ihren Rechten und Pflichten nicht aufgrund der Religion, des Geschlechts oder der [Haut]Farbe diskriminiert werden, wenn sie ihre Meinung ausdrücken, kandidieren, sich um Angestelltenposten oder eine Beförderung bewerben [...]«, weil das islamische Glaubenssystem festlegt, »dass die Nichtmuslime die gleichen Rechte und Pflichten haben, wie die Muslime. Dies ist der höchste Ausdruck der Gerechtigkeit und Gleichheit für alle Bürger ohne Ausnahme.«[311]

Die koranischen Hadd-Strafen bei Übertretung göttlicher Verbote wie etwa die Steinigung bei Ehebruch spielen im FJP-Programm keine Rolle. Auch in der Verfassung, die nach dem Sturz Mubaraks ausgearbeitet wurde und bis zur Absetzung Präsident Mursis durch das Militär gültig war und an deren Konzipierung die Muslimbrüder maßgeblich beteiligt waren, kommen diese nicht vor. Hier handelt es sich um keine Konzession an den politischen Gegner, sondern um eine Richtungsentscheidung. Sie folgen hierin dem schon von al-Banna formulierten Ansinnen, die allgemeinen Leitlinien und Ziele der Scharia umzusetzen und diese nicht wörtlich anzuwenden.

Was die Stellung der Frauen angeht, so nimmt die FJP auch hier einen liberalen Standpunkt ein, vergleicht man ihn mit anderen aus dem islamischen Spektrum. So heißt es etwa, dass »die Korrektur des negativen Frauenbildes, insbesondere in den ländlichen Regionen und eine Kultur der Gleichstellung der Geschlechter unter Berücksichtigung der gegenseitigen Ergänzung der Rollen verbreitet werden soll.«[312] Auch ihr Schutz soll verbessert, die Verfolgung von Belästigungen und Angriffen konsequenter und härter bestraft werden: »Auch muss das Strafmaß bei Zudringlichkeiten oder Angriffen auf Frauen und ihren Ruf erhöht werden.« Hinsichtlich

---

311. Parteiprogramm der FJP, Die grundlegenden politischen Prinzipien.
312. Ebd.

ihrer Gleichstellung fordert die FJP, dass Frauen »alle Rechte« gewährt werden, mit der Einschränkung, dass dies nicht den »grundlegenden gesellschaftlichen Werten widerspricht«. Auch wenn sie sich mit dieser Formulierung eine Hintertür für konservative Interpretationen offen lassen, so ist auch dieser Standpunkt als sehr fortschrittlich zu werten und nicht zu vergleichen mit der Stellung der Frau beispielsweise in Saudi-Arabien.

Allerdings konnte man im März 2013 erleben, wo die Grenzen der Muslimbruderschaft in diesem Bereich liegen. Mit scharfen Worten lehnte sie die Ratifizierung einer Erklärung der UN-Commission on the Status of Women (CSW) mit der Begründung ab, diese widerspreche Prinzipien der Scharia und gefährde die Integrität der Familie und damit der gesamten Gesellschaft.[313] Darin heißt es unter anderem, jugendlichen Mädchen soll volle sexuelle Selbstbestimmung gewährt und Prostituierten sollen Schutz und Respekt garantiert werden sowie Frauen in Ehe- und Scheidungsfragen gleiche Rechte zukommen wie Männern.

Insgesamt fällt auf, dass die FJP relativ selten Bezüge zu Koran oder Sunna herstellt. Vielmehr tritt sie als politische Partei in Erscheinung, die zwar in der Religion begründete Prinzipien hat, diese aber den Verhältnissen anpasst. Dies führt an vielen Stellen zu sehr liberalen Standpunkten, die kaum dazu taugen, ein islamistisches Schreckgespenst herauf zu beschwören. Die FJP erweist sich somit als äußerst flexibel in ihrer ideologisch-religiösen Programmatik ohne zu sehr von den Grundsätzen al-Bannas abzuweichen. Heikle Punkte wie das Apostasie-Verbot im Islam, die erwähnten Hadd-Strafen oder die Garantie der Glaubensfreiheit werden entweder nicht erwähnt oder als positive Rechte verankert. Damit ordnet sie ihr Handeln einer politischen Logik unter, ohne sich »an dogmatisch-ideologischen Standpunkten festzuklammern.«[314]

4. Hizb al-Nur – Die Partei des Lichts, oder: Salafistisches Erwachen in Ägypten

Wie die Gründung der FJP erst durch den Sturz des ägyptischen Präsidenten Mubarak möglich wurde, so wurde auch die al-Nur-Partei erst nach den revolutionären Ereignissen vom Januar und Februar 2011 in Ägypten gegründet. Sie ist die erste und größte salafistisch-islamisch[315] geprägte Partei in Ägypten, die nach der Aufhebung des Parteienverbots 2011 entstanden ist.

313. Muslim Brotherhood Statement Denouncing UN Women Declaration for Violating Sharia Principles, March 14 2013, online: www.ikhwanweb.com/article.php?id=30731 (angerufen am 27.04.2013).

314. Hagmann, Janis: Ein Programm für die Brüder, online: www.zenithonline.de/deutsch/politik/artikel/ein-programm-fuer-die-brueder-002097 (abgerufen am 27.04.2013).

315. Da der Begriff »Salafismus« und die Ableitung »salafistisch« mittlerweile fast täglich in den Medien auftaucht und zumeist ein präjudizierender Gebrauch konstatiert werden muss, bedient sich der Autor mit

Ähnlich wie die Muslimbrüder waren führende Köpfe aus dem salafistischen Spektrum gegen eine Teilnahme an den Demonstrationen, die zum Sturz von Husni Mubarak führten, wie etwa einer ihrer Gründer, Yasser Burhami. Er argumentierte, dass es eine Sünde sei, gegen den Herrscher zu opponieren und beteiligte sich an der Demobilisierung seiner Anhänger.[316] Nach dem Sturz von Mubarak unterstützte er Bemühungen des kurzfristig regierenden Obersten Militärrats, Demonstrationen einzudämmen und zu verbieten.[317] Einige andere salafistische Prediger aus dem Dunstkreis der späteren al-Nur-Partei mutmaßten gar, dass die Proteste eine amerikanisch-zionistische Verschwörung seien, angezettelt, um das Land zu destabilisieren.[318] Um diese Haltung zu verstehen, muss man sich die Vorgeschichte der al-Nur und ihrer Gründer sowie ihre ideologischen Ausgangspunkte etwas genauer betrachten.

4.1 Die Ursprünge: Die Salafisten aus Alexandria

Hervorgegangen ist die al-Nur-Partei aus der größten salafistisch-islamischen Bewegung Ägyptens, die sich die »Salafistische Mission« (al-Da'wa al-salafiyya) nennt und im studentischen Milieu der 1970er Jahre in Alexandria entstanden ist. Sie bildete sich aus Studenten, die in ideologischem Widerspruch zur Muslimbruderschaft standen und sich weigerten, ihr beizutreten.[319] Nach gewalttätigen Auseinandersetzungen mit den Muslimbrüdern Anfang der 1980er Jahre konnten sie sich als unabhängige Kraft durchsetzen und etablieren. Sie besteht aus einem landesweiten Netzwerk von Predigern, sozialen Einrichtungen und Medien.[320] Ihre religiösen Ansichten sind besonders konservativ und unterscheiden sich von denen der Muslimbrüder darin, dass sie die islamischen Hauptquellen Koran und Sunna wörtlich auslegen und sich in ihrer Lebensgestaltung an den ersten muslimischen Generationen orientieren (al-Salaf al-Salihin). Im Unterschied zu gewaltbereiten, dschihadistisch-salafistischen Gruppierungen wie etwa al-Qaida, glauben sie aber nicht an die Errichtung eines von oben oktroyierten Staates.

---

dem Begriff einer Hilfskonstruktion, die helfen soll, die al-Nur-Partei einer analytisch-sachlichen Betrachtung zu unterziehen.

316. Vgl. Islamist Bloc (Alliance for Egypt), in: www.jadaliyya.com/pages/index/3172/islamist-bloc-%28alliance-for-egypt%29 (abgerufen am 25.05.2013); Vgl. Zu den ideologischen Grundlagen dieser Doktrin: Ayubi, Nazih: Ebd. 2002 S. 29-35.

317. Vgl. Egypt´s Anti-Freedom Constitution, in: www.jadaliyya.com/pages/index/9260/ egypt%E2%80%99s-anti-freedom-constitution_the-borhami-vide (abgerufen am 25.05.2013).

318. Vgl. Tammam, Hossam: Islamists and the Egyptian Revolution, in: Egypt Independent, www.egyptindependent.com/opinion/islamists-and-egyptian-revolution (abgerufen am 25.05.2013).

319. Vgl. Salafi Groups in Egypt, in: Islamopedia online, http://islamopediaonline.org/country-profile/ egypt/salafists/salafi-groups-egypt (abgerufen am 25.05.2013).

320. Vgl. »Egypt´s Salafi Surprise«, in: Al Jazeera English: www.aljazeera.com/indepth/features/ 2013/01/2013113135520463908.html (abgerufen am 25.05.2013).

Vielmehr glauben sie an den umgekehrten Weg der individuellen, inneren Besserung, die dann unweigerlich eine Reform der gesamten Gesellschaft nach sich zieht.[321] Dieser Weg des sogenannten Großen Dschihad[322], der im Gegensatz zum kleinen, bewaffneten Dschihad steht, erfordert eine permanente Reflexion auf sich und die Elemente islamischer Moral, um erfolgreich zu sein.

Ihre ideologischen Ursprünge hatte die ägyptische Salafiyya der 1970er Jahre in älteren salafistisch orientierten Organisationen Ägyptens, wie die 1926 gegründete »Gemeinschaft der muhammedanischen Sunna« und im Wahhabismus Saudi-Arabiens. Durch Reisen und Studienaufenthalte bei saudisch-wahhabitischen[323] Institutionen sowie durch die Rückkehr vieler ägyptischer Gastarbeiter aus Saudi-Arabien und anderen Golfstaaten, wurde diese Spielart des Islam nach Ägypten importiert.

Bis zum Sturz von Husni Mubarak im Jahr 2011 hielt sich die Bewegung, deren Vorstellungen man als puritanisch bezeichnen kann, aus Furcht vor Repressionen aus politischen Angelegenheiten heraus und wandte sich ausschließlich Glaubensfragen zu[324]. Dieser Quietismus ermöglichte es der Bewegung, sich auf die Verbreitung ihrer Lehre und wohltätige Unternehmungen zu konzentrieren. So konnte sie eine breite populäre Basis aufbauen, die sich nicht nur, aber vornehmlich aus den ärmeren Bevölkerungsschichten rekrutiert. Zwar sind viele Anhänger dieser Bewegung salafistisch orientiert, doch auch hier gilt, wie für andere Bewegungen auch, dass es nicht leicht ist, eine klare Trennlinie zwischen salafistischem Islam und moderateren Spielarten, etwa dem der Muslimbrüder (die auch salafistische Strömungen in ihren Reihen haben[325]), zu ziehen. Dies macht auch ihre ideologische Abgrenzung zu den Muslimbrüdern nicht immer einfach, mit denen es in etlichen Punkten zu Überschneidungen kommt, etwa was die Ablehnung von sufisch-mystischen und weiteren, im Volksislam verankerten, Praktiken angeht.

Nach dem Umsturz entschlossen sich die führenden Köpfe der Da'wa Salafiyya, einen politischen Arm zu etablieren, der mit den anderen Parteineugründungen um die Macht konkurrieren sollte. Yasser Burhami, bekannter, ultra-kon-

---

321. Ebd.

322. Entgegen der landläufigen Meinung ist der bewaffnete Dschihad, der auch tatsächlich »Kleiner Dschihad« heißt, in der islamischen Dogmatik derjenige mit dem geringeren Wert für das Seelenheil des Einzelnen, als der Große Dschihad.

323. Der saudische Wahhabismus geht auf die Lehren von Muhammad ibn Abd al-Wahhab (1703-1792) zurück und gilt als erste salafistische Strömung der Neuzeit.

324. Büchs, Anette: Wahlsieg der Islamisten in Ägypten: Der Aufstieg der Muslimbrüder und der Salafisten, GIGA Focus Nahost 2012 (1), www.giga-hamburg.de/giga-focus/nahost (abgerufen am 25.05.2013).

325. Vgl. Arafat, Alaa al-Din: Die ungleichen Muslimbrüder, in: Le monde diplomatique, Nr. 9799 vom 11. Mai 2012, Seite 5. Der Autor spricht davon, dass ca. 20% der Anhänger der Muslimbrüder salafistischen Varianten des Islam folgen.

servativer und kontroverser Prediger[326], wollte mit diesem Schritt die islamische Bewegung Ägyptens einen und alle Bereiche der Gesellschaft nach islamischen Prinzipien ordnen.[327] Allerdings muss auch betont werden, dass die Entscheidung, eine Partei zu gründen und aktiv am politischen Geschehen teilzunehmen, aus dem üblichen Rahmen salafistischer Handlungsoptionen fällt.

Begünstigt wurde diese Entscheidung auch durch die gute Vernetzung und die Existenz einer Massenbasis, die den Erfolg einer neuen Partei wahrscheinlich machen würden. Heute sind viele Mitglieder der Daw´a Salafiyya auch Mitglieder der al-Nur Partei, die mit einigen anderen Parteien aus dem salafistischen Spektrum um Anhänger und Macht konkurriert.[328]

4.2 Die Scharia als Richtschnur und Kompass

Die neu gegründete Partei al-Nur verficht ein rigides Scharia-Verständnis, das kaum Spielraum für Interpretation lässt.[329] Im Zentrum ihres ideologischen Verständnisses steht dabei das Thema Identität. Diese bestimme das »Wesen der Umma und macht sie zu etwas Speziellem«[330]. Dabei beruft sie sich in ihrem Parteiprogramm auf die arabischen und islamischen Wurzeln Ägyptens gleichermaßen:

> *»Wenn die ägyptische Identität eine arabisch-islamische ist, die mit Glauben und Überzeugung der überwältigenden Mehrheit ihrer Bevölkerung übereinstimmt und darauf gestützt, dass die arabische Sprache die Sprache der Einheimischen ist, so besteht die oberste Priorität des Staates darin, die kulturelle Identität zu stärken, so dass es der Umma erlaubt ist, von den Elementen ihrer nationalen Identität zu profitieren. […] Die arabische Sprache ist ein Symbol unserer Identität, die unsere Existenz bewahrt. Ägypten hat eine große Rolle bei der Bewahrung der arabischen Sprache gespielt, aber diese fiel zuletzt kleiner aus. Ägypten muss seine alte Führungsrolle wiederherstellen und keine Kraft vergeuden, diese Sprache weiterzuentwickeln und ihre Existenz und Blüte zu bewahren.«*[331]

Ziel und Selbstverständnis der al-Nur, so ihr Sprecher Nader Bakkar, sei es, die Scharia schrittweise einzuführen, so dass die Gesellschaft sich langsam daran ge-

---

326. Er wurde unter anderem wegen seiner Befürwortung der Kinderehe scharf angegriffen, Vgl. McGrath, Cam: Radical Clerics seek to legalise Child Brides, Online: www.ipsnews.net/2012/11/radical-clerics-seek-to-legalise-child-brides/ (abgerufen am 25.05.2013).

327. Al-Nour Party, in: Jadaliyya, www.jadaliyya.com/pages/index/3171/al-nour-party (abgerufen am 25.05.2013).

328. Ebd.

329. Vgl. Büchs, Anette: Ebd. 2012, S. 2.

330. Programm der al-Nur-Partei, Kultur und Identität.

331. Ebd.

wöhnen könne.[332] Es überrascht daher nicht, dass al-Nur in ihrem Programm fordert, an Artikel zwei der alten Verfassung festzuhalten, der bestimmt hat, dass der Islam Staatsreligion Ägyptens ist:

> *»Wir fordern, an Artikel zwei der ägyptischen Verfassung festzuhalten und ihn als Bezugsrahmen für das politische System und den ägyptischen Staat anzusehen.«*[333]

Allerdings muss hier auch ein wichtiger Unterschied zur FJP festgehalten werden. Denn während diese zwar auch für den Erhalt dieses Artikels plädierte und sich mit der Formulierung »die Prinzipien der Scharia sollen Quelle der Gesetzgebung werden«, zufrieden zeigte, bestand die al-Nur bei den Verhandlungen der verfassungsgebenden Versammlung darauf »die Scharia zur Quelle der Gesetzgebung«, zu machen, ein feiner aber wichtiger Unterschied. Letztendlich konnten sich die moderateren Muslimbrüder durchsetzen und der Artikel wurde in seiner alten Form beibehalten.[334]

Zudem beeilt sich al-Nur zu betonen, dass die ägyptischen Kopten, die etwa zehn Prozent der Bevölkerung ausmachen, ihren Glauben frei ausüben und sich in ihren religiösen sowie persönlichen Angelegenheiten, einer eigenen Gerichtsbarkeit unterwerfen dürfen:

> *»Das Bekenntnis zu den Prinzipien der islamischen Scharia [...] beinhaltet die Garantie der Religionsfreiheit für die Kopten. Ferner hält es an ihrem Recht fest, sich bei privaten und persönlichen Angelegenheiten ihren religiösen Gesetzen zu unterwerfen.*
>
> *Aber was alle anderen Angelegenheiten des Lebens angeht, die öffentliche Ordnung und Sitten betreffen, so gelten die Gesetze des Landes für alle Bürger gleichermaßen [...].«*[335]

An anderer Stelle berufen sich die Führer von al-Nur auf den jüngst verstorbenen Papst Schenuda III., Oberhaupt der koptischen Kirche in Ägypten, der 1986 in einem Artikel seine Position gegenüber der Scharia und dem Islam auf folgende Weise zusammengefasst hatte, um ihrer Position weitere Legitimation zu verschaffen:

---

332. Vgl. »Islamist Bloc«, in: Jadaliyya: www.jadaliyya.com/pages/index/3172/islamist-bloc- (abgerufen am 25.05.2013).

333. Programm der al-Nur-Partei, Kultur und Identität.

334. Vgl. Naeem, Naseef: Ja, aber, in: Zenithonline: www.zenithonline.de/deutsch/gesellschaft//artikel/ja-aber-003543/ (abgerufen am 25.05.2013); Wörtlich lautet es in Artikel zwei der Verfassung: »Die Religion des Staates ist der Islam, die arabische Sprache ist Amtssprache und die Prinzipien der islamischen Scharia sind die Hauptquellen der Gesetzgebung.«

335. Ebd.

»Die Kopten leben unter der Scharia sicherer und glücklicher, so wie sie es in der Vergangenheit waren, als die Scharia galt. Wir leben nach dem Motto: Sie [Muslime] haben die gleichen Rechte und Pflichten wie wir.«[336]

Inwiefern diese Sichtweise tatsächlich der Perspektive der koptischen Kirche entspricht, oder durch den Druck der Verhältnisse diktiert ist, insbesondere mehr als zweieinhalb Jahrzehnte nach diesem Artikel, bleibt dahingestellt. Insgesamt bleibt die al-Nur in ihrem Programm recht vage, was konkrete Maßnahmen angeht, wenn sie als stärkste Kraft aus Wahlen hervorgehen sollte.

Weitere ideologische Koordinate ihres Denkens ist die Reform der Gesellschaft, die letztlich durch die Vorschriften, nicht Prinzipien des islamischen Rechts regiert werden soll. Dabei schwebt ihr eine Art »Kulturrevolution« vor, die alle Bereiche des Lebens durchdringen soll:

»Reform und Entwicklung müssen mit Kultur und Moral vermengt werden, sei es in der Politik, Ökonomie, Gesetzgebung, Kultur oder Gesellschaft. Dies muss auf eine Art geschehen, die die Wichtigkeit der gegenseitigen Abhängigkeit von Kultur und Entwicklung hervorhebt sowie deren Verbindung zu einem altehrwürdigen, religiös-moralischen Erbe. Reform und Entwicklung müssen auf reichen, kulturellen und nationalen Werten basieren und auf der kulturellen Vielfalt der Menschen aufbauen sowie auf der Verbesserung des Lebens. Darüber hinaus muss die Reform Zusammenhalt und Einheit der Gesellschaft garantieren können.«[337]

Interessanterweise bleibt die al-Nur-Partei auch hier recht vage, schlägt keine Maßnahmen vor. Bedenkt man aber die Tatsache, dass die Partei nur drei Monate nach dem Sturz Mubaraks gegründet wurde und auf keinerlei Erfahrung auf dem Feld der Politik zurückblicken kann, so erscheint dieser Mangel als plausibel. Eine ausgefeilte Programmatik wie bei den seit Jahrzehnten etablierten und auch in der politischen Arena geübten Muslimbrüdern war nicht zu erwarten.

Zudem, und das wird bei ihren politischen Standpunkten deutlicher zu sehen sein, steht sie in einem scharfen Konkurrenzverhältnis zur größeren und populäreren Muslimbruderschaft und der FJP. Dies führt zwangsläufig dazu, dass sie ihre Positionen mäßigen muss und sie nicht etwa die sofortige Einführung der Scharia fordern kann.

Aus ähnlichen Motiven versucht die al-Nur-Partei ihr Verhältnis zur al-Azhar zu definieren und schlägt dabei einen konzilianten Ton an. Die al-Azhar ist die größte und mächtigste religiöse Institution im Land. Sie betreibt ein Netzwerk von Universitäten, Moscheen und anderen religiösen Einrichtungen mit hundert-

---

336. Zitiert in: Programm der Nur-Partei, Häufig gestellte Fragen.
337. Programm der al-Nur-Partei, Kultur und Identität.

tausenden Studenten sowie zehntausenden Angestellten. Sie gehört zu den bedeutendsten Institutionen sunnitischer Gelehrsamkeit und hat einige der bedeutendsten islamischen Denker hervorgebracht. Sie repräsentiert einen sehr konservativen
Islam, der aber salafistisches Gedankengut rundheraus ablehnt. Dies spiegelt sich in
der Organisationsstruktur der al-Azhar wider, wo nur wenige Salafisten zu finden
sind, insbesondere auf den höheren Ebenen der Hierarchie.[338] Die al-Nur-Partei
geht auf die Führungsebene der al-Azhar zu, wohlwissend, dass sie in der Konsoli-
dierungsphase ihrer Partei eine Konfrontation mit der mächtigen Institution vermeiden muss. Dies steht auch in Zusammenhang mit Übergriffen, die kurz nach
der Entmachtung Mubaraks von salafistischen Eiferern auf Einrichtungen von Su-
fi-Orden und von der staatlichen Religionsbehörde bestellte Imame erfolgten, die
oftmals sufischen Orden angehören.

So versucht die al-Nur-Partei, wohl auch wegen dieser Ereignisse, die zu einem
großen Imageverlust in der Öffentlichkeit geführt haben, die Rolle der Azhar für
die »Umma« entsprechend zu würdigen. Gleichzeitig kritisiert sie aber auf recht
unverblümte Weise die stabilisierende Funktion für den Herrscher, die die Institution insbesondere unter Mubarak eingenommen hat:

> »Die al-Azhar ist ein Eckpfeiler der Entwicklung des Denkens und Bewusstseins der
> Umma. Dies, weil der al-Azhar eine große Bedeutung über Ägypten hinaus in allen
> Ländern der Welt zukommt. Im Hinblick auf den Niedergang der al-Azhar und ihren
> Institutionen in den letzten Jahrzehnten, als sie ihre sehr wichtige Rolle bei inländi-
> schen und ausländischen Angelegenheiten eingebüßt hat, muss ihre Rolle im Rahmen
> der Erneuerung (Nahda) der Umma wiederhergestellt werden.
>
> Und um dies zu verwirklichen, darf der Scheich der al-Azhar-Moschee und der
> al-Azhar-Universität nicht mit der politischen Führung in Ägypten verbunden sein.
> Es darf nicht sein, dass die al-Azhar zum Sprachrohr der politischen Führung wird,
> egal welcher Art diese ist.
>
> Die al-Azhar muss unabhängig vom politischen System bleiben und zu Guns-
> ten eines jeden politischen Systems in Ägypten zum Gewissen der gesamten Umma
> werden. Denn je mehr sie an Stärke und Einfluss gewinnt, je stärker wird auch
> Ägypten.«[339]

Allerdings wird die letzte Forderung in Anbetracht der Geschichte dieser Institution eher ein frommer Wunsch bleiben. Schon immer stand die al-Azhar dem jeweils
regierenden Herrscher sehr nah und hat jede Konfrontation mit ihm vermieden.

---

338. Vgl.: Brown, Jonathan: Salafis and Sufis in Egypt, Carnegie Endowment for International Peace, The
Carnegie Papers, Middle East, December 2011, S. 6, http://carnegieendowment.org/2011/12/20/sala-
fis-and-sufis-in-egypt/8kfk (abgerufen am 25.05.2013).
339. Programm der Nur-Partei, Kultur und Identität.

Mehr noch, sie hat sich meist bemüht, die Herrschaft mit gefälligen Rechtsgutachten, Fatwas, zu stützen. Diese Entwicklung nahm in der zweiten Hälfte des 20. Jahrhunderts ihren unrühmlichen Höhepunkt, als sie unter Nasser vollkommen dem Diktat des Staates unterworfen wurde.[340] Es bleibt abzuwarten, ob die Azhar nicht doch versucht, einen unabhängigeren Kurs einzuschlagen.

Diese Positionierungen zeigen sehr deutlich, dass die al-Nur-Partei als größte Organisation des salafistischen Spektrums in Ägypten sehr darauf bedacht ist, nicht als zu radikal dazustehen. Auf einer ganz anderen, praktischen Ebene, lässt sich dies sehr gut beobachten. So erklärte der ehemalige Vorsitzende[341] der Partei Imad al-Din Abd al-Ghafur in einem Interview, dass sie nicht vorhätten, den Genuss von Alkohol für Touristen zu verbieten. Wörtlich sagte er: »Ich will nochmals betonen: Wir würden niemals jemanden zwingen, etwas zu tun. Wir wollen lediglich islamische Traditionen bewahren, mehr nicht. Natürlich können Ausländer in Ägypten essen und trinken, was sie wollen. Die Regeln des Islams gelten für sie nicht.«[342] Mit dieser Position, die sicherlich höchst untypisch für einen Mann aus dem salafistischen Spektrum ist, nimmt er pragmatisch auf die ökonomischen Bedürfnisse Ägyptens Rücksicht. Auch ihm ist klar, dass das Land die Einnahmen aus dem Tourismus benötigt, um finanziell überleben zu können.

Der gleiche Pragmatismus ist bei der Frage der Gleichstellung der Frauen zu beobachten. Darauf angesprochen, sagte Abd al-Ghafur:

> *»Männer und Frauen sind im Islam gleichgestellt. Mit wenigen Ausnahmen, etwa beim Erbrecht und der Scheidung, sind das die Vorgaben des Islams. Männer und Frauen haben im großen und ganzen dieselben Rechte. […] Dass eine Frau Präsidentin [Ägyptens] wird, ist nicht vorgesehen, aber da die Verfassung Frauen die Kandidatur erlaubt, müssen wir dieses Recht respektieren.«[343]*

Dies steht im Einklang mit Aussagen der al-Nur in ihrem Parteiprogramm, wo sie Frauen formal, aber mit Einschränkungen gleiche Rechte zusichert:

---

340. Vgl. El-Hennawy, Noha: Al-Azhar‹s support for the constitution is not surprising, given its history, in: www.egyptindependent.com/news/al-azhar-s-support-constitution-not-surprising-given-its-history (abgerufen am 25.05.2013).

341. Nach internen Streitigkeiten zwischen ihm und dem Führer der Da'wa Salafiyya, Yasser Burhami, über den Einfluss der Da'wa Salafiyya trat Abd al-Ghafur im Dezember 2012 von seinem Posten zurück und gründete mit Anhängern, die ihm aus der al-Nur gefolgt waren, die al-Watan Partei (»Heimatland«), vgl. El-Nour Party chairman resigns, set to found ›Al-Watan Party, http://english.ahram.org.eg/NewsContent/1/64/61465/Egypt/Politics-/ElNour-Party-chairman-resigns,-set-to-found-AlWata.aspx (abgerufen am 25.05.2013).

342. Q&A: Emad el-Din Abdel Ghafour, Chairman oft he Salafist Al-Nour Party, http://www.jadaliyya.com/pages/index/3497/qanda_emad-el-din-abdel-ghafour-chairman-of-the-sa (abgerufen am 25.05.2013).

343. Ebd.

»Die Frauen müssen alle Rechte erhalten, die ihr der Islam zugesichert hat. Unsere Sichtweise auf die Stellung der Frau in der Gesellschaft stützt sich auf der vollständigen Gleichheit zwischen Mann und Frau und die [Garantie] menschlicher Würde.

Gleichzeitig muss daran gearbeitet werden, die Bedeutung der unterschiedlichen sozialen sowie menschlichen Rollen [von Mann und Frau] zu bewahren, ohne dass sich dies auf die Stellung von ihnen [Mann und Frau] auswirkt.

Die Frau ist ein tragender Pfeiler der Aktivitäten der al-Nur-Partei im speziellen und der ägyptischen Gesellschaft im Allgemeinen. Es ist ihr Recht, ihre Rolle und ihre verfassungsmäßigen Rechte auszuüben.«[344]

Es wird offensichtlich, dass sich die al-Nur schwer tut, eine eindeutige Linie zu fahren. Auch hier ist sie zwischen ihrer salafistischen Ideologie und realpolitischem Pragmatismus hin- und hergerissen. Die ersten freien Wahlen standen vor der Tür und neben der eigenen Basis hatte man natürlich auch darüber hinaus andere Wählerschichten im Auge. Daraus resultiert die etwas bemühte Konstruktion sowohl bei Abd al-Ghafur, als auch im Programm, den Frauen zwar formal alle Rechte einzuräumen, diese aber mit der Einschränkung zu versehen, aber bitte alles im Rahmen islamischer Prinzipien! Auch der Hinweis auf die unterschiedlichen sozialen Rollen zwischen Mann und Frau öffnet konservativen Interpretationen Tür und Tor. Die FJP hatte diese Einschränkung zwar auch im Programm, jedoch ging sie an anderer Stelle darüber hinaus und forderte etwa die Kriminalisierung von Übergriffen auf Frauen, deren Eingliederung ins Arbeitsleben und die Korrektur des vor allem in ländlichen Gebieten vorherrschenden negativen Bildes von Frauen.

In allgemeinerer Weise äußert sich die al-Nur auch dazu, jedoch ohne Lösungsvorschläge zu machen. Sie fordert lediglich ein »größeres Bewusstsein« für Gewalt gegen Frauen, Armut, Krankheiten und das Phänomen heimlich geschlossener Zeitehen[345], die die Fundamente der Gesellschaft untergraben würden.

Wie wichtig und aktuell die Frauenfrage in Ägypten ist, zeigen die Entwicklungen seit 2012, als bei Demonstrationen, aber auch im Alltag in Kairo und andernorts immer wieder Vergewaltigungen und Übergriffe auf Frauen stattfanden. [346]

Allein um den zweiten Jahrestag der ägyptischen Revolte am 25. Januar 2013 kam es auf dem mittlerweile berühmt-berüchtigten Tahrir-Platz im Zentrum Kai-

---

344. Programm der Nur-Partei, Gesellschaft.

345. Die Zeitehe, eigentlich »Genussehe«, ist eine zeitlich begrenzte Ehe, die nur für eine Stunde oder länger geschlossen werden kann. Sie entstammt den schiitischen Glaubenslehren, ist aber auch im überwiegend sunnitischen Ägypten als religiös sanktionierte Form des außerehelichen Geschlechtsverkehrs nicht unüblich. Konservative sunnitische Kreise sehen darin eine gefährliche Unterminierung gesellschaftlicher Moral und agitieren stets gegen eine Aufweichung des Verbots vorehelichen Geschlechtsverkehrs, den die Zeitehe für sie darstellt.

346. BBC Worldnews: Egypt's sexual harassment of women ›epidemic‹, http://www.bbc.co.uk/news/world-middle-east-19440656 (abgerufen am 25.05.2013).

ros zu dutzenden Fällen versuchter, als auch vollzogener Vergewaltigungen und sexueller Übergriffe.[347] Bei diesen Vorfällen werden Passantinnen und Demonstrantinnen von einer Gruppe von Männern überfallen, isoliert und anschließend geschlagen, entkleidet und Opfer mehrfachen Missbrauchs. Ein Aktivist der Gruppe »Gegen sexuelle Übergriffe« berichtet in einem Augenzeugenbericht[348], wie eine Frau am 25. Januar 2013 auf dem Tahrir-Platz gegen einen aufgebrachten Mob um ihr Leben kämpfte und auch er selbst bei dem Versuch, ihr zu helfen, Opfer der Gewalt wurde. Frequenz und Heftigkeit der sexuellen Übergriffe haben derart zugenommen, dass der Tahrir-Platz als Aufenthaltsort für Frauen immer gefährlicher wird. Mitte Februar 2013 hat sich auch der Menschenrechtsausschuss des ägyptischen Parlaments mit dieser Situation beschäftigt.[349]

Wer genau hinter den Angriffen steht, und ob sie systematisch durchgeführt werden, lässt sich in der Gemengelage widerstreitender Interessen und politischer Auseinandersetzungen nach dem Machtwechsel kaum ausmachen. Sowohl konservative Kreise, die die liberalen und säkularen Bestrebungen im Land in die Schranken weisen wollen, als auch gegen den Einfluss der Muslimbrüder gerichtete Interessengruppen – womöglich Anhänger des alten Regimes – kommen dafür in Frage, um der Muslimbruderschaft ein Versagen auf der innen- und sicherheitspolitischen Ebene vorwerfen zu können.

Insgesamt besehen zeichnen sich die ideologischen Positionen der al-Nur durch eine striktere Lesart der Scharia aus. Diese will sie wörtlich verstanden und auch angewandt wissen. Darüber hinaus gibt sie kaum weitere Positionen von sich preis. Sie verharrt in weiten Teilen ihrer Aussagen bei Allgemeinplätzen und wird kaum einmal konkret, wenn es um die Umsetzung von Vorschlägen geht. Die al-Nur-Partei trägt hier eine geschickte Taktik aus gewollter Zurückhaltung zur Schau, um von moderateren islamischen und säkularen Kräften nicht als Vorboten einer Islamisierung nach saudischem Vorbild gebrandmarkt zu werden. Ein ägyptischer Beobachter der politischen Szene merkte in diesem Zusammenhang an, dass es sich bei al-Nur um eine »rationale islamistische Kraft« handle, die danach strebe, »jenseits von Parteipolitik«[350] zu reüssieren.

Schließlich gilt für die ideologische Positionierung der al-Nur-Partei dasselbe,

347. Ralph, Talia: Sexual harassment attacks continue amid protests in Tahrir Square, in: Global Post, www.globalpost.com/dispatch/news/regions/middle-east/egypt/130125/sexual-harassment-attacks-tahrir-square-women (abgerufen am 25.05.2013).

348. Vgl. The Observers: Witness recounts harrowing sexual assault by Tahrir Square mob, http://observers.france24.com/content/20130211-witness-sexual-assault-tahrir-square-mob (abgerufen am 25.05.2013).

349. Vgl. Gamal Essam El-Din: Shura MPs fault protesters for Tahrir Square rapes, sexual harassment, in: Al-Ahram Online, http://english.ahram.org.eg/NewsContent/1/0/64552/Egypt/0/Shura-MPs-fault-pro-testers-for-Tahrir-Square-rapes.aspx (abgerufen am 25.05.2013).

350. Vgl. Al-Hennawy, Noha: A Salafi way out?, in Egypt Independent, Online: www.egyptindependent.com/news/salafi-way-out (abgerufen am 25.05.2013).

was für Hamas und Hizbollah gilt: Die Integration ins politische System wird über kurz oder lang zu einer Mäßigung führen, die sich langfristig auch in ihrem Programm niederschlagen wird.

Kapitel Drei

Islamische Politik zwischen Staatlichkeit und nationalem Widerstand

Wie wir bereits gesehen haben, basiert die Bezeichnung Politischer Islam auf einem spezifischen Verständnis des Verhältnisses von Islam und Politik. Dabei verstehen sich Vertreter islamischer Bewegungen, insbesondere die hier untersuchten, oftmals als Speerspitze einer muslimischen Umma, die ihre jeweilige Gesellschaft in die Befreiung oder einen eigenen Staat mit muslimischem Charakter führen will. Die Bezeichnung »muslimscher Charakter« ist bereits eine Einschränkung und weist auf die multiplen Ausformungen muslimischer Vorstellungen hin, die nach Raum und Zeit extremen Schwankungen unterliegen.

Die in diesem Kapitel formulierten Vorstellungen und Standpunkte der von uns untersuchten islamischen Bewegungen sind ein Spiegel dieser Vielfalt. Die Formulierungen sind abhängig von den Entstehungsbedingungen, den konfessionellen Bindungen und auch der politischen Situation.

Trotz aller Vielfalt in politischen Fragen, so gibt es auch hier eine Basis gemeinsamer Werte, auf die sich alle islamischen Bewegungen berufen. Erst in einem weiteren Schritt unterwerfen sie die Werte und Normen einer Interpretation, die dann zum Unterscheidungsmerkmal zu anderen Bewegungen wird. Natürlich entspringen diese Werte dem Koran und der prophetischen Sunna, im Falle der schiitischen Hizbollah allerdings nur dem Koran und den spezifisch schiitischen Lehren[351] und der dazugehörigen Heilsgeschichte.[352] Bevor wir uns den einzelnen islamischen Bewegungen zuwenden und deren politische Standpunkte näher betrachten, wollen wir in aller Kürze die Determinanten islamischer Vorstellungen untersuchen, die die Beziehungen zwischen Gesellschaft, Staat und Individuum strukturieren.

---

351. Im Gegensatz zur Sunna hat die Schia eine eigene Prophetentradition, niedergeschrieben in den sogenannten Vier Büchern, die zum Teil sehr stark von sunnitischen Lehren abweicht.

352. Auf die schiitische Imamatslehre wird im Folgenden nur punktuell eingegangen und auch nur da, wo sie für unsere Betrachtungen von Belang ist, da sich nur die Hizbollah darauf bezieht und dies auch nur zu Beginn ihres Aktivismus. Vgl. für die schiitische Imamatslehre: Halm, Heinz: Die Schia, Darmstadt 1988; Göbel, Karl-Heinrich: Moderne schiitische Politik und Staatsidee, Opladen 1984; Arjomand, Said Amir: The shadow of God and the Hidden Imam, Chicago 1984; Dabashi, Hamid: Theology of Discontent, The ideological Foundations of the Islamic Revolution in Iran, New York 1993.

1. Der islamische Staat als normgeleiteter Raum

Die historische Salafiyya entstand gegen Ende des 19. Jahrhunderts als Reaktion auf den Einbruch der Kolonialmächte in die arabische Welt. Sie führte einen Identitäts- und Authentizitätsdiskurs, der moderne Erscheinungen an ein islamisches Erbe anschließen wollte, um sie so kompatibel und nutzbar zu machen. Dabei machte sie auch vor koranischen Begriffen wie Schura, Scharia, Umma keinen Halt, die sie einer modernen Interpretation zuführte. Dieses Vorgehen wurde in der Folge von Organisationen wie den Muslimbrüdern, der Hamas oder auch der Hizbollah aber auch anderen Gruppen und Theoretikern übernommen, um wiederum eigene Standpunkte und Staatsdiskurse zu legitimieren.

Dabei enthält weder der Koran noch die Sunna konkrete Bestimmungen oder gar ein ausgearbeitetes Konzept, wie eine islamische Ordnung auszusehen hat. Vielmehr setzt der Koran viele Gebote und Verbote, die das Individuum zu einer rechtschaffenen Lebensweise anhalten sollen. Er ist die ethische und moralische Richtschnur, an der man sich orientieren soll, um durch die Lebensweise eine gerechte Ordnung für das Kollektiv zu schaffen.[353] Daraus folgt, dass der *Zweck* des Staatswesens das kennzeichnende Merkmal in einer islamischen Ordnung ist, nicht die politische Organisation der Macht darin.[354]

Dieser Zweck liegt darin, den Individuen ein islamisches Leben zu ermöglichen, und zwar entlang der Normen und Werte, die sich aus Koran und Sunna ergeben und mit der Scharia übereinstimmen.[355] Zu den »zentralen Elementen des islamischen politischen Denkens«[356] zählt die Gerechtigkeit. Andere wichtige Werte, die sich aus Koran und Sunna ergeben und immer wieder in den Mittelpunkt von Überlegungen zu einer islamischen Ordnung gerückt werden, sind Freiheit, Gleichheit, Verantwortlichkeit von Regierenden sowie das Gebot der Schura, also der Konsultation. Wie wir später sehen werden, spielen diese Werte auch bei islamischen Bewegungen eine große Rolle, insbesondere in ihrer Funktion, Programmatik und Praxis in Einklang zu bringen und ihnen so einen höheren Grad an Legitimität zu verschaffen. Dies geht so weit, dass in den programmatischen Schriften Fragen, die sich um die Verwirklichung dieser Normen drehen, dominieren, konkrete Staatsprinzipien dagegen meist nur auf allgemeine Art angesprochen werden, die viel Spielraum für die praktische Umsetzung lässt.

---

353. Krämer, Gudrun: Ebd. 2011, S. 47; vgl. Ayubi, Nazih: Ebd. 2002, S. 13.
354. Vgl. Krämer, Gudrun: Ebd. 1999, S. 90.
355. Ebd. S. 73.
356. Ebd.

1.1 Gott, Gesetz und Souveränität

Da Gott in der islamischen Dogmatik als erste und letzte Ursache der Dinge gilt, hat dies natürlich auch Auswirkungen auf die politische Ordnung. Allerdings darf diese Qualifizierung nicht damit verwechselt werden, dass Gott das Oberhaupt der Gemeinschaft ist; diese Funktion kommt einem Menschen zu, der das göttliche Gesetz nur anwendet. In neueren Debatten, die seit den 1960er Jahren durch Sayyid Qutbs Konzept der Hakimiyya, der Souveränität Gottes, angestoßen wurden, und in dem Gott die Position des alleinigen Souveräns einnimmt, der über allen Dingen steht, wird kontrovers darüber diskutiert.[357]

Die Souveränität Gottes wird einerseits aus dem Koran abgeleitet, wo er immer wieder als Souverän, König und Beherrscher der Welten erscheint[358], und andererseits aus dem Dogma der unteilbaren Einheit Gottes. Sayyid Qutb hat daraus gefolgert, dass »die alleinige Urteils- und Befehlsgewalt Gott, dem Schöpfer, [zukommt], der zugleich alleiniger Träger der Souveränität«[359] sei. Qutb hat den Begriff der Hakimiyya von Abul A'la al-Maududi entlehnt[360], um diese Figur zu beschreiben und sie mit der Hakimiyya der Menschen zu kontrastieren (und abzulehnen), die aus seiner Sicht ein Angriff auf die Herrschaft Gottes darstellt.[361]

Strenggenommen hat in dieser Konstruktion das Prinzip, auf dem die westlich-liberale Demokratie steht, die Volkssouveränität, keinen Platz. Da Gott allein die Aufgabe der Legislative zufällt und der Mensch die von Gott verfügten Gesetze nur ausführt, kommt selbst dem Herrscher nur die Funktion zu, die Scharia auszuführen, über die er keinerlei Autorität besitzt.[362] Mehr noch unterliegt er wie alle übrigen Muslime dem gleichen göttlichen Gesetz und muss bei Übertretungen ebenso zur Rechenschaft gezogen werden. Der islamischen Ordnung kommt so die Qualität eines Rechtsstaates zu, auch wenn sich dieser durch seine Inhalte von westlichen Modellen unterscheidet. Aus den vorgenannten Gründen wird die

---

357. Vgl. für eine Übersicht zur Hakimiyya Debatte im Anschluss an Qutb: Krämer, Gudrun: Ebd. 1999 S. 90-95.

358. Vgl. exemplarisch: Koran 23:116 »Allah ist erhaben. (Er ist) der wahre König. Es gibt keinen Gott außer ihm. (Er ist) der Herr des vortrefflichen Thrones« und Koran 59:23 »Er ist Allah, außer dem es keinen Gott gibt. (Er ist) der hochheilige König, (dem) das Heil (innewohnt) [...].

359. Zitiert nach: Krämer, Gudrun: Ebd.1999, S. 89.

360. Der indisch-pakistanische Gelehrte und Schriftsteller (1903-1979) war islamischer Intellektueller, Philosoph und Schriftsteller. Gleichzeitig gilt er als Vordenker des konservativen politischen Islams in Pakistan und Indien. Er beeinflusste mit seinem Denken viele islamische Bewegungen in Asien.

361. Vgl. Damir-Geilsdorf: Ebd. 2003, S. 78-85. Zu Qutbs Gedanken muss noch gesagt werden, dass dieses Konzept auch in islamischen Kreisen durchaus umstritten ist, da er eine starke Politisierung der Religion betreibt, indem er muslimische Gesellschaften, die den Islam nur in ihren gottesdienstlichen Handlungen praktizieren, für unislamisch erklärt.

362. Vgl. Krämer, Gudrun: Ebd. 2011, S. 49.

Herrschaft im Islam mit Gott an der Spitze der weltlichen und himmlischen Ordnung auch als theozentrische Nomokratie[363] bezeichnet.

Gudrun Krämer hat darauf hingewiesen, dass westlichen Konstruktionen der Menschenrechte und des Naturrechts die gleiche Denkfigur zugrundeliegt: Ähnlich wie das göttliche Recht im Islam, so gelten auch sie trotz ihrer eindeutigen Historizität als unantastbar und universell gültig.[364]

Damit rücken die Scharia und deren Auslegung in den Mittelpunkt islamischer Staatsvorstellungen. Parallel dazu beginnen damit die Auseinandersetzungen um die richtige Interpretation der göttlichen Gesetze. Denn im Koran und in der Sunna sind nur sehr wenige Bereiche verbindlich und eindeutig geregelt. Der große Rest unterliegt der Rechtsfindung durch geeignete Rechtsgelehrte (Ulama), die sich wiederum an den vier großen Rechtsschulen (Madhahib, arabischer Singular Madhhab) im (sunnitischen) Islam orientieren.[365] Im Zuge der ständigen Rechtsfindung haben die islamischen Juristen eine kleinteilige Betrachtung von Einzelfällen entwickelt, die eine Unzahl an juristischen Schriften produziert hat. Dagegen gibt es moderne Bestrebungen, den Geist der Scharia zu erfassen und weniger ins Detail zu gehen. Die FJP etwa hebt diesen Grundsatz in ihrem Programm explizit hervor und verbindet ihn mit der Umsetzung der oben genannten Werte als allgemeines Ziel der Scharia.[366] Interessant ist dieser Weg, weil er der ohnehin recht offenen Ausgestaltung der politischen Ordnung eines islamischen Gemeinwesens noch mehr Spielraum zumisst.

1.2 Schura als islamisches Gebot für Demokratie?

Neben der Scharia und der Hakimiyya gibt es ein drittes, zentrales Konzept in islamischen Staatsvorstellungen, das direkt aus dem Koran abgeleitet wird: die Schura[367]. In Sure 42, Vers 38 heißt es: »[Und die], die auf ihren Herrn hören, das Gebet verrichten, sich untereinander beraten (schura), diese geben Spenden von dem, was wir ihnen (an Gut) beschert haben.«

Bedeutete das Prinzip der Schura nach klassischer Lehre schlicht gegenseitige Beratschlagung bei anstehenden Entscheidungen, so wird es heute oftmals als

---

363. Ebd.
364. Vgl. Ebd., S. 50.
365. Die vier Rechtsschulen entstanden im 8. und 9. Jahrhundert. Sie sind nach ihren jeweiligen Gründern benannt. Die Hanafitische Rechtsschule wurde nach Abu Hanifa (767 gestorben, Irak), die Malikitische Rechtsschule nach Malik ibn Anas (gestorben 795, Medina) benannt, die Schafi'itische Schule wurde nach Imam Schafi'i (gestorben 820, Ägypten) sowie die Hanbalitische Rechtsschule nach ibn Hanbal (gestorben 885, Irak) benannt.
366. Vgl. Krämer, Gudrun: Ebd. 2011, S. 51f.
367. Vgl. Koran 42:38.

Aufforderung gewertet, eine demokratische Ordnung zu etablieren[368], wiewohl die Ausgestaltung der spezifischen Elemente dieser Ordnung wie Häufigkeit und Art der Wahlen, Dauer und Art der Repräsentation usw. Variationen unterliegen können.[369] Diese Interpretationen sind Teil des Identitäts- und Authentizitätsdiskurses, der in der islamischen Welt geführt wird und kommen auch dem Bedürfnis nach, den Islam als ein Wertesystem darzustellen, das mit der Moderne kompatibel ist. Zudem stützen sie sich darauf, dass die Formulierungen im Koran eine *gegenseitige* Beratschlagung unter Gleichberechtigten fordern und nicht die Beratung eines Herrschers durch andere, ihm untergebene Personen.

Ob und inwieweit diese Auslegung tatsächlich das Wesen dieses Prinzips trifft, ist heute umstritten[370] und wird von verschiedenen radikalen islamischen Denkern sogar als Abfall von der Religion gewertet[371]. Andererseits widerspricht diese Interpretation des Schura-Prinzips nicht islamischen Vorstellungen einer politischen Ordnung, da die normative Begründung von Rechten und Pflichten – auch im Fall einer von der Scharia abgeleiteten Begründung – nichts über den Inhalt derselben aussagt. Es spricht nichts dagegen, dass auch liberal-demokratische Elemente in die Gestaltung einer islamischen politischen Ordnung einfließen können und auch von vielen Vertretern und Bewegungen des politischen Islam eingefordert werden[372], wie noch zu sehen sein wird. Einzige Bedingung bei der Ausgestaltung der Schura ist, dass sie sich in den Grenzen der Scharia bewegen muss. Die Bedeutung der Schura als Herrschaftsinstrument in einem islamischen politischen System wird heute aber allgemein anerkannt.[373]

Vieles deutet darauf hin, dass diese Interpretation des Schura-Prinzips näher an koranischen Vorstellungen ist, als etwa autokratische oder theokratische Herrschaftsformen. Denn zumindest theoretisch dürfen politische Ordnungen, die auf der Scharia beruhen, weder theokratisch organisiert sein noch eine willkürliche

---

368. Wie wir später sehen werden, vertritt die FJP ganz offensiv diese Einschätzung.

369. Vgl. Esposito, John L. & Voll, John O.: Islam and Democracy, New York/Oxford: Oxford University Press 1996, S. 27.

370. Vgl. Krämer, Gudrun: Ebd. 1999, S. 100 ff., passim.

371. So etwa der in jordanischer Haft einsitzende Abu Mohammed al-Maqdissi, Mentor des ehemaligen Anführers der irakischen al-Qaida Abu Musab al-Zarqawi. In seinem Pamphlet »Die Demokratie ist eine Religion«, lehnt er die Übertragung dieses Konzepts auf islamische Gesellschaften strikt ab und begründet dies damit, dass die Demokratie die Form eines Glaubenssystems angenommen habe und dies islamischen Grundsätzen widerspreche.

372. Vgl.: Krämer, Gudrun: Ebd. 2011, passim. Vgl. Zur mittlerweile ausufernden Debatte exemplarisch: Esposito, John L. & Voll, John O.: Ebd. 1996; Krämer, Gudrun: Ebd. 1999; Khatab, Sayed/Bouma, Gary D.: Democracy in Islam, London et al.: Routledge 2007; Hefner, Robert W. (Hg.): Remaking Muslim Politics: pluralism, contestation, democratization, Princeton et al.: Princeton University Press 2005; Abou el Fadl, Khaled: Islam and the challenge of Democracy, Princeton et al.: Princeton University Press 2004.

373. Vgl. Esposito, John L. & Voll, John O.: Ebd. 1996, S. 27-28.

Alleinherrschaft ermöglichen. Die für eine theokratische Herrschaft notwendige göttliche Sanktionierung einer Person (Gottesgnadentum im mittelalterlichen Christentum) und das damit verbundene religiöse Charisma, das der Herrscher ausstrahlen muss, lehnt der sunnitische Islam scharf ab. Eine Mittlerfunktion zwischen Mensch und Gott, wie sie in Theokratien dem Klerus zukommt, kennt er nicht. Der Herrscher ist nach sunnitischer Vorstellung weder unfehlbar noch sündlos.[374] Aus diesem Grund kommt auch die Alleinherrschaft im Islam eigentlich nicht in Frage.

Die stark normgeleitete Strukturiertheit einer politischen Ordnung im Islam, in der Werte wie Gleichheit und Gerechtigkeit überragende Bedeutung genießen, verbietet schlicht die despotische Aneignung der Macht durch einen Einzelnen.[375] Denn, wie bereits gesehen, gilt die Scharia für jeden Gläubigen ohne Ausnahme – die Gleichheit der Gläubigen vor Gott und seinen Gesetzen ist eines der zentralen, unumstößlichen Dogmen islamischer Glaubensvorstellungen. Weder steht der Herrscher über dem Gesetz, noch kann er Gesetze erlassen, die ihn auf Kosten der Allgemeinheit besonders privilegieren.

Während auch im schiitischen Islam despotischen Herrschaftsformen aufgrund der hohen Bedeutung, die der Gerechtigkeit in dogmatischen Glaubensvorstellungen zukommt, kein Platz eingeräumt wird, verhält es sich mit der Theokratie anders. Mit der Lehre der unfehlbaren Imame[376], die als Erben eines exklusiven, religiösen Wissens als die einzig legitimen Nachfolger des Propheten angesehen werden, grenzen sich die Schiiten bewusst von der sunnitischen Lehre ab, welche mit Verweis auf die unteilbare Einheit Gottes nur ihm allein dieses Attribut zuspricht. In den Augen vieler Sunniten kommt deshalb die schiitische Imamatslehre dem Schirk, also dem Polytheismus, gleich und damit dem Abfall vom Glauben.

In der Moderne hat Ayatollah Khomeini im Verlauf der Islamischen Revolution im Iran diese Lehre instrumentalisiert, um seinen eigenen Herrschaftsanspruch zu legitimieren. Er entwickelte die Lehre von der »Herrschaft des Rechtsgelehrten« (Velayet-e Faqih), in welcher der Ayatollah als Gottes Treuhänder und Vertreter des entrückten zwölften Imams auf Erden fungiert, bis jener am Tag des Jüngsten Gerichts wiederkehrt und das Reich der Gerechtigkeit errichtet.

Die folgenden Abschnitte sollen nun den Vorstellungen von Politik und Staatlichkeit der in unserem Fokus stehenden Bewegungen gewidmet werden, soweit sie sich dazu äußern. Dabei interessiert uns, inwieweit sich ihre Vorstellungen mit den hier skizzierten Visionen eines islamischen Gemeinwesens decken und inwieweit sie sich voneinander unterscheiden.

---

374. Vgl. Krämer, Gudrun: Ebd. 1999, S. 81.
375. Vgl. Krämer, Gudrun: Ebd. 2011, Kapitel 3
376. Unter den Schiiten gibt es drei Hauptströmungen, benannt nach der Anzahl der Imame, die sie als unfehlbar und sündlos anerkennen. Dies sind die Fünfer-Schia, die Siebener-Schia und die Zwölfer-Schia.

2. Hizbollah: Die Libanonisierung der Hizbollah

Während des Wahlkampfs zu den libanesischen Parlamentswahlen von 1996 konnte man auf Plakaten der Hizbollah den Aufruf lesen: »Sie leisten Widerstand mit ihrem Blut, leiste Du Widerstand mit deiner Stimme«[377], ein Slogan, der auf eindrückliche Weise die Verquickung von Widerstand und Politik bei der Hizbollah aufzeigt. Während sich die Organisation seit ihrer Entstehung 1982 als bewaffnete, dschihadistische Bewegung verstanden hat, der Widerstand also schon immer eine Konstante ihrer Ideologie und Praxis war, lehnte sie die Partizipation am politischen System des Libanon lange Jahre ab.

Erst 1992, also zehn Jahre nach ihrer Entstehung und drei Jahre nach dem Abkommen von Taif, welches den Bürgerkrieg im Land beendete, beschloss die Führung der Bewegung, sich an den ersten Wahlen zu beteiligen. Seit diesem Beschluss ist die Hizbollah aus dem politischen System des Libanon nicht mehr wegzudenken. Man kann sogar davon ausgehen, dass Hassan Nasrallah, Generalsekretär der Bewegung, heute der mächtigste Mann im Libanon ist, obwohl er weder ein Parlamentsmandat innehat, noch eine andere offizielle Position in den Institutionen des Landes besetzt.

2.1 Die Integration ins politische System – die Nationalisierung des Widerstands

Die schrittweise Integration der Hizbollah ins politische System des Landes ging mit der sogenannten »Libanonisierung« einher, also der ideologischen Anpassung der Bewegung von transnationalen Positionen zu national-arabischen Standpunkten.[378]

Na´im Qasim, stellvertretender Generalsekretär der Hizbollah, spricht in diesem Zusammenhang von der »umfassenden Öffnung der Hizbollah« gegenüber dem politischen System und gibt für die »Verspätung« dieser Öffnung mehrere Gründe an:

1.   »In der Gründungsphase lagen die Prioritäten im militärischen Bereich, als es darum ging, der Besatzung widerstand zu leisten.
2.   Zudem prägte die Geheimhaltungspflicht [der Aktivitäten] diese Phase, denn Widerstandsaktionen müssen im Verborgenen vorbereitet werden, damit der Widerstand fortgeführt werden kann [...]; aber die politische Praxis und [die Etablierung] allgemeiner Beziehungen erfordert Offenheit.
3.   Die komplizierten libanesischen Verhältnisse, die mit dem Bürgerkrieg seit 1975

---

377. Zitiert nach: Norton, Augustus R.: Ebd. 2007, S. 102.
378. Vgl. Rosiny, Stephan: Ebd. 2008, Abschnitt 15.; Vgl. Malthaner, Stefan: Ebd. 2011, S. 88 ff.; Noe, Nicholas: Ebd. 2007, passim.

zu tun hatten und die Mehrheit der [politischen] Kräfte in einen internen Kampf
hineinzog.
4.   Es bestand die Furcht, dass der Widerstand im Fall politischer Partizipation
davon in Beschlag genommen wird. [...] Aber nachdem der Widerstand gefestigt war,
verschwand auch diese Furcht.«[379]

Nachdem sich die Organisation konsolidiert hatte und die meisten Hindernisse beseitigt waren, entschloss sie sich zur Teilnahme an den Wahlen und damit zur Anerkennung des politischen Systems. Dieser Entscheidung vorausgegangen waren
heftige interne Diskussionen darüber, ob die Beteiligung an einem nicht-islamischen System überhaupt gestattet sei. Hardliner in der Bewegung sahen das Ideal
der Islamischen Revolution verraten.[380]

Hatte die Bewegung bisher revolutionär-panislamische Ziele verfolgt, die sich
am revolutionären Iran orientierten, so hob sie fortan mehr und mehr den nationalen, arabischen Charakter des Widerstands und der eigenen Identität hervor, der
weiterhin zentrales Motiv ihrer Programmatik blieb.[381] Hassan Nasrallah zur strategisch-politischen Neuausrichtung der Hizbollah:

»Wir kämpfen auf Berggipfeln und in Tälern, aber leben in dieser Gemeinschaft und
sind Teil davon. Wir sind keine ausländische Armee, die hier ist, um das Land eines
anderen Volkes zu befreien. Wir sind Teil dieses Volkes, unser Land ist besetzt und
wir wollen es befreien. [...] Denn abgesehen vom Widerstand steht die Problemlö-
sung, der Wiederaufbau, Bildung und Kultur auf unserer Prioritätenliste ganz oben.
Wir nehmen diese Verantwortlichkeiten auf uns, nicht weil wir einfach eine bewaff-
nete Bewegung sind; als wir ganz zu Beginn gesagt haben, dass wir eine islamisch-
dschihadistische Bewegung sind, dann bedeutete dies auch, dass wir gleichzeitig ein
zivilisatorisches Gesellschaftsprogramm haben, das über das bloße Tragen einer Waffe
hinausgeht.«[382]

Mit dieser Formulierung begegnete Nasrallah zugleich Vorwürfen, die Hizbollah
sei ein Agent des iranischen Regimes, im Libanon installiert, um deren Interessen
durchzusetzen. Allerdings konnte sie bis heute letzte Zweifel nicht ausräumen, ob
bzw. inwiefern die Organisation von Iran gesteuert wird.[383]

---

379. Qasim, Na'im: Ebd. 2011, S. 122-123.
380. Vgl. Malthaner, Stefan: Ebd. 2011, S. 89; Vgl. Norton, Augustus R.: Ebd. 2007, S. 100.
381. Vgl. Malthaner, Stefan: Ebd. 2011, S. 89, siehe unten.
382. Nasrallah, Hassan: »Who is Hassan Nasrallah?« Interview in: Nida al-Watan, 31. August 1993, in Noe,
     Nicholas: Ebd. 2007, S. 116-144, hier: S. 137.
383. Die Entwicklungen im syrischen Bürgerkrieg zur Jahresmitte 2013 geben diesem Vorwurf neue Nah-
     rung, nachdem Anfang Mai 2013 Hassan Nasrallah offen zugab, Kämpfer der Hizbollah nach Syrien
     geschickt zu haben, um der syrischen Regierung unter Baschar al-Assad militärisch behilflich zu sein.

Der andere, immer wieder erhobene Vorwurf gegen die Hizbollah, sie wolle im Libanon eine islamische Republik nach iranischem Vorbild erzwingen, ist eng damit verknüpft. Diesem Vorwurf setzt sie das Argument entgegen, dass sie zwar zur Errichtung eines islamischen Staates aufrufe, das libanesische Volk jedoch die Freiheit besitze, selbst sein Regierungssystem aussuchen zu können und es sich mit Sicherheit für ein islamisches entschiede, wenn man es nur ließe:

> »Der Libanon hat eine arabische Identität und ist Teil der arabischen Nation.«[384] [...]
> »Es soll unserem gesamten Volk erlaubt sein, seine Zukunft selbst zu bestimmen und in aller Freiheit das Regierungssystem zu wählen, das es wünscht. Wir rufen alle auf, einen islamischen Staat zu wählen, denn nur er allein ist in der Lage, Gerechtigkeit und Freiheit für alle sicherzustellen. Nur ein islamischer Staat kann jeglichen weiteren Versuch imperialistischer Infiltration in unser Land stoppen.«[385] [...]
> »Wir haben nie die Idee vorgeschlagen, dem Libanon ein islamisches System mit Gewalt aufzuzwingen. Wir werden dies auch in Zukunft nicht tun, weil sich das Wesen der Islamischen Republik nicht für gewalttätige Handlungen eignet. Dieses System könnte [...] ohne die überwältigende Unterstützung des Volkes nicht bestehen. [...]
> Was ein neues Herrschaftssystem angeht, so würde ein Kommunist sagen, dass der Marxismus das beste System für den neuen Staat ist. Jeder andere Ideologe könnte eine andere Philosophie vorbringen, von der er glaubt, sie würde die Probleme des Landes lösen. Wir sagen dem libanesischen Volk, dass wir es unterstützen würden, wenn sie ein islamisches System aussuchen würden. Auf unseren muslimischen Glauben gestützt, glauben wir, dass ein System, welches auf islamischen Prinzipien beruht, in der Lage sein wird, die Probleme des Libanon zu lösen, seien sie gesetzlicher, intellektueller, spiritueller oder moralischer Art.«[386]

Zugleich betont die Hizbollah die arabische Identität des Libanon und der eigenen Bewegung, die in der Verfolgung eigener Interessen gesamtarabische Ziele erfülle. Damit stellt sie sich – vor allem seit 2006 – in die Tradition des panarabischen Nationalismus, der sich auf die Fahnen geschrieben hatte, die arabische Welt vom Joch der Fremdbestimmung zu befreien. Dieser Anspruch zieht sich insbesondere durch die gesamte Programmatik von 2009[387], stellt aber keine Abkehr vom Islam

Die offene Unterstützung Syriens durch Iran öffnete Spekulationen Tür und Tor, ob hinter der Entsendung von Hizbollah-Kämpfern nach Syrien nicht eine iranische Weisung stehe.

384. Das Politische Manifest, November 2009.

385. Hizbollah, Offener Brief 1985.

386. Nasrallah, Hassan: »Hezbollah is not an Iranian Community in Lebanon«, in: Al-Watan al-Arabi, 11.09.1992, in: Noe, Nicholas: Ebd. 2007, S. 84-100, S. 90.

387. Im »Politischen Manifest« benutzt die Hizbollah fast durchgängig den Begriff »Der Widerstand«, um sich selbst zu bezeichnen, so als wäre sie die Verkörperung des bewaffneten Widerstands im Libanon

als ideologischer Fundierung ihres Handelns dar. Vielmehr sieht sich die Hizbollah als Vorreiter arabischen Widerstands gegen israelische Besatzung und Bedrohung, vor allem nachdem sie im Juli-Krieg von 2006 den israelischen Streitkräften empfindliche Verluste zugefügt hatte und von der »arabischen Straße« als Bewahrerin arabischer Interessen gefeiert wurde. Zudem sollen so letzte Zweifel an ihrer arabischen Integration beseitigt werden:

> *»Identität und Zugehörigkeit zur arabischen Nation sind natürlicher und grundlegender Bestandteil der sozialen Zusammensetzung im Libanon. Die politische Geographie, die Politik der regionalen Integration und die gesamtarabischen Interessen lassen dem Libanon keine andere Wahl als sich der gerechten arabischen Anliegen anzunehmen, an deren Spitze die palästinensische Sache sowie der Konflikt mit dem israelischen Feind stehen. [...] Es muss eine Politik entwickelt werden, die auf verantwortungsvolle Weise mit den gesamtarabischen Angelegenheiten umgeht und auf die Einhegung und Befriedung der Konflikte ausgerichtet ist, bevor diese zu offenen Konflikten eskalieren. [...] Daraus folgt, dass der Widerstand [die Hizbollah] keinen Fehler darin sieht, seine Politik fortzuführen, solange die gesamte arabische Welt davon profitiert und die Resultate sich in einen Rahmen einfügen, bei dem der Feind [Israel] geschwächt und die arabische Position gestärkt wird.«*[388]

Die Hizbollah schlägt hier zwei Fliegen mit einer Klappe: Ja zur Fortführung des Widerstands, aber nur noch unter bestimmten Voraussetzungen und die damit verbundene Fortsetzung der pragmatischen Hinwendung zur Politik, ohne jedoch den bewaffneten Widerstand aufzugeben.[389] Eher geht es um die Verbindung von Politik und Widerstand: »Ungeachtet des Widerstands, gibt es innere Angelegenheiten auf der Ebene der Politik, Wirtschaft und im Alltag, die wichtig für die Menschen sind. Im Islam ist es ein bedeutender Teil des Glaubens, den Menschen und Gottes Familien zu dienen, die Unterdrückten zu befreien, die Verzweifelten zu retten sowie seine Hand den Schwachen und Unterdrückten auszustrecken.«[390]

Außerdem ist die Hizbollah seit vielen Jahren der Überzeugung, dass angesichts der Demographie und der Machtverhältnisse im Libanon eine Revolution zur Durchsetzung ihrer Ziele nicht in Frage kommt, weil diese gewaltsam durchgesetzt werden müsste. Bereits in ihren Wahlprogrammen von 1992 und 1996 legte sie ein »nationallibanesisches Entwicklungsprogramm« vor, das politische und ökonomische Reformen forderte.[391] Die Beteiligung der Hizbollah an nationalen

---

und darüber hinaus.
388. Politisches Manifest 2009.
389. Vgl. Alagha, Joseph: Ebd. 2006, Kap. 4.
390. Nasrallah, Hassan in: Noe, Nicholas: Ebd. 2007, S. 7.
391. Vgl. Rosiny, Stephan: Ebd. 2008, Abschnitt 17.

Wahlen und die Entsendung von Ministern in die Regierung sind weitere Indizien dafür, dass es sich hier nicht um bloße Rhetorik handelt.

Diese Haltung geht im Wesentlichen auf Scheich Fadlallah, einen der führenden schiitischen Autoritäten im Libanon, zurück. Zwar ist bis heute nicht ganz klar, ob er der Hizbollah je angehörte, aber sein enormer Einfluss auf Führungspersönlichkeiten und Ideologie der Bewegung sind unbestritten.[392] Das politische System, das der Hizbollah für den Libanon vorschwebt, ist stark konsensorientiert und nähert sich in seinen Zielvorstellungen einem freiheitlich-demokratischen System sehr weit an. Liest man das Poltische Manifest von 2009, in dem die Hizbollah am deutlichsten ihre Vorstellungen dazu äußert, so fällt sogleich sein aktivistischer, agitatorischer Duktus auf und das fast vollständige Fehlen religiöser Bezüge, ein Phänomen, das auch schon bei den Programmen von FJP und Hamas begegnet:

>>*Das Hauptproblem des libanesischen politischen Systems ist der Konfessionalismus. Dieser verhindert dauerhaft Reformierung und Weiterentwicklung. Die Gründung des Systems auf konfessioneller Basis stellt ein großes Hindernis für die Umsetzung wahrer Demokratie dar, in der die gewählte Mehrheit regiert und die nichtgewählte Minderheit die Opposition bildet.*

Darin [Demokratie] ist gleichfalls ein friedlicher Wechsel der Macht zwischen der Regierung und der Opposition bzw. den verschiedenen politischen Koalitionen garantiert. Somit ist die grundlegende Bedingung für die Errichtung einer wahren Demokratie die Auslöschung des politischen Konfessionalismus. Genau dies aber wurde im Abkommen von Taiʾf durch die Verpflichtung, eine Hohe Nationale Institution zu schaffen, festgeschrieben[393].

Damals vereinbarte man einen nationalen Dialog, der es den Libanesen ermöglichen sollte, diese historisch sensible Errungenschaft – die Überwindung des politischen Konfessionalismus – zu verwirklichen. So lange aber Konfessionalismus das politische

---

392. Vgl. Noe, Nicholas: Ebd. 2007, S. 40; Norton, Augustus R.: Ebd. 2007, S. 99; Rosiny, Stephan: Ebd. 2008, Abschnitt 14.

393. Das Abkommen wurde am 22. Oktober 1989 in der gleichnamigen saudi-arabischen Stadt geschlossen und beendete den 15 Jahre andauernden Bürgerkrieg. Es schuf eine neue Machtbalance im Staat, indem die Macht gleichmäßig zwischen den verschiedenen Konfessionen im Land aufgeteilt wurde. Das Abkommen stellte eine Erweiterung des Nationalpakts von 1943 dar, der die politische Macht zwischen den Konfessionen regelte und dies auf der Grundlage einer Volkszählung aus den 1930er Jahren tat. Diesem Mangel sollte durch das neue Abkommen entgegengewirkt werden, indem es das Proporzsystem für das Parlament an die veränderten Rahmenbedingungen anpasste sowie die Befugnisse des maronitischen Staatspräsidenten einschränkte. Allerdings wurde in diesem Abkommen die Position der Schiiten nicht gemäß ihrer zahlenmäßigen Stärke im Land berücksichtigt. Während Maroniten und Sunniten die Ämter des Staats- bzw. Ministerpräsidenten zugeteilt bekamen, müssen sich die Schiiten bis heute mit dem Amt des Parlamentspräsidenten begnügen. Ironischerweise hat also gerade das Abkommen, mit dem der konfessionelle Bürgerkrieg überwunden wurde, den Konfessionalismus erst recht zu Ungunsten der Schiiten etabliert.

System beherrscht, bleibt die Konsensdemokratie Basis des Regierens, da sie Verfassung und Zusammenleben verkörpert. [...]

Der Wille der Libanesen, unter würdigen Umständen und mit gleichen Rechten und Pflichten zusammen zu leben, macht eine konstruktive Zusammenarbeit notwendig. Nur wahre Partizipation aller Libanesen ist der Garant für den Schutz ihrer Vielfalt und für stabile Verhältnisse. Die lange Phase der Instabilität[394] wurde durch verschiedene Politikmaßnahmen verursacht, die allesamt auf einem Exklusivitätsanspruch beruhten, den politischen Gegner zu marginalisieren und auszulöschen.

Die Konsensdemokratie stellt eine angemessene politische Artikulationsform für die Partizipation aller dar. Sie ist auch ein Faktor, der die Fundamente der Nation stärkt; denn sie trägt in großem Stil dazu bei, einen Staat aufzubauen, der befriedet ist und seinen Bürgern das Gefühl gibt, für sie da zu sein.«[395]

An dieser Position ist nicht nur die positive Sicht auf eine demokratische Regierungsform bemerkenswert, sondern auch die Akzeptanz des »politischen Konfessionalismus« und damit das Ta'if-Abkommen, solange es keine realisierbare Alternative dazu gibt. Noch einige Monate vor der ersten Beteiligung der Hizbollah an Parlamentswahlen im Jahr 1992, hatte Hassan Nasrallah mit Verweis auf Ta'if die Wahlbeteiligung abgelehnt. Doch der Pragmatismus der Bewegung stach auch hier die ideologische Überzeugung aus. Im Rahmen des von der Hizbollah als »Konsensdemokratie« bezeichneten politischen Systems entwickelt sie allgemeine Grundsätze, die sie – auch in Kooperation mit anderen Kräften – realisieren möchte:

»Der Staat, den wir unter Beteiligung der anderen Libanesen aufbauen wollen, soll im Folgenden umrissen werden: Wir wollen einen Staat [396]

*1.	der die allgemeinen Freiheitsrechte schützt und alle nötigen Bedingungen für deren Ausübung garantiert.*

*2.	der die nationale Einheit anstrebt.*

*3.	dessen Grundlage moderne Institutionen sind, die zusammenarbeiten und sich auf klar abgegrenzte Kompetenzbereiche und Aufgaben konzentrieren.*

*4.	der das Gesetz unter Beachtung der allgemeinen Freiheitsrechte gerecht anwendet. Was die Rechte und Pflichten der Bürger angeht, so soll er Gerechtigkeit walten lassen – unabhängig von konfessioneller Zugehörigkeit und politischer Orientierung des Einzelnen.*

*5.	der eine unabhängige Judikative hat, die nicht dem Einfluss von Politikern*

---

394. Gemeint ist hier der Bürgerkrieg, der im Libanon bis zum heutigen Tage mit »die Ereignisse« euphemistisch beschrieben wird.

395. Das Politische Manifest, November 2009

396. Die folgende Aufzählung ist nicht vollständig und beinhaltet nur die wichtigsten Punkte.

unterliegt. Fähige, ehrliche Richter sollen ihrer gefährlichen Verantwortung nachgehen, Gerechtigkeit unter den Menschen walten zu lassen.

6.   mit einer funktionierenden Repräsentation der Bürger. Diese kann nur mit Hilfe eines modernen Wahlgesetzes implementiert werden, das dem libanesischen Wähler die Möglichkeit gibt, seine Repräsentanten zu wählen [...]

7.   der sich um das Wohl seiner Bürger kümmert und der sich bemüht, angemessene Dienste anzubieten: Von Bildung über Gesundheitsfürsorge und Wohnraum bis hin zur Sicherung eines würdigen Lebensstandards, der Lösung des Armutsproblems sowie der Schaffung neuer Arbeitsplätze usw.

8.   der sich um die Stärkung der Frauenrolle bemüht sowie deren Teilhabe in allen Bereichen fördert. So soll die Gesellschaft von ihren besonderen Talenten profitieren und sie gebührend respektieren.

9.   welcher der Bildung die ihr entsprechende Rolle einräumt, insbesondere die staatlichen Schulen betreffend; der die libanesischen Universitäten auf allen Ebenen stärkt und die allgemeine Schulpflicht sowie die Gebührenfreiheit des Unterrichts gewährleistet.

10.   der sich auf ein dezentrales Verwaltungssystem stützt, das den Gebietskörperschaften große Machtbefugnisse einräumt. Dies soll die jeweiligen Entwicklungschancen erhöhen sowie den Bürgern die Erledigung ihrer Angelegenheiten erleichtern. Allerdings darf der Dezentralismus nicht unkontrolliert in einen unrechtmäßigen Zustand des Föderalismus abgleiten.

Die Errichtung eines Staates mit diesen Eigenschaften und Voraussetzungen ist unser Ziel und das eines jeden aufrichtigen und loyalen Libanesen. Wir von der Hizbollah werden in Zusammenarbeit mit dem Volk und den übrigen politischen Kräften alles an die Realisierung dieses noblen, nationalen Ziels setzen.«[397]

Repräsentation, unabhängige Justiz, allgemeine Freiheitsrechte – die allerdings nicht näher spezifiziert werden – und Frauenrechte. Das sind die Hauptzutaten des Staates, wie ihn sich die Hizbollah vorstellt. Ähnliches sehen wir bei der FJP und der Hamas, wobei die FJP etwa ihre Vorstellungen viel detaillierter und konkreter beschreibt. Die Hizbollah hingegen kommt über allgemeine Grundsätze nicht hinaus.

Dennoch decken diese weite Bereiche ab, die in einem modernen Staat wahrgenommen werden: Über Bildung, Gesundheit, staatliche Institutionen berücksichtigt die Hizbollah wichtige Eckpfeiler, ohne auf die Islamizität der von ihr vorgestellten Institutionen zu sprechen zu kommen. Heißt das nun, dass sie sich im Jahr 2009 endgültig vom Traum eines islamischen Staates verabschiedet hat? Ja und nein. Das iranische Modell ist passé. Die Errichtung der Velayet-e Faqih mit einem

---

397. Das Politische Manifest, November 2009.

obersten Rechtsgelehrten als Staatsoberhaupt spielt in den Überlegungen der Hizbollah keine Rolle mehr. Aber gemäß den Determinanten islamischer Staatlichkeit legt auch sie großen Wert auf die Verwirklichung von Normen im Staat, die ein gerechtes Miteinander garantieren. Nach ihrem Verständnis hat der Islam Regeln für den »rechtgeleiteten Herrscher« aufgestellt, aber nicht, wie dieser diese zu erfüllen habe. Gemäß dieser Vorstellung, so Qasim, sei es möglich

> »den Präsidenten direkt vom Volk wählen zu lassen oder durch das Parlament oder durch ein Verhältniswahlrecht. Auch regelt [der Islam] die Gestaltung der Regierung nicht, weder die Anzahl ihrer Mitglieder, noch die Kompetenzverteilung, noch die ihr zukommenden Befugnisse.«[398]

Doch obwohl die Hizbollah sich ideologisch vom iranischen Modell einer »Islamischen Republik« weitestgehend verabschiedet hat, ist das nicht gleichbedeutend mit einer Abkehr vom Iran. Die konfessionelle Bindung, die ideologischen Bezüge und die persönlichen Beziehungen sind zu stark, die materielle Unterstützung in Form von Waffen und Geldern zu groß und wichtig, als dass sie ohne weiteres darauf verzichten könnte. Vielmehr unterliegt auch diese Beziehung einem dynamischen Prozess der Anpassung an sich ständig verändernde Einflüsse und Faktoren. Hassan Nasrallah äußerte sich erstmals im Februar 2012 offen zu dieser kritischen Frage:

> »Seit 1982 haben wir verschiedene Arten moralischer, politischer und materieller Unterstützung aus der Islamischen Republik Iran erhalten. Früher haben wir dahingehend [nur] Anspielungen gemacht. Wir haben über moralische und politische Unterstützung gesprochen und stillgehalten, wenn wir nach militärischer Unterstützung für uns gefragt wurden, um Iran nicht in Verlegenheit zu bringen [...]. Aber heute haben wir uns entschlossen, es auszusprechen.«[399]

Genaue Zahlen über die Höhe der materiellen Unterstützung sind indes nicht bekannt und ständiger Gegenstand von Spekulationen.[400]

---

398. AQasim, Na'im: Ebd. 2011 S. 48-49.
399. Vgl. Ya Libnan: Nasrallah: Iran won‹t ask Hezbollah to intervene if attacked by Israel, www.yalibnan. com/2012/02/07/nasrallah-iran-wont-ask-hezbollah-to-intervene-if-attacked-by-israel/ (abgerufen am 25.05.2013).
400. Vgl. Die Schätzung ist von Matthew Levitt, der einen Betrag von 100 bis 200 Mio. US-Dollar jährlich nennt: Hezbollah Finances: Funding the Party of God, in: The Washington Institute, www.washingtoninstitute.org/policy-analysis/view/hezbollah-finances-funding-the-party-of-god (abgerufen am 25.05.2013).

2.2 Die Hizbollah, Iran und Syrien: Symbiose oder Unabhängigkeit?

Wie wir gesehen haben, übte der Iran entscheidenden Einfluss aus, als die Hizbollah 1982 entstand. Syrien stand dieser Entwicklung damals mit zwiespältigen Gefühlen gegenüber, da es einerseits die Hizbollah als legitime Widerstandsbewegung gegen Israel ansah, dieser jedoch nicht zu viel Spielraum im Konflikt um die Vormachtstellung im Libanon geben wollte.

Seither stand die Frage im Raum, inwieweit die Gruppe von Iran und Syrien gesteuert wird oder sie ihre eigenen, unabhängigen Entscheidungen trifft. Darauf angesprochen, geht Hassan Nasrallah 1993 auf den Vorwurf ein und stellt hinsichtlich Iran klar, dass die Hizbollah als islamische Bewegung Beziehungen zum obersten Führer der Islamischen Revolution, dem Valiy al-Faqih[401] pflegt, nicht mit irgendeinem Land. Ein weiteres Mal kommt der tendenziell panislamisch-transnationale Ansatz der Hizbollah und der Velayet-e Faqih (Herrschaft des Rechtsgelehrten) zum Ausdruck, da das Oberhaupt der Islamischen Revolution diese Funktion für alle Muslime annimmt, unabhängig von deren Aufenthaltsort und Nationalität:

»*Diese Person muss nicht unbedingt einer bestimmten Nationalität oder einem Stamm angehören [...] Dies bedeutet, dass der Valiy al-Faqih, der das Oberhaupt der Islamischen Republik [Iran] und aller Muslime ist, aus dem Hijaz [Saudi-Arabien], Bahrein, Libanon oder Irak sein kann und der Präsident der Republik, der iranisch ist, steht unter seiner Führung. [...] Was ich meine ist, dass die Beziehung zu diesem führenden Rechtsgelehrten sehr wichtig für uns ist, unabhängig davon, ob die Islamische Republik [Iran] existiert oder nicht. [...] Zum jetzigen Zeitpunkt lebt diese Person zufällig in Iran. Deshalb haben wir eine Beziehung zu einer Person in Iran. [...] Die Beziehung ist nicht geographischen oder nationalen Bedingungen unterworfen; es geht um religiöse Gelehrsamkeit und Legalität, unabhängig vom Ort. [...] Unsere Beziehung besteht nur zum Imam in seiner Eigenschaft als Imam aller Muslime, bei dem wir Führung und Segnung suchen. [...]*

Die Hizbollah ist aus diesem Grund eine islamische, libanesisch-dschihadistische Bewegung, die ihre eigenen Entscheidungsfindungsprozesse sowie ihre eigene Führung und Kader hat. Ihre Beziehung besteht zum obersten Anführer [der Revolution], der allgemeine Richtlinien für die Politik bestimmt, aber nicht nur für die Hizbollah, sondern für die gesamte [islamische] Nation, zu der die Hizbollah gehört. Da diese grundlegende Beziehung zum Valiy al-Faqih besteht, ist es für die Islamische Republik nur normal, die Beziehung zu uns mit Wohlwollen zu betrachten sowie ein

---

401. Diese Funktion hatte bis zu seinem Tod im Jahr 1989 Khomeini inne. Sie wird seither von Ali Khamenei ausgefüllt.

besonderes Interesse daran zu haben uns in bestimmten Fällen zu beraten und zu
unterstützen.«[402]

Nasrallah umschreibt hier eine interessante Konstruktion, die nationale Grenzen transzendiert und die Religion an Stelle der Nation setzt. In diesem System kommt dem Revolutionsführer die Richtlinienkompetenz zu, in deren Rahmen die Subalternen frei sind, eigene Entscheidungen zu treffen. Dies erinnert stark an Formulierungen der Hamas und der FJP, die bei ihren Visionen zu islamischer Staatlichkeit das göttliche Gesetz, Scharia, als bindenden Rahmen und Grenze für die Entscheidungsfindung und Legislatur festsetzen. Was die Scharia vorschreibt und wie dies zu interpretieren ist, kann nach Ort und Zeit stark variieren. Wie wir gesehen haben, gibt es auch bei den Sunniten Rechtsgelehrte, Ulama, die sich der selbstständigen Rechtsfindung, Idschtihad, bedienen können, um strittige oder ungeregelte Fragen zu lösen. Allerdings gibt es nach sunnitischem Verständnis keine oberste Instanz. Den Entscheidungen und Urteilen sunnitischer Rechtsgelehrter kommt zwar auch eine sehr große Autorität zu, aber sie sind im Zweifel nicht so bindend, wie das bei schiitischen Geistlichen der Fall ist.

Dem Valiy al-Faqih hingegen fällt durch die nur im schiitischen Islam vorhandene, dogmatisch begründete Unfehlbarkeit ('Isma) die Rolle des obersten Rechtsgelehrten und Rechtsetzers (Mudschtahid) zu. Er steht zwar nicht über der Scharia, aber er verfügt über ein sehr hohes Maß an religiöser Autorität und Charisma, seine Weisungen sind für schiitische Muslime bindend, die sich den Idealen der Islamischen Revolution verpflichtet fühlen.

Dies war im Jahr 1993. Sieben Jahre später charakterisiert Nasrallah die Beziehungen zwischen Iran und Hizbollah ohne Rückgriff auf ideologische Gemeinsamkeiten, obwohl er die Verbindung noch immer als ideologisch begründet bezeichnet, aber die von absoluter Unabhängigkeit geprägt sei:

»Iran mischt sich überhaupt nicht in unsere inneren Angelegenheiten ein und verfolgt seine eigene Politik bezüglich der libanesischen Regierung. Wir sind nicht wie jene Parteien, die Beziehungen zu anderen Ländern haben und ihr Handeln an diesen Beziehungen orientieren. Wenn ich gegen die [libanesische] Regierung bin, dann aufgrund örtlicher, libanesischer Erwägungen, die mit der Ökonomie, Außenpolitik usw. zu tun haben.

Ferner würde ich Ihnen gerne mitteilen, dass die Unterstützung Irans für Syrien und den Libanon auf ideologischen und intellektuellen Überlegungen beruht, nicht auf politischen Interessen.«[403]

---

402. Nasrallah, Hassan: » Who is Hassan Nasrallah?«, in: Nida al-Watan, in: Ebd. 2007, S. 133-135.
403. Nasrallah, Hassan: »A Peaceful Resolution is a Victory for the Resistance, Interview in: Al-Ahram, 16. Februar 2000, in: Noe, Nicholas: Ebd. 2007, S. 224-225.

Bereits hier ist ein spürbarer Wandel in der Rhetorik herauszuhören. Im »Politischen Manifest« von 2009 wird dem Iran eine zentrale Rolle für den bewaffneten Widerstand gegen Israel und die USA eingeräumt, nun vollends ohne ideologischen Bezug. Einzig die Funktion Irans als staatliche Speerspitze des Widerstands wird angesprochen und hervorgehoben.

> *»Unsere arabisch-islamische Welt ist mit Herausforderungen konfrontiert, die die Fundamente unserer Gesellschaften berühren, und die nicht auf die leichte Schulter genommen werden dürfen. Künstlich erzeugte, konfessionelle Konflikte, insbesondere zwischen Sunniten und Schiiten, die Schaffung nationaler Gegensätze zwischen Kurden, Turkmenen und Arabern einerseits, sowie zwischen Iranern und Arabern andererseits etc. sowie die Bedrohung und Einschüchterung von Minderheiten, der anhaltende Exodus der Christen aus dem arabischen Orient, besonders aus Palästina, dem Libanon und Irak: All dies bedroht den Zusammenhalt unserer Gesellschaften, verringert deren Widerstandskraft und Entwicklungschancen. [...] Die Konsequenzen, die aus diesem Missbrauch resultierten, sind eine Störung der Beziehungen und ein instabiles politisches Klima aufgrund westlich-amerikanischer Politik im Verbund mit internen, verantwortungslosen, klientelistischen arabischen Maßnahmen. [...]*
>
> *Die Hizbollah betont ein weiteres Mal die Bedeutung der Kooperation zwischen den islamischen Ländern in allen Bereichen. Die Solidarität dieser Länder verleiht ihr Stärke im Angesicht der hegemonialen [amerikanischen] Pläne, gesellschaftlichen Schutz vor kulturellen und medialen Angriffen und motiviert die Hizbollah, aktiv vom gegenseitigen Austausch dieser Länder zu profitieren.*
>
> *In dieser Hinsicht betrachtet die Hizbollah den islamischen Iran als zentral und bedeutend unter den Staaten der islamischen Welt. Er ist es, der mittels seiner Revolution das Regime des Schahs stürzte und mit ihm seine zionistisch-amerikanischen Projekte; auch unterstützte Iran die Widerstandsbewegungen in unserer Region und stand tapfer und fest für die arabischen und islamischen Angelegenheiten ein. [...] Wir betrachten es als Verrat an den arabischen Interessen und am arabischen Selbstbewusstsein zum Nutzen ›Israels‹[404] und der USA, wenn bestimmte arabische Stimmen einen Gegensatz zur Islamischen Republik konstruieren.[405] Iran, der die nationale palästinensische Sache, die Feindschaft zu ›Israel‹, die Konfrontation mit der amerikanischen Politik sowie die Integration mit der arabischen und islamischen Welt in den Mittelpunkt seines Handelns gerückt hat, muss mit brüderlicher Wärme empfangen werden.«[406]*

---

404. Da die Hizbollah bis heute die Existenz Israels nicht anerkennt, setzt sie es in Anführungszeichen.
405. Die Hizbollah spielt hier auf die sunnitischen Monarchien der arabischen Halbinsel an, allen voran Saudi-Arabien, die mit Iran um die regionalpolitische Vormachtstellung konkurrieren und in scharfem ideologischem Gegensatz zueinander stehen.
406. Das Politische Manifest, November 2009.

Zwar erweist die Hizbollah Iran und der Islamischen Revolution ihre Reverenz, aber hier erscheint der Iran nur noch als Garant für den Widerstand gegen die USA und Israel. Bezüge zur Velayet-e Faqih als Vorbild für die libanesische Staatlichkeit tauchen nicht mehr auf. Interessant ist die Funktion, die die Hizbollah dem Iran zuschreibt. Inmitten einer muslimischen Welt, die von dogmatischen und politischen Gegensätzen und Brüchen gekennzeichnet ist, die von äußeren Mächten, namentlich den USA und Israel, geschürt werden, ist der Iran der Fels in der Brandung, der in der Lage ist, die arabische und islamische Welt im Angesicht eines Feindes zu einen.

Die Hizbollah macht an dieser Stelle überdeutlich, dass sie von den arabischen Regimen nichts hält. In ihren Augen tragen diese nicht zum Widerstand gegen äußere Besatzung bei, könnten dies auch gar nicht, da sie zu sehr mit inneren Konflikten und Spaltungen zu kämpfen hätten.

Außenpolitisch positioniert sie sich damit eindeutig auf der Seite Irans, der es nicht nur mit den westlichen Feinden aufnimmt, sondern auch mit den saudischen »Verrätern« und allen anderen Staaten im arabischen Lager fertig werden muss, die seine Versuche torpedieren, die Interessendurchsetzung der USA und Israels in der Region zu durchkreuzen. Allerdings bleibt sie in ihren Entscheidungen unabhängig, hat selbst bei ihren schärfsten Aktionen gegen Israel immer erst die eigenen, auf den Libanon als Territorium und politische Einheit bezogenen Interessen im Sinn.[407] Andere sehen in der Verbindung zwischen Iran und Hizbollah sogar eine Parallele zu »Drittweltländern«, die während des Kalten Krieges die Supermächte gegeneinander ausgespielt haben, um eigene Interessen durchzusetzen. Vergleichbar dazu, nutze die Hizbollah die machtpolitische Gegnerschaft Irans und Israels für sich aus, um an Waffen und Geld zu kommen.[408] Auch wenn diese Qualifizierung zu weit geht – die ideologischen und persönlichen Bindungen zwischen Iran und der Bewegung gehen über bloß materielle Interessen hinaus – so darf man annehmen, dass sich die Hizbollah ihrer nützlichen Funktion für Iran durchaus bewusst ist und dies sicherlich für sich in Anspruch zu nehmen weiß.

Einzig Syrien, der andere große Verbündete der Hizbollah, findet aus dem arabischen Lager noch positive Erwähnung, da es die Interessen des »Widerstands« unterstützt:

»Hier hat Syrien eine herausragende und standhafte Position im Konflikt mit dem israelischen Feind eingenommen, indem es die Widerstandsbewegungen in der Region

---

407. Siehe das Interview mit Rosiny, Stephan: »Das ist reine Propaganda«, in: www.taz.de/1/archiv/archiv/?dig=2006/08/09/a0141 (abgerufen am 25.05.2013)

408. Vgl.: Barari, Hassan A. & Akho-Rashida, Hani A.M.: The pragmatic and the radical. Syria and Iran and war by proxy, in: Jones, Clive/Catignani, Sergio (Hrsg.): Israel and Hizbollah. An asymmetric conflit in historical and comparative perspective, London and New York: Routledge 2010, S. 109-123, S. 121-22.

*unterstützte und auch unter den schwersten Umständen zu ihnen hielt. Außerdem
beeilte es sich, die arabischen Bemühungen zu bündeln, um die Durchsetzung der
regionalen Interessen zu sichern und den bestehenden Herausforderungen begegnen zu
können. Deshalb betonen wir die Dringlichkeit, an den hervorragenden Beziehungen zwischen dem Libanon und Syrien festzuhalten. Diese Beziehungen entsprechen
gemeinsamen, sicherheitspolitischen und ökonomischen Erfordernissen. Sie ergeben
sich aus den Interessen beider Länder und Völker, sowie aus der politischen Geographie
und der Notwendigkeit, sich der Herstellung von Stabilität im Libanon zu verpflich-
ten und den Herausforderungen zu stellen.«*[409]

Erstaunlich offen und eindeutig spricht die Hizbollah über ihre Beziehungen zu
Syrien und dessen Unterstützung. Gemeinsame sicherheitspolitische Interessen –
die Gegnerschaft zu Israel – und die geographische Nachbarschaft sind das gemeinsame Band zwischen beiden Seiten. Die Beziehung zu Syrien ist eher praktischer
Natur, so scheint es, ein Erfordernis des Widerstands, der um erfolgreich zu sein,
Stabilität im Inneren erfordert. Natürlich darf hierbei die Rolle Syriens als Nach-
schubweg für iranische Waffen nicht außer Acht gelassen werden. Unverblümt wird
hier die Rolle Syriens als Ordnungsmacht im Libanon gelobt, eine Position, die
die Hizbollah viele Anhänger gekostet und sie in einen Gegensatz zum anti-syri-
schen Lager gebracht hat, vor allem nachdem Ex-Premier Rafiq al-Hariri 2005 einem Bombenanschlag zum Opfer fiel und manche Hinweise auf eine syrische Beteiligung hindeuteten.[410]

Selbst nachdem Mitte 2011 ein blutiger Bürgerkrieg in Syrien ausgebrochen
war, und die Arabische Liga die Mitgliedschaft Syriens suspendiert hatte, versicherte Hassan Nasrallah dem syrischen Präsidenten Baschar al-Assad über den haus-
eigenen TV-Sender al-Manar immer wieder die Loyalität der Hizbollah. Neues-
te Entwicklung war im Mai 2013 die Entsendung einer unbekannten Anzahl von
Hizbollah-Kämpfern ins Kriegsgebiet, um die syrische Armee zu unterstützen, die
strategisch immens wichtige Kleinstadt al-Qusair zurückzuerobern, die auf dem
Weg zwischen Damaskus, der syrischen Küste, dem Libanon und der drittgröß-
ten Stadt des Landes, Homs, liegt. Dieser strategisch wichtige Sieg wurde allerdings teuer erkauft. Presseberichten zufolge erlitt die Hizbollah bei diesen Kämpfen

---

409. Das Politische Manifest, November 2009.
410. Nach dem durch die Arabische Liga und die UN mandatierten Einmarsch der syrischen Truppen in
den Libanon im Jahr 1976, um einen Waffenstillstand zwischen den Bürgerkriegsparteien zu überwa-
chen, wurde daraus eine permanente Präsenz syrischer Truppen und Geheimdienste, die eigene, nationale Interessen verfolgten und schnell zur Kriegspartei wurden. Im kleinen Libanon, der von großen
Teilen der politischen Elite Syriens als historischer Teil Syriens betrachtet wird, ist die politische Land-
schaft praktisch in zwei Lager gespalten: ein pro-syrisches, antiwestliches dem die Hizbollah angehört
und ein anti-syrisches Lager, das die Präsenz syrischer Truppen als Besatzung empfand.

empfindliche Verluste, die vermutlich in die Hunderte gehen.[411] Auf diese Weise verschaffte sie ihrem Verbündeten jedoch einen entscheidenden Vorteil gegen die irregulären bewaffneten Einheiten in Syrien, indem sie sie von ihren Nachschubwegen in den Libanon abgeschnitten und weiter in den Norden zurückgedrängt hat.

Offiziell legitimiert Nasrallah dieses Vorgehen mit dem Schutz schiitischer Zivilisten im syrisch-libanesischen Grenzgebiet. Zudem diente ihm die Bombardierung syrischer Militäranlagen und Konvois Anfang Mai 2013 bei Damaskus durch die israelische Luftwaffe als Vorwand, um eine Verbindung zwischen Israel, den USA und den regierungsfeindlichen Truppen herzustellen. So konnte er die Einmischung der Hizbollah als Akt des Widerstands gegen israelische Aggression darstellen. Bei einer Fernsehansprache versprach er seinen Anhängern den Sieg und versicherte, dass ein Sturz des syrischen Präsidenten nicht in Frage käme, da Syrien das »Rückgrat des Widerstands ist und der Widerstand kann nicht einfach mit verschränkten Armen dastehen und zusehen, wie ihm das Rückgrat gebrochen wird.«[412]

Der hohe Einsatz der Hizbollah zeigt aber auch, dass es bei der Einmischung in Syrien um die Sicherung der Nachschubwege für ihre Waffen sowie um den Erhalt der strategischen Achse mit Syrien und Iran geht. Dafür ist sie bereit, seit Mitte 2013 ein hohes Risiko einzugehen – in der nordlibanesischen Stadt Tripolis flammen mittlerweile immer wieder Kämpfe zwischen Anhängern und Gegnern der Hizbollah auf und im Süden Beiruts, einer Hochburg der Hizbollah, schlugen kleinkalibrige Grad-Raketen ein. Darüber hinaus hat in der südlibanesischen Stadt Sidon der sunnitische Prediger Scheich Ahmad al-Assir aus dem Eingreifen der Hizbollah in den syrischen Krieg einen religiösen Konflikt zwischen Sunniten und Schiiten konstruiert und Ende Mai 2013 seinerseits damit begonnen, Kämpfer nach Syrien zu entsenden.[413] Unter diesen Umständen besteht die Gefahr, dass die Scharmützel in Tripolis zu regulären Kämpfen zwischen Anhängern und Gegnern des syrischen Präsidenten al-Assad ausarten und sich im ganzen Libanon ausbreiten.[414]

Ihren Status als konfessionsübergreifende islamische Widerstandbewegung, die in der gesamten arabischen Welt sehr hohes Ansehen genießt, hat sie wohl jetzt

411. Vgl. Chulov, Martin: Syrian town of Qusair falls to Hezbollah in breakthrough for Assad, in: the guardian, Online: www.guardian.co.uk/world/2013/jun/05/syria-army-seizes-qusair?INTCMP=SRCH (abgerufen am 25.05.2013).

412. Hezbollah leader vows to stand by Syrian regime in fight against rebels, in: the guardian: www.guardian.co.uk/world/2013/may/25/hezbollah-leader-syria-assad-qusair (abgerufen am 25.05.2013).

413. Vgl. Sheikh Assir Declares Arrival of His Mujahideen in Syria, in: http//english.al-akhbar.com/node/15646 (abgerufen am 28.05.2013).

414. Heute Syrien, morgen Libanon, in: www.taz.de/Schiiten-im-Bekaa-Tal/!116846/ (abgerufen am 25.05.2013); Syrian-linked death toll grows in Lebanon's Tripoli, in: http://english.ahram.org.eg/NewsContent/2/8/72294/World/Region/Syrianlinked-death-toll-grows-in-Lebanons-Tripoli.aspx (abgerufen am 25.05.2013).

schon verloren. Zudem scheint sich der Konflikt zwischen Sunniten und Schiiten in der gesamten Region dadurch aufzuheizen. Der Irak erlebt im Mai 2013 die blutigsten Auseinandersetzungen zwischen Schiiten und Sunniten seit dem Höhepunkt der kriegerischen Auseinandersetzungen im Jahr 2006/2007.

2.3 Das Verhältnis zu Israel: Zwischen Propaganda und Anerkennung

Die ausgeprägte Feindseligkeit der Hizbollah zu Israel liegt bereits in ihrem Selbstverständnis als Widerstandsorganisation begründet, die es sich zur Aufgabe gemacht hat, den Besatzer aus dem Land zu treiben. Wie im Falle der Hamas, so gilt noch viel mehr für die Hizbollah, dass sie sich in der Vergangenheit antisemitischer Positionen bedient hat, um den Gegner zu dämonisieren und seine Vernichtung zu fordern. Dieses Ziel verfolgte sie, indem sie sich von Anfang an dem bedingungslosen, bewaffneten Kampf gegen Israel verschrieb. Diesen betrachtet sie bis zum heutigen Tag als überlebensnotwendig für den Libanon, nicht nur für die Organisation.

Ähnlich wie die Hamas zu Beginn ihres Widerstands gegen die israelische Besatzung, sieht die Hizbollah in Israel einen Usurpator, der sich auf widerrechtliche Weise Palästina angeeignet hat:

> *»Seitdem die zionistische Entität[415] im Jahr 1948 mit Unterstützung der damaligen Hegemonialmächte Palästina usurpierte und seine Bewohner vertrieb, ist sie Teil eines direkten Angriffs und einer ernsten Gefahr, von der die gesamte arabische Welt betroffen ist. Außerdem stellt die zionistische Entität eine tatsächliche Bedrohung für die Sicherheit, Stabilität und die Interessen der arabischen Welt dar. Auch beschränkt sie ihre schädlichen Handlungen nicht auf das palästinensische Volk oder die an Palästina angrenzenden Staaten und Völker.«[416]*

Allerdings fordert die Organisation heute nicht mehr explizit die Zerstörung Israels. Im Übrigen gilt auch hier für die Hizbollah, was für die Hamas gilt: Sie ist eine sehr pragmatische Organisation, die über die Jahre dazugelernt hat und antisemitische Positionen weitestgehend hinter sich gelassen hat, insbesondere nachdem der Prozess der Integration ins politische System immer weiter voranschritt und sie heute sogar Teil der libanesischen Regierung ist. Sie spricht zwar immer noch von der »zionistischen Entität«, aber darin drückt sich nicht mehr der Wille zur Zerstörung Israels aus, sondern die anhaltende Weigerung der Hizbollah, die Existenz und Legitimität Israels offiziell anzuerkennen. Was ihr bewusst ist, sie aber ungern öffentlich zugibt, ist die Tatsache, dass die diversen Gefangenenaustausche

---

415. Damit ist Israel gemeint.
416. Das Politische Manifest, November 2009.

zwischen ihr und Israel, denen immer Verhandlungen über eine dritte Partei vorausgingen, eine de-facto Anerkennung bedeuten.

Zu sehr nutzt ihr das israelische Feindbild, als dass sie es ohne weiteres aufgeben würde: Nach innen mobilisiert sie bis heute die Massen damit und nach außen erfüllt es gegenüber Israel eine Abschreckungsfunktion. Stattdessen ist sie seit 2006 mittels eines radikalen Wandels ihrer Rhetorik dazu übergegangen, Israel als »Instrument der USA« zu verteufeln, als willigen Vollstrecker seiner imperialen Pläne, nachdem sie über Jahrzehnte genau das Gegenteil behauptet hatte.[417] Im »Politischen Manifest« von 2009 betont die Bewegung deshalb immer wieder die Notwendigkeit, Widerstand gegen Israel zu leisten, das für sie lediglich ein kolonialistisches Instrument westlich-amerikanischer Bestrebungen ist, den Nahen Osten imperial zu beherrschen sowie dessen Ressourcen zu rauben:

> *»Unsere arabisch-islamische Welt ist seit Jahrhunderten endlosen, kolonialen, barbarischen Kriegen ausgesetzt. Ihren Zenith erreichten diese Kriege jedoch erst, als die Vereinigten Staaten die alten Kolonialmächte in der Region beerbten. Vollendet wurde das Projekt, als die zionistische Entität geschaffen und die Region [Naher Osten] in sich bekämpfende, verfeindete Gebilde zerstückelt wurde. Zentrales Ziel des amerikanischen Hochmuts ist die Kontrolle über die Völker auf allen Ebenen: Politisch, ökonomisch, kulturell und durch den Raub ihrer Ressourcen.*
>
> *An der Spitze dessen steht jedoch der Raub der Ölreichtümer, da sie das Hauptinstrument zur Kontrolle der Weltwirtschaft sind. Dies geschieht auf eine Art und Weise, die sich an keinerlei moralische oder menschliche Maßregeln hält – mittels direkter oder indirekter, exzessiver militärischer Gewalt.*
>
> *Um seine Ziele durchzusetzen, [wird] die Existenz der zionistischen Entität gewährleistet, da es sich um ein wichtiges Fundament des amerikanisch-kolonialen Projekts zur Zerstückelung der Region handelt. Auch wird die Sicherheit dieser Entität mit allem Nötigen unterstützt, was diesem Krebsgeschwür hilft, die Energie der arabischen Nation auszusaugen und ihre Entwicklungschancen und Hoffnungen zu zerstören. [...] Die Vereinigten Staaten gingen mit der Entität eine strategische Allianz ein, die sie zu einem echten Partner bei all ihren Kriegen, Massakern und terroristischen Aktivitäten machte. [...]*
>
> *Unter diesen Umständen hatten die Libanesen nur eine Wahl: Eine bewaffnete Volkswiderstandsbewegung ins Leben zu rufen, um der zionistischen Gefahr und den permanenten Angriffen auf ihr Leben, ihre Ressourcen und Zukunft zu begegnen. Als sie ihren Staat verloren, begaben sich die Libanesen also auf den Pfad des Widerstands, um das Vaterland zu retten. Die Befreiung des Landes und die Zurückeroberung*

---

417. Vgl. dazu: Achcar, Gilbert: Ebd. 2012, S. 241.

politischer Entscheidungsgewalt von der israelischen Besetzung sollten als Vorstufen der Wiederherstellung des Staates und dem Aufbau seiner Verfassungsorgane dienen.«[418]

Neben der realpolitisch begründeten Feindschaft zu Israel hat diese eine weitere, religiöse Dimension, die ihren Ausdruck in der Forderung in der »Befreiung« Jerusalems/al-Quds findet. Diese begründet sie mit der Heiligkeit der Stadt für Christen und Muslime gleichermaßen. Was sie darunter versteht, macht sie in ihrem »Politischen Manifest« deutlich:

> »Alle Maßnahmen, die zur Fortdauer der israelischen Besatzung dieser heiligen Stadt beitragen, sind feindlicher Natur und deshalb abzulehnen und zu verurteilen. Dazu gehören die Pläne und Projekte zur Judaisierung und zur Vertreibung ihrer Einwohner, die Konfiskation ihrer Häuser und Besitztümer, die Einkreisung Al-Quds (Jerusalems) durch jüdische Viertel und Siedlungsblöcke, ihre Einschnürung durch die rassistische Trennmauer und die anhaltenden, amerikanisch-israelischen Bemühungen, Al-Quds (Jerusalem) als ewige Hauptstadt der zionistischen Entität zu etablieren. [...] Wir rufen die Araber und die Muslime sowie alle Länder, die sich um den Weltfrieden Sorgen machen, offiziell dazu auf, alle Kräfte für die Befreiung Al-Quds (Jerusalems) vom Joch der zionistischen Besatzung zu bündeln, so dass ihre wahre Identität gewahrt und die muslimisch-christlichen Heiligtümer bewahrt bleiben. [...]
> Die gesamte Welt kennt den Stellenwert und die Heiligkeit der Stadt Al-Quds (Jerusalems) und der al-Aqsa Moschee. Die ersten Muslime beteten in Richtung der al-Aqsa Moschee, sie war die dritte Moschee und der Ort der Himmelfahrt des Propheten (Gottes Segen und Frieden auf ihm) sowie der Ort, an dem sich die Propheten und Gesandten (Gottes Segen auf ihnen) am Jüngsten Tag treffen.
> Keiner kann ihren gewaltigen Stellenwert für die Muslime und ihre tiefe Verbindung zum Islam als eines seiner wichtigsten Symbole auf Erden leugnen. Da sich in Al-Quds (Jerusalem) sowohl islamische als auch christliche Heiligtümer befinden, genießt sie einen hohen Stellenwert bei Muslimen und Christen gleichermaßen.«[419]

Mit dem Verweis auf die Trennmauer, die Siedlungsblöcke um die Stadt sowie die anhaltende Vertreibung ihrer palästinensischen Einwohner, scheint die Hizbollah aber nur den Ostteil der Stadt zu meinen, der nach internationalem Recht als besetzt und bis heute in Verhandlungen zwischen Israel und Palästina als einer der größten Zankäpfel gilt. Dies würde eine sehr große Verschiebung ihrer Position bedeuten. Aber sie bleibt wohl ganz bewusst im Ungefähren mit ihrer Formulierung, um weder gegenüber Israel an Abschreckungspotential einzubüßen noch gegenüber ihrer Anhängerschaft als zu konziliant oder gar verräterisch zu wirken.

---

418. Das Politische Manifest, November 2009.
419. Ebd.

Andererseits zeigen gerade die Rede von der Befreiung Al-Quds/Jerusalems sowie die Begründung der aktuellen Einmischung in Syrien das Dilemma, in dem die Hizbollah steckt: Beide Begründungen haben bestenfalls einen faden Beigeschmack, in Wirklichkeit zeigen sie, wie stark die ideologischen Fesseln der Hizbollah sind. Schließlich stehen mit dem Widerstand gegen Israel und der Forderung nach Befreiung besetzten Landes ihr Ruf und ihre Glaubwürdigkeit auf dem Spiel. Sie steht – ähnlich wie die Hamas – vor dem Dilemma, sich zwischen ideologischer Anpassung und realpolitischer Interessendurchsetzung bewegen zu müssen, ohne als Verräterin an den eigenen Idealen dazustehen.

Nichts zeigt den Widerspruch, in dem sie sich befindet so gut, wie ihre Unterstützung des langjährigen Verbündeten Syrien. Weder steht ihr das säkulare Regime von Baschar al-Assad ideologisch nahe, noch tritt es in den aktuellen Auseinandersetzungen mit bewaffneten Oppositionellen und sunnitisch-dschihadistischen Glücksrittern als »Retter der Unterdrückten« in Erscheinung, für die die Hizbollah immer zu handeln vorgibt.[420]

Das kaum glaubwürdige Narrativ einer von Israel unterstützten, immer mehr islamisch gefärbten Opposition muss als Begründungszusammenhang herhalten, um die eigenen Interessen zu verschleiern und ein Eingreifen im Nachbarland zu legitimieren. Dass sie damit ihre Beliebtheit im Volk aufs Spiel setzt sowie ihre angeblich neutrale Haltung im politischen System des Libanon, zeigt wie wichtig die Verbindung zu Syrien ist. Denn solange die Hizbollah ihre Waffen Richtung Israel lenkte, rief das kaum Widerspruch im politischen System und im Volk hervor. Mit der neuen Situation, wo sie erstmals ihre Waffen quasi nach innen lenkt, werden allerdings auch die Kritiker und vor allem die Gegner im eigenen Land selbstbewusster.

Fällt Syrien, so das Kalkül der Bewegung, dann fällt auch das Abschreckungspotential gegenüber Israel in sich zusammen. Der Hizbollah würde der Zahn gezogen und sie müsste sich nach einer ideologischen Metamorphose entweder auf den Pfad der Verhandlungen begeben oder militärisch untergehen.

Dass sie innerhalb dieser Konstellation Israel in absehbarer Zeit – unbesehen der noch ungelösten Fragen in diesem Konflikt – anerkennt, erscheint als absolut unwahrscheinlich. Zu sehr ist die Legitimität des bewaffneten Kampfes und ihrer Identität von der Existenz des Feindbilds Israel abhängig.

---

420. Hier muss betont werden, dass die ausländischen Kämpfer sehr häufig ihre eigene Agenda in Syrien verfolgen, die nicht mit den ursprünglichen Motiven des Volksaufstands gegen Assad im Einklang stehen.

3. Hamas: Vom militärischen Kampf zum politischen Prozess

Ähnlich wie ihre ideologischen Positionen, unterlagen auch die politischen Positionen der Hamas einem starken Wandel, den man in drei Phasen unterteilen kann. Die erste Phase beginnt mit ihrer Gründung im Dezember 1987 und endet mit der ersten Intifada 1993 und der Unterzeichnung der Oslo-Abkommen zwischen der PLO und Israel. Die zweite Phase dauerte von 1993 bis 2006, als die Hamas sich zum ersten Mal an politischen Wahlen beteiligte und diese prompt gewann. Die dritte Phase begann im Anschluss daran und dauert bis heute an.[421]

Sowohl in ihrer Haltung zu Israel, dem Fernziel eines unabhängigen palästinensischen Staates, den Oslo-Abkommen zwischen der PLO und Israel als auch zu ihrer Beteiligung an Wahlen kam es zu solch einschneidenden Veränderungen, dass man die Organisation des Jahres 2013 kaum mit derjenigen von 1988 vergleichen kann. Auf all diesen Gebieten hat sich die Hamas einem realpolitischen Anpassungskurs unterzogen, der einerseits äußerem, nationalem wie internationalem Druck geschuldet war und andererseits der Einsicht, dass der bewaffnete Kampf zur »Befreiung des gesamten historischen Palästinas« der Organisation langfristig schadet und in seiner Zielsetzung schlicht und einfach nicht realistisch ist.

3.1 1987–1993: Intifada und Konsolidierung

Die Wahl der strategisch-politischen Maßnahmen und Mittel ergibt sich aus der ideologischen Positionierung einer Bewegung. Diese war bei Gründung der Hamas von einer ausgeprägten Konkurrenzsituation zur PLO gekennzeichnet, die einen Alleinvertretungsanspruch für das palästinensische Volk erhob, den sie durch eine Nichtanerkennung der Hamas aufrechterhalten wollte. Die Hamas wiederum wollte die PLO als Massenorganisation und alleinige Vertreterin des palästinensischen Volkes marginalisieren und an ihre Stelle treten.[422]

Zweites Kennzeichen der ideologischen Positionierung der Hamas war ihre fundamentaloppositionelle Haltung gegenüber Israel, die sich aus ihrem Selbstverständnis als islamisch-nationalistische Organisation ergab und ihrer Konkurrenz zur PLO, die im Verlaufe der ersten Intifada Israel anerkannt hatte und auf Verhandlungen setzte und somit den entgegengesetzten Weg einschlug. Aus dieser Positionierung resultierte bei der Hamas ein Übergewicht militärischer Aktionen gegenüber der Partizipation am politischen Prozess.

Entsprechend ihrer kompromisslosen Haltung gegenüber Israel forderte die Hamas in dieser ersten Phase, die Etablierung eines islamischen Staates im gesamten historischen Palästina. Es ist vermutlich diese Formulierung in Verbindung mit

---

421. Vgl. dazu die bereits zitierte Studie von: Büscher, Matthias Alexander: Ebd. 2011.
422. Ebd. S. 27.

der Parole von der »Befreiung Palästinas«, die viele Beobachter zu der Annahme veranlasst hat, dass das Endziel der Organisation die Zerstörung Israels sei. Allerdings hat die Hamas eine solche Forderung nie explizit aufgestellt. Nur die Charta, die für die heutige Organisation kaum noch Relevanz besitzt, lässt sich in diese Richtung interpretieren.[423]

Darin fordert die Hamas die Errichtung eines islamischen Staates, um die »Herrschaft des Rechts« wieder herzustellen. Legitimiert und bekräftigt wird dieser Anspruch damit, dass Palästina ein muslimisches Waqf-Land[424] sei. Folglich komme niemandem das Recht zu, es in Verhandlungen zur Disposition zu stellen. Diese Konstruktion hatte nebenbei den Vorteil, sich gegenüber Arafat und seiner PLO als Bewahrerin palästinensischer Rechte zu positionieren, indem sie der PLIO das Recht absprach, mit Israel über einen palästinensischen Staat in den Grenzen von 1967 zu verhandeln.[425] Denn ein Verzicht auf einen Teil des historischen Palästinas, also des heutigen Israels, würde so die unveräußerlichen Rechte der Palästinenser verletzen.

Allerdings geht die Organisation weder in ihrer Charta noch in weiteren Dokumenten der ersten Phase auf die Spezifika eines möglichen islamischen Staates ein[426]:

> *»Der gerechte Staat verschwand und der ungerechte Staat wurde errichtet [...] Und wenn der Islam seinen Status verliert, dann ändert sich alles [...]. Bezüglich der Ziele: Das Unrecht besiegen und vertreiben, damit das Recht herrscht, das Vaterland zurückkehrt sowie von seinen Moscheen der Gebetsruf ertönt, der die Errichtung eines islamischen Staates bekanntgibt, so dass alle Menschen und Dinge an ihren rechten Platz zurückkehren.«[427]*

> *»Die Islamische Widerstandsbewegung ist der festen Überzeugung, dass Palästina für alle muslimischen Generationen bis zum Jüngsten Gericht ein islamisches Waqf-Land ist. Es ist nicht rechtens, einen Teil davon oder das gesamte Land aufzugeben oder darauf zu verzichten.«[428]*

Aus dieser Bewertung und dem daraus abgeleiteten Ziel eines islamischen Staates folgte die totale Ablehnung von Friedensgesprächen und internationalen Konfe-

---

423. Vgl. Hroub, Khaled: Ebd. 2011, S. 74, s. oben Kapitel 2.
424. Ein Waqf ist eine muslimische Stiftung und nach Auffassung der Hamas damit Teil des islamischen Herrschaftsgebiets.
425. Robinson, Glenn E.: Hamas as Social Movement, in: Wiktorowicz, Quintan (Hrsg.): Islamic Activism: A Social Movement Theory Approach, Bloomington, India et al.: Indiana University Press, 2004, S. 112-142, S. 130.
426. Dies ist unter den Umständen der ersten Intifada auch nicht verwunderlich, da hier die militärische Betätigung im Vordergrund stand.
427. Hamas-Charta: Artikel 9.
428. Hamas-Charta: Artikel 11.

renzen zur Beilegung des Konflikts. Die Hamas misstraute diesen Einrichtungen, die nationalen Rechte der Palästinenser wiederherzustellen:

>*Die Initiativen, sogenannten friedlichen Lösungen sowie die internationalen Konferenzen zur Lösung der Palästinafrage stehen im Widerspruch zur Ideologie der Islamischen Widerstandsbewegung. Denn die Aufgabe auch nur eines Teils von Palästina heißt, einen Teil des Glaubens aufzugeben. Der Nationalismus der Islamischen Widerstandsbewegung ist Teil ihres Glaubens, dazu erzieht sie ihre Mitglieder, die dafür kämpfen das Banner Gottes in ihrem Vaterland zu hissen.*

[...] Von Zeit zu Zeit wird zu einer internationalen Konferenz eingeladen, die die Palästinafrage näher erörtern soll. [...] Und die Islamische Widerstandsbewegung, aufgrund ihrer Kenntnis der teilnehmenden Parteien an der Konferenz und ihren gegenwärtigen und vergangenen Positionen hinsichtlich muslimischer Angelegenheiten, sieht nicht, wie diese Konferenzen die Forderungen [der Hamas] und die Wiederherstellung der Rechte [des palästinensischen Volkes] realisieren können oder dem Unterdrückten Gerechtigkeit widerfahren lassen können. Diese Konferenzen sind nichts weiter als eine Art der Herrschaft der Ungläubigen über muslimisches Land. Und wann waren die Ungläubigen jemals den Gläubigen gegenüber gerecht?«[429]

Angesichts dieser Haltung, verwundert es nicht, dass die Hamas die Madrider Friedensverhandlungen, die im Oktober 1991 begannen, und das daraus resultierende Oslo-Abkommen nicht anerkannten.[430] Dieses gewährte den Palästinensern nur begrenzte Selbstverwaltung, ohne ihnen die Hoheit über die Rechtsprechung einzuräumen. Zentrale Fragen des Konflikts wie die der Flüchtlinge und Jerusalems/al-Quds, wurden auf spätere Verhandlungen verschoben. Vorausgegangen war den Verhandlungen die palästinensische Unabhängigkeitserklärung von 1988, in der die PLO auf den Anspruch verzichtet hatte, ganz Palästina zu befreien und der Idee einer Zweistaatenlösung zustimmte, wie sie bereits im Teilungsbeschluss der UNO von 1947 formuliert worden war.

Der damit verbundene Verzicht auf 78 Prozent des historischen Palästinas erschien der Hamas als Verrat. In der Folge lehnte sie die aus den Oslo-Abkommen hervorgegangene Autonomiebehörde und alle damit zusammenhängenden Institu-

---

429. Hamas-Charta: Artikel 13.
430. In diesem Zusammenhang bleibt oftmals unerwähnt, dass viele säkulare Persönlichkeiten der PLO aus ähnlichen Motiven gegen die Unterzeichnung der Abkommen waren, so etwa der Verfasser der Unabhängigkeitserklärung, der palästinensische Nationaldichter Mahmud Darwisch, sowie der palästinensisch-amerikanische Intellektuelle Edward Said, der mit seinem Werk »Orientalismus« als der Begründer der Postcolonial Studies gilt. Vgl. kritisch zum Friedensprozess, der auf Oslo folgte: Chomsky, Noam: Offene Wunde Nahost. Israel, die Palästinenser und die US-Politik, Hamburg/Wien: Europa Verlag 1999, S. 301-335 sowie Said, Edward W.: The End of the Peace Process. Oslo and after, London: Granta Books 2000.

tionen, Einrichtungen und Maßnahmen als illegitim ab.[431] Aus ihrer Sicht stellt der von ihr propagierte bewaffnete Kampf weiterhin den einzig wahren Weg zur Befreiung der Heimat dar. Das spätere Scheitern des Oslo-Prozesses, in dessen Verlauf die Anzahl der jüdischen Siedler im Westjordanland sich verdoppelte, die besetzten Gebiete einer stetig zunehmenden Fragmentierung durch israelische Maßnahmen unterwarf sowie die schleichende Judaisierung Ostjerusalems – der prospektiven Hauptstadt eines zukünftigen unabhängigen Palästinas – durch die Vertreibung seiner arabischen Bewohner vorangetrieben wurde, bekräftigte die Hamas nur in ihrer ablehnenden Haltung.

Unter diesen Umständen sah die Hamas im bewaffneten Widerstand gegen die Besatzung den einzigen Weg zur Befreiung. Dabei erfordert der Dschihad, wie ihn die Hamas als Mittel zur Verwirklichung ihrer Ziele anstrebt, die Mobilisierung der gesamten Gesellschaft. In Artikel 15 der Charta umreißt sie ein umfassendes gesellschaftspolitisches Programm, in dessen Rahmen alle Bereiche auf diesen Kampf ausgerichtet werden:

»*Wenn die Feinde Teile des muslimischen Gebietes usurpieren, dann wird der Dschihad zur individuellen Pflicht für jeden Muslim. Bei der Konfrontation mit den Juden, die Palästina usurpiert haben, ist es unabdingbar, das Banner des Dschihad zu hissen. Dies erfordert die Verbreitung des islamischen Bewusstseins unter den lokalen, arabischen und islamischen Massen. Und es führt kein Weg daran vorbei, den Geist des Dschihad in der Umma zu verbreiten und die Feinde zu bekämpfen sowie sich den Reihen der Kämpfer[432] anzuschließen.*«[433]*

Doch zunächst, zwischen ihrer Gründung und 1989, bediente sich die Hamas fast ausschließlich gewaltloser Mittel.[434] Erst im Laufe des Jahres 1989 begann sie damit, in Gaza stationierte Soldaten und Grenzpolizisten der Besatzungsmacht anzugreifen und zu entführen, 1991 wurden dann die Qassam-Brigaden, der militärische Arm der Organisation, gegründet.[435]

In dieser frühen Phase ihrer Entwicklung unterlag die Gewaltanwendung der Hamas strikten Kriterien: Es wurden nur israelische Soldaten und Polizisten innerhalb der besetzten Gebiete angegriffen, keine Zivilisten. Militärische Operationen der Hamas wurden von ihr immer als Vergeltungsmaßnahmen dargestellt und mit politischen Forderungen verknüpft, etwa der nach Freilassung politischer Gefangener oder einem Siedlungsstopp. Zudem sollte die Beschränkung der militä-

---

431. Vgl. Hroub, Khaled: Ebd. 2006, S. 6.
432. Das an dieser Stelle im Arabischen verwendete Mudschahidin leitet sich von der gleichen Wortwurzel wie Dschihad ab und bedeutet wörtlich »diejenigen, die sich abmühen«.
433. Hamas-Charta: Artikel 15.
434. Baumgarten, Helga: Ebd. 2006, S. 41
435. Vgl. Büscher, Matthias Alexander: Ebd. 2011, S. 41-42; Scharbal, Ghassan: Ebd. 2006, S. 48.

rischen Aktionen auf die besetzten Gebiete das israelische Militär vor der Öffentlichkeit bloßstellen.[436]

Auf der politischen Ebene lehnte die Hamas die Beteiligung an politischen Wahlen strikt ab. Da diese ein Ergebnis des Oslo-Prozesses waren, die Hamas diesen aber weiterhin ablehnte, beteiligte sie sich weder an den Wahlen zum Legislativrat noch an denjenigen für den Präsidenten der Autonomiebehörde in den 1990er Jahren. Aber die Ablehnung resultierte nicht aus grundsätzlichen Erwägungen. Vielmehr stellte die Hamas Bedingungen für ihre Beteiligung: Ende der Besatzung und Gewährung voller Souveränität.[437] Erst dann könne man von einer selbstbestimmten Wahl sprechen.

Allerdings beteiligte sie sich an Kommunalwahlen und Wahlen von Berufsverbänden sowie Universitäten, wo sie beachtliche Erfolge erzielte. Diese Beteiligung gewährte ihr die Möglichkeit, sich fester in der palästinensischen Gesellschaft zu verankern und in einige der PLO-Hochburgen vorzudringen.

3.2 1993–2006: Oslo, Dschihad und Rückzug ins Politische

In die zweite Phase der Entwicklung der Hamas fällt der Oslo-Prozess, der am 13. September 1993 mit der Unterzeichnung des Abkommens begann und mit Ausbruch der zweiten Intifada (al-Aqsa-Intifada) am 30.September 2000 als endgültig gescheitert galt. Die al-Aqsa-Intifada markiert in dieser Phase den anderen großen Abschnitt (2000–2005).[438]

Kennzeichnend für diese Phase war die zunehmende Militarisierung des propagierten Kampfes zur Befreiung des gesamten historischen Palästinas. Dabei blieben die Heiligkeit Palästinas und die damit verbundene Ablehnung des Oslo-Prozesses sowie die Notwendigkeit, Israel zu beseitigen, bis etwa 2003 die maßgeblichen politischen Vorgaben der Bewegung.[439]

Dies hatte mehrere Gründe: Zum einen war die Hamas durch die Aufnahme des Oslo-Prozesses zur großen Verliererin auf der palästinensischen Bühne geworden. Die Errichtung der Autonomiebehörde ermöglichte es der PLO, ihren Führungsanspruch in Institutionen zu gießen und vorerst zu zementieren.[440] Zum an-

436. Vgl. Hroub, Khaled: Hamas. Thought and Political Practice, Ebd. 2000, S. 244 ff.
437. Vgl. Ebd., S. 223.
438. Am Am 30. September 2000 besuchte der damalige Präsidentschaftskandidat Ariel Scharon mit einem großen Polizeiaufgebot den Tempelberg, nach Mekka und Medina die drittheiligste Stätte für Muslime. Dieser provokante Auftritt zog gewaltsame Zusammenstöße zwischen der palästinensischen Bevölkerung und israelischen Soldaten nach sich, die immer weiter eskalierten und in einen fünfjährigen bewaffneten Konflikt mündeten. Vgl. hierzu u.a.: Cook, Jonathan: Blood and religion: The Unmasking of the Jewish and Democratic State, London: Pluto Press 2006.
439. Baumgarten, Helga: The three Faces/Phases of Palestinian Nationalism 1948-2005, in: Journal of Palestine Studies, Vol. 34 (4), Summer 2005, S. 25-48, S. 42.
440. Büscher, Matthias Alexander: Ebd. 2011, S. 63-64.

deren lehnte die Hamas den Oslo-Prozess ab, da er den Zionisten bei ihrem Plan, ganz Palästina zu erobern in die Hände spiele und er auf einer Asymmetrie der internationalen politischen Kräfte in der Region beruhe. Die damit verbundene Anerkennung Israels und die Aufgabe von Teilen des historischen Palästinas bildeten weiterhin rote Linien für die Hamas:

> *»Wir sind fest davon überzeugt, dass der zionistische Feind die politische Vereinbarung [Oslo] zu einer Zwischenstation auf dem Weg zu einer neuen Ära seines expansionistisch-kolonialen Planes machen will. Und der Feind ist dazu in der Lage, betrachtet man das internationale Kräfteverhältnis in der Region, das sehr deutlich zu seinen Gunsten verschoben ist. [...] Deshalb ist Hamas davon überzeugt, dass es in keinem Fall gerechtfertigt ist, einen Teil Palästinas aufzugeben, oder die Rechtmäßigkeit der zionistischen Besatzung Palästinas [der Staat Israel] anzuerkennen.«[441]*

Allerdings lehnte die Hamas eine friedliche Lösung nicht rundheraus ab. Vielmehr war sie gegen Form und Inhalt der Oslo-Verhandlungen, da sie in ihren Augen wegen der angesprochenen Ungleichheit der Verhandlungspartner einer Kapitulation gleichkamen:

> *»Wir in der Hamas sind nicht gegen das Prinzip des Friedens, wie wir mehrmals betont haben, (...) aber der Frieden, den die Regierung des Feindes vorschlägt, ist kein Frieden, sondern die Verankerung der Besatzung und des Unrechts gegen unser Volk. Und wir sind uns der Tatsache sehr gut bewusst, dass der Oslo-Prozess nichts weiter als ein demütigender Prozess der Kapitulation sowie eine Unterwerfung unter zionistische und amerikanische Bedingungen und Diktate seitens der PLO-Führung ist.«[442]*

Die Antwort der Hamas darauf war der bewaffnete Dschihad, der im Frühjahr 1994 auf zwei Ebenen massiv eskalierte: Die Hamas unternahm bewaffnete Aktionen in Israel selbst und damit erstmals außerhalb der besetzten Gebiete und zum anderen machte sie israelische Zivilisten zu Anschlagszielen, nachdem sie sich in ihren Aktionen bisher auf israelische Soldaten in den besetzten Gebieten beschränkt hatte.[443] Diese Veränderung in der Wahl der Mittel trat nach dem sogenannten »Goldstein-Massaker« im Februar 1994 ein, bei dem in der Hebroner Ibrahim-Moschee[444] neunundzwanzig betende Muslime durch den fanatischen Siedler Baruch Goldstein erschossen und über einhundert Personen verletzt wurden.

---

441. Hamas: Einführendes Memorandum, in: Hroub, Khaled: Ebd. 1997, S. 308-317, S. 312, S. 315.
442. Hamas: Wichtige Mitteilung des Politbüros, 16. April 1994, in: Hroub, Khaled: Ebd. 1997, S. 322-325, S. 324-25.
443. Baumgarten, Helga: Ebd. 2005, S. 41.
444. Die Ibrahim-Moschee, die von den Juden auch Höhle der Patriarchen genannt wird, ist sowohl für Muslime als auch für Juden ein heiliger Ort, da dort der Überlieferung zufolge die Religionsgründer

Seit diesem Zeitpunkt bediente sich die Hamas der berüchtigten Selbstmord-attentate in israelischen Städten. Aber auch hier wiederholte sie ihre Position, dass diese immer nur als Vergeltung für vorhergehende israelische militärische Aktio-nen eingesetzt würden[445]:

> »Hamas glaubt daran, dass das zionistisch-koloniale Projekt nur durch den umfas-senden Dschihad gestoppt werden kann, bei dem der bewaffnete Kampf im Mittel-punkt steht. [...] Die Konfrontation mit und der Widerstand gegen den Feind in Palästina muss bis zum Sieg und der Befreiung fortgeführt werden. Der Dschihad auf dem Pfade Gottes ist unser Kompass bei der Konfrontation mit dem Feind, wobei der Kampf gegen die Soldaten des Feindes durch die Mittel des Widerstands durch-geführt wird.
>
> Die politische Betätigung ist nach unserer Meinung eines der Mittel des Dschi-had gegen den zionistischen Feind. Sie zielt nach unserem Verständnis darauf ab, den Dschihad und die Standhaftigkeit unseres Volkes im Angesicht der zionistischen Besatzung zu stärken sowie auf die Bündelung der Kräfte unseres Volkes und unserer Umma, um unsere Angelegenheit zu unterstützen.«[446]
>
> »In der Praxis stützte sich die Politik der Hamas darauf, dass die Operationen der Qassam-Brigaden nur auf die Besatzungssoldaten, deren militärische Einrichtungen sowie die Siedler, die sie als die Reserve der feindlichen Armee betrachtet, abzielen. Die Qassam-Brigaden achteten – soweit wie möglich – darauf, dass keine Zivilis-ten unter den Opfern ihrer Operationen sind, die sich gegen die Besatzung richten. Aber die willkürlichen Maßnahmen der Regierung Rabins, die gegen die einfachsten Menschenrechte verstoßen, und die mangelnde Unterscheidung der feindlichen Sol-daten und Siedler zwischen Kämpfern und Zivilisten zwang die Qassam-Brigaden, die Politik der Vergeltung anzunehmen. [...] So waren die Operationen in Afula und Khudeira[447] eine Reaktion auf den zionistischen und barbarischen Angriff auf unser Volk und eine rechtmäßige Vergeltungsmaßnahme für das Blut der Märtyrer des Hebron-Massakers.«[448]

Sehr schnell erkannte die Hamas das Potential der Selbstmordattentate, um ihr politisches Gewicht in der eigenen Bevölkerung zu erhöhen und sie als politisches Druckmittel einzusetzen, mit dem man Israel situativ zu Konzessionen zwingen

---

Abraham, Jakob und Isak liegen.

445. Vgl. Hroub, Khaled: Ebd. 2011, S. 87.

446. Hamas: Einführendes Memorandum, in: Ebd. 1997, S. 312-13.

447. In Afula und Khudeira, Israel, führte die Hamas im April 1994 die ersten beiden Selbstmordkomman-dos durch, also ca. zwei Monate nach dem Goldstein-Massaker. Diese beiden Attacken waren der Auf-takt blutiger Auseinandersetzungen zwischen Israel und der Hamas, die sich durch die restlichen 1990er Jahre ziehen sollten.

448. Hamas: Wichtige Mitteilung des Politbüros, in: Ebd. 1997, S. 322; 324.

konnte.[449] Dies spiegelt sich in der taktischen Anwendung dieses Mittels wider, denn trotz aller Rhetorik vom umfassenden Dschihad blieb der bewaffnete Kampf der Hamas immer ihren politischen Zielen untergeordnet. So zitiert Helga Baumgarten den Hamas Sprecher Mahmud al-Zahhar sowie den Gründer der Bewegung, Ahmad Yasin, mit folgenden Worten: »Wenn wir unsere Ziele ohne Gewalt realisieren können, dann werden wir das tun. Gewalt ist ein Mittel, kein Ziel.«[450] Diese Sichtweise deckt sich mit der von Hassan Nasrallah, der den Sieg über die Besatzer als Ziel formuliert hatte, nicht das Martyrium.

Zudem schwand der Rückhalt in der Bevölkerung für die Strategie des bewaffneten Widerstands zusehends, so dass zwischen 1997 und bis zum Ausbruch der zweiten Intifada im Jahr 2000 eine Abkehr von der Gewaltstrategie zu erkennen war.[451] Paradoxerweise begünstigte das Scheitern des Oslo-Prozesses die Öffnung der Bewegung für den politischen Prozess, da eine Partizipation nicht mehr als eine Legitimierung desselben interpretiert werden konnte.[452]

Dies war auch ein pragmatisches Zugeständnis an die politische Realität: Die Integration der Zwei-Staaten-Lösung in ihr politisches Konzept war zum Imperativ geworden, wollte die Hamas in der palästinensischen Arena nicht irrelevant werden, die von den bewaffneten Auseinandersetzungen genug hatte. Mit diesem Schritt ging auch die implizite Anerkennung Israels einher, etwas, das die Hamas bisher strikt abgelehnt hatte.

Darüber hinaus bedeuteten das Ende des Oslo-Prozesses und die damit verbundene Desintegration der Autonomiebehörde während der zweiten Intifada einen erheblichen Machtverlust für die PLO, der der Hamas zugutekam. Diese ergriff die Möglichkeit und verstärkte zunehmend ihre Hinwendung zur Politik, um damit ihren Einfluss in der Bevölkerung zu erhöhen. Damit sie aber nicht als Verräterin ihrer eigenen Ideale dastehen würde, stellte sie die ideologische Kehrtwende als Zwischenlösung bis zur endgültigen Befreiung Palästinas dar.[453]

Von Dezember 2004 bis Dezember 2005 beteiligte sie sich dann an den verschiedenen Runden der Kommunalwahlen in den besetzten Gebieten, bei denen sie dreißig Prozent der Stimmen holte, und kündigte gleichzeitig an, sich an den nationalen Wahlen zum Palästinensischen Legislativrat (PLC) zu beteiligen, die für Juni 2005 angesetzt waren.[454] Vor allem die Beteiligung an letzteren war bemerkenswert, hatte die Hamas die Teilnahme an den ersten Wahlen 1996 zum PLC mit der Begründung abgelehnt, dass sie integraler Bestandteil der Oslo-Abkommen seien.[455]

449. Hroub, Khaled: Ebd. 2011, S. 89.
450. Zitiert nach: Baumgarten, Helga: Ebd. 2005, S. 41.
451. Ebd. S. 41-42; vgl. Büscher, Matthias Alexander: Ebd. 2011, S. 64.
452. Vgl. Ebd. 2011, S. 80.
453. Vgl. Büscher, Matthias Alexander: Ebd. 2011, S. 65-67.
454. Letztlich wurden sie vom Präsidenten der Autonomiebehörde, Mahmud Abbas, auf 2006 verschoben.
455. Vgl. Hroub, Khaled: Ebd. 2011, S. 184.

Zwei weitere, wichtige Beschlüsse aus dem Jahr 2005 vervollständigten den Wandel der Hamas zum politischen Akteur in der palästinensischen Arena. So erging ein formaler Beschluss, die Selbstmordattentate gegen Israel einzustellen[456], nachdem die öffentliche Meinung in den besetzten Gebieten dieses Mittel immer weniger unterstützte[457] sowie die prinzipielle Zustimmung, der PLO beizutreten. Dies hatte die Hamas bisher immer an die Bedingung geknüpft, dass die PLO die Anerkennung Israels rückgängig macht und sich wieder am Kampf für die Befreiung Palästinas beteiligt.[458]

Rote Linien ihrer Ideologie wie die Anerkennung Israels, Aufgabe von Teilen des historischen Palästina, Beteiligung an Wahlen, deren Institutionalisierung Ergebnis des Oslo-Prozesses waren, galten plötzlich nicht mehr als unantastbar für die Hamas. Sie unterwarf sich damit dem Primat der Realpolitik, nachdem die zweite Intifada der PLO einen herben Machtverlust beschert hatte.

Bemerkenswert an diesem Prozess der strategisch-politischen Anpassung bleibt die Geschwindigkeit, in der er sich vollzog. Es dauerte nur wenige Jahre, bis sich die Hamas von einer militärischen Widerstandsbewegung in eine politische Partei verwandelte, die siegreich aus ihrer ersten Beteiligung an nationalen Wahlen im Jahr 2006 hervorgehen sollte.

3.3 2006 bis heute: Die Hamas an der Regierung – Pragmatismus pur

Die Beteiligung an den Wahlen bescherte der Hamas prompt einen Erdrutschsieg in Gaza und dem Westjordanland, den sie in dieser Deutlichkeit vermutlich selber nicht erwartet hatte. Praktisch über Nacht war sie von einer Oppositionspartei, die die Beteiligung am politischen System ablehnte, zu einer Regierungspartei geworden. Diesem Wahlsieg ging eine programmatische Neuausrichtung voraus, die »gemessen an den extremen Positionen, die sie in den ersten Jahren nach ihrer Gründung […] vertreten hatte […], eine völlig veränderte und neue Hamas«[459] präsentierte.

Das Erstaunliche am Wahlprogramm der Hamas war das fast vollständige Fehlen religiöser und die Betonung politischer und nationaler Standpunkte.

Auffälligstes Merkmal des Programms ist die Tatsache, dass die Zerstörung Israels oder – in ihrem Duktus – »die Befreiung des historischen Palästinas« mit Ausnahme von Artikel 1 und der Präambel nicht mehr als Ziel genannt wird, sondern

---

456. Ohnehin wurde dieses Mittel von der Hamas nie durchgehend eingesetzt. Von 1994 bis 1997 sowie von 2001 bis 2003 stellte es ein taktisches Mittel der Wahl im Kampf gegen Israel dar. Dazwischen hatte die Hamas wiederholt einseitige Waffenruhen ausgerufen, wenn sie ihre temporären Ziele für erreicht hielt, vgl. Baumgarten, Helga: Ebd. 2005, S. 41.

457. Ebd., S. 42.

458. Vgl.: Einführendes Memorandum, in: Ebd. 1997, S. 313.

459. Hroub, Khaled: Ebd. 2011, S. 185-186.

nur die »Beendigung der Besatzung«. Zwar wird von manchen bezweifelt, dass dies eine Abkehr von alter Rhetorik ist, da laut der Hamas-Doktrin Israel als Teil des historischen Palästinas als besetztes muslimisches Land gilt, das es zu befreien gelte.

Jedoch missachtet diese Lesart die politische und intellektuelle Entwicklung[460] der Bewegung in den Jahren vor den Wahlen und übersieht ihren Hang zu Pragmatismus. Zudem geht die Hamas – im Gegensatz zu anderen detailliert ausgearbeiteten Passagen – nicht weiter auf diese Punkte ein. Vielmehr muss man diesen vermeintlichen Rückfall in alte Zeiten als Versuch der Hamas-Führung werten, die Basis bei der Stange zu halten und den Bruch mit den ideologischen Grundsätzen zu verschleiern.[461]

Erstmals geht die Hamas auf politische Prinzipien eines zukünftigen palästinensischen Gemeinwesens ein und nimmt dabei die Perspektive einer staatstragenden Partei ein, die entschieden nationale Positionen vertritt, ohne dabei auf das alte Narrativ der Befreiung zu rekurrieren. Tatsächlich fehlt jeglicher Bezug zu bewaffnetem Widerstand im Wahlprogramm der Hamas, was angesichts ihres Selbstverständnisses als Widerstandsgruppierung Erstaunen auslöst. Die meisten Formulierungen könnten auch von den säkularen palästinensischen Parteien stammen. Selbst der Bezug zum Rückkehrrecht, das Israel strikt ablehnt, da es den jüdischen Charakter des Staates untergraben würde, ist für säkulare palästinensische Kräfte eine rote Linie. So heißt es im Abschnitt »Unsere Prinzipien«:

> »*Das Rückkehrrecht aller palästinensischen Flüchtlinge zu ihrem Land und Besitz und das Recht auf Selbstbestimmung sowie alle anderen nationalen Rechte sind unveräußerlich und können nicht für politische Zugeständnisse eingetauscht werden.*
>
> *Wir halten die inhärenten und unveräußerlichen Rechte unseres Volkes auf unser Land, al-Quds/Jerusalem, unsere heiligen Stätten, unsere Wasserressourcen, Grenzen und einen vollständig souveränen, unabhängigen palästinensischen Staat mit Al-Quds/Jerusalem als Hauptstadt aufrecht.*«[462]

Im Abschnitt »Innenpolitik« geht die Hamas näher auf Aspekte eines politischen Systems nach ihren Vorstellungen ein. Darin heißt es:

> »*Die folgenden Punkte stellen die Grundlagen und Prioritäten beim Aufbau eines politischen Systems dar:*
>
> *1. Die nationale Einheit muss auf Grundlage der Kooperation, des Pluralismus und des friedlichen Wechsels der Macht durch Wahlen hergestellt werden.*

---

460. Vgl. Hroub, Khaled: Ebd. 2006, S. 25.
461. Vgl. Hroub, Khaled: Ebd. 2011, S. 187.
462. Wahlprogramm der Liste für Reform und Veränderung 2006, Unsere Prinzipien.

2.	*Allgemeine Freiheiten müssen verankert und respektiert werden, wie die freie Meinungsäußerung, Pressefreiheit, Versammlungsfreiheit u.a.*

3.	*Der Widerstand gegen den Bau des rassistischen Trennwalls mit allen verfügbaren Mitteln muss verstärkt werden, einschließlich internationaler Organisationen und Gerichte bis zu seiner Beseitigung.*

4.	*Minderheitenrechte müssen in allen Bereichen auf Basis der vollständigen Staatsbürgerschaft garantiert und respektiert werden.*

5.	*Politische Haft aufgrund Meinungsäußerung muss verboten werden.«*

In Hinblick auf »Gesetzgebung und Justiz« fordert die Plattform

1.	*»Die Scharia zur Hauptquelle der Gesetzgebung in Palästina zu machen.*

2.	*Die Betonung der Gewaltenteilung zwischen der Exekutive, Legislative und Judikative.*

3.	*Die Stärkung der Rolle des Verfassungsgerichts und die Auswahl seiner Mitglieder durch Wahlen und auf Grundlage der Befähigung und nicht nach parteiischen und persönlichen Gesichtspunkten.*

4.	*Die Stärkung des Prinzips der Schura auf allen Ebenen und die Ermöglichung von Partizipation [bei der Willensbildung].*

5.	*Es muss auf die Autonomiebehörde hingewirkt werden, dass sie die Verstöße gegen die Verfassung – Erlassen von zeitlich begrenzten Gesetzen, wiederholte Anpassungen, Verzögerung der Durchführung von Gesetzen – einstellt [...].*

6.	*Die Wiederherstellung des Sicherheitsapparats sowie die Auslöschung ungesetzlicher und willkürlicher Handlungen, die Gewährleistung der bürgerlichen Freiheiten sowie der Schutz öffentlicher Güter.«*[463]

Pluralismus, Wahlen und Bürgerrechte sind also die Eckpfeiler der staatsrechtlichen Vorstellungen der Hamas. Eine eventuell angestrebte Islamisierung des politischen Systems scheint bis auf die Forderung, Schura und Scharia zu implementieren, in weiter Ferne zu liegen. Hier ähnelt diese Forderung dem Programm der FJP in Ägypten. Die Hamas bleibt in diesem Punkt vage, wahrscheinlich auch, um säkulare Palästinenser und Christen nicht zu verprellen. Klar ist aber auch, dass sie wie ihre Mutterorganisation ein wertegeleitetes Verständnis der Scharia hat, und sie keine wörtliche Verwirklichung ihrer Bestimmungen anstrebt.

Die restlichen Punkte stellen die Errichtung eines stabilen politischen Systems in den Vordergrund, basierend auf der Gewaltenteilung.

Dagegen fällt auf, dass die Hamas die politische und institutionelle Reform in den Mittelpunkt ihres Programms rückt. Ganz bewusst inszeniert sie sich als neu-

---

463. Ebd.

er, selbstbewusster Akteur, der nichts mit den Verfehlungen der PLO und ihren Versäumnissen zu tun hat.

Dazu passt ihr Anliegen, die grassierende Korruption zu bekämpfen. Unter »Verwaltungsreform und Bekämpfung der Korruption« versichert sie:

> *1.* »*Die Bekämpfung der Korruption in all ihren Formen, weil sie einer der Hauptgründe der Schwächung der internen palästinensischen Front ist und die nationale Einheit untergräbt. [...]*
> *2. Die Transparenz [...] und die Rechenschaftspflicht zu erhöhen. [...]*
> *3. Die Bekämpfung der Vetternwirtschaft bei der Vergabe von Posten in allen öffentlichen Institutionen. [...]*
> *4. Die Modernisierung von Gesetzen und Regelungen, um die Effizienz des Regierungssystems zu erhöhen, als auch die Dezentralisierung und Machtverteilung sowie die Einbindung [politischer Kräfte] bei der Entscheidungsfindung zu fördern. [...]*«[464]

Es ist klar, dass insbesondere dieser Artikel direkt gegen die PLO und die jahrelange Veruntreuung von Geldern durch deren Funktionäre gerichtet ist. Bereits der Name der Hamas-Wahlliste »Liste für Veränderung und Reform« lässt sich in diese Richtung lesen. Die Hamas präsentiert sich hier als Alternative, die mit der Korruption aufräumt und Werte in die Politik zurückbringt. Auch darin ähnelt sie der ägyptischen Freiheits- und Gerechtigkeitspartei, die sich als saubere Alternative zu Mubaraks korruptem Regime präsentiert und in ihrem Wahlprogramm betont, dass sie die Politik »reinigen« und mit der Korruption brechen will.

Hinsichtlich ihrer Positionen zu UN-Resolutionen, früheren Abkommen zwischen der PLO und Israel sowie zum Existenzrecht Israels bewegte sich die Hamas in ihrem Wahlprogramm und dem Regierungsprogramm von Präsident Ismail Haniyya auf einem schmalen Grat, der einerseits versuchte, die Staatengemeinschaft von ihren friedlichen Intentionen zu überzeugen und andererseits die eigene Anhängerschaft im Blick hatte. So heißt es in Artikel 5 des Regierungsprogramms:

> »*Hamas wird mit der Internationalen Gemeinschaft zusammenarbeiten, um die Besatzung und die Siedlungen zu beenden sowie einen vollständigen Rückzug aus den 1967 besetzten Gebieten, einschließlich Al-Quds/Jerusalems, zu erwirken [...].*«[465]

In Artikel 9 und 10 versichert die Hamas in vagen Worten, die internationalen Konventionen und Abkommen zwischen der PLO und Israel zu achten:

---

464. Wahlprogramm der Liste für Reform und Veränderung 2006, ebd.
465. Regierungsprogramm der Hamas 2006; zit. in: Hroub, Khaled: A »new Hamas« through its new Documents, in: Journal of Palestine Studies, Vol. 35 (4), 2006, S. 16-17.

»Artikel 9: Die Regierung wird die unterzeichneten Abkommen [zwischen PLO und Israel] mit großer Verantwortung und im Einklang mit der Bewahrung der Interessen unseres Volkes behandeln und seine Rechte behaupten, ohne Kompromisse bei seinen unveräußerlichen Vorrechten.

Artikel 10: Die Regierung wird die internationalen Resolutionen [bezüglich der Palästinafrage] mit nationaler Verantwortung und im Einklang mit dem Schutz der unveräußerlichen Rechte unseres Volkes behandeln.«[466]

Das Bemerkenswerteste an diesen Artikeln und dem gesamten Regierungsprogramm ist jedoch die Tatsache, dass es sich die Zwei-Staaten-Lösung zu eigen macht, ohne einen einzigen Verweis auf die »Befreiung des gesamten Palästinas« oder die Zerstörung Israels. Diese Haltung spiegelt den wohl radikalsten Einschnitt in die politisch-ideologische Orientierung in der Geschichte der Hamas wider. Noch nie hatte sie sich so deutlich – wenn auch unausgesprochen – zur Zwei-Staaten-Lösung und zur Anerkennung Israels bekannt.

Haniyya geht in seiner Regierungserklärung vor dem Parlament (Palestinian Legislative Council/PLC) sogar noch weiter und spricht von der »Notwendigkeit, die zwei Hälften des Heimatlandes – das Westjordanland und den Gaza-Streifen – politisch, ökonomisch, sozial und kulturell zu verbinden«, ohne einen Hinweis auf den »Rest« des Heimatlandes, d.h. Israel, zu machen.[467]

Der deutlichste Hinweis, dass die Hamas alte Positionen zugunsten einer pragmatischen Partizipation am politischen Prozess aufgegeben hat, ist das völlige Fehlen von Hinweisen auf bewaffneten Widerstand in Haniyyas Regierungserklärung sowie sein positiver Bezug zum Friedensplan der Arabischen Liga aus dem Jahr 2002 (Beirut-Erklärung). In diesem hatte die Organisation Israel die Anerkennung sowie die Aufnahme voller diplomatischer Beziehungen im Gegenzug für einen vollständigen Rückzug Israels aus den 1967 besetzten Gebieten angeboten[468], Haniyya wollte die Welt daran erinnern,

»dass die Besatzungsbehörden immer schon die arabischen Friedensinitiativen ignoriert haben, einschließlich der Initiative des Gipfeltreffens der Arabischen Liga 2002 in Beirut. Das Problem lag nie an der arabischen oder palästinensischen Seite, sondern eher lag das Problem an der israelischen Besatzung.«[469]

Seine Regierung hingegen, würde immer »jede arabische oder islamische Initiative unterstützen, welche die nationalen Rechte des palästinensischen Volks wiederherstellt,

466. Ebd.
467. Ebd.
468. Ebd.
469. Ebd.

einschließlich des Rechts, einen souveränen, unabhängigen Staat mit Jerusalem als seiner Hauptstadt zu errichten.«[470]

Die Entwicklung der politischen Standpunkte der Hamas durchlief, wie wir gesehen haben, mehrere Stadien. Ihr Ziel lag seit ihrer Gründung in der Errichtung eines unabhängigen palästinensischen Staates. Während sie in der Charta von 1988 diesen noch in den Grenzen des historischen Palästina forderte und ihm ein islamisches Gesicht geben wollte, ist heute keine Rede mehr davon. Alle Aussagen der Führung und Dokumente der Hamas nach 2006 berufen sich bezüglich eines palästinensischen Staates auf die Zwei-Staaten-Lösung in den Grenzen von 1967. Inwieweit eine solche Lösung heute angesichts der israelischen Siedlungstätigkeit in den besetzten Gebieten aber praktikabel und realistisch bleibt, sei dahingestellt. Auch die Forderung nach einem islamischen Charakter des Staates wird zumindest explizit nicht erhoben. Stattdessen betont die Hamas Pluralismus, Schutz von Minderheiten und allgemeine Freiheitsrechte als Prinzipien eines unabhängigen palästinensischen Staates.

Die Annahme der Zwei-Staaten-Lösung durch die Hamas geht mit der Aufgabe weiterer substantieller politischer Standpunkte einher. Zu den wichtigsten gehört die Ablehnung von Abkommen, die zwischen der PLO und Israel geschlossen wurden, die Nichtanerkennung Israels, als auch die Aufgabe des Dschihad, der in der Charta und im einführenden Memorandum von 1993 eine übergeordnete Rolle gespielt hatte und den Primat des Militärischen über die Politik konstituierte.

Dass die Hamas bei so viel Pragmatismus und Realitätssinn bis zum heutigen Tage die Charta nicht widerrufen oder einer Revision unterzogen hat, hat eher organisationstheoretische Motive. Würde sich die Führung offen gegen die eigenen ideologischen Grundsätze stellen, so riskierte sie einen Bruch oder zumindest Abspaltungen radikaler Teile der Bewegung.[471] So befindet sie sich heute in der paradoxen Situation, Politik gegen in der Charta festgelegte Standpunkte zu machen.

Insgesamt hat die Hamas heute erfolgreich den Wandel von einer vornehmlich militärisch agierenden Widerstandsbewegung zu einer politischen Partei vollzogen, die ihre Ziele flexibel den politischen Gegebenheiten vor Ort anpassen kann, ohne vor ihren Anhängern ihre Glaubwürdigkeit eingebüßt zu haben.

---

470. Ebd.
471. Büscher, Matthias Alexander: Ebd. 2011, S. 101.

4. Die FJP: Versuch einer pragmatischen Anpassung

Entsprechend ihrem Selbstverständnis als Kind der Revolution, das die Fackel der Freiheit trägt, präsentiert die FJP ihr politisches Programm als Gegenentwurf zum gestürzten Regime Mubaraks und seinen Machenschaften. Darin nimmt die Formulierung von Grundrechten und Werten, auf denen die Politik der FJP gegründet werden soll, breiten Raum ein.

Für eine islamische Partei, die der politische Arm der Muslimbrüder ist, ist das Programm als Ganzes betrachtet ein erstaunlicher Beweis an Flexibilität, Liberalität und Pragmatismus. An keiner Stelle kommen Zweifel auf, dass sie nach Jahrzehnten der Verfolgung und Unterdrückung nun endlich die Gelegenheit gekommen sieht, die Macht zu ergreifen um ihre politischen Ziele zu verwirklichen. Doch anstatt dies erzwingen zu wollen oder gar auf einen Alleinvertretungsanspruch zu beharren, ist sie offen für Kooperation und opfert dafür auch ideologische Standpunkte, die sie noch vor einigen Jahren vertreten hatte und passt sich an anderer Stelle den neuen politischen Verhältnissen im Land an.

Sie geht detailliert auf verschiedene Teilbereiche wie Innenpolitik, Außenpolitik sowie auf die Staatsform, Institutionen und staatsrechtliche Prinzipien des zukünftigen Ägyptens ein. Typische Themen wie die Befreiung Palästinas, die Vorherrschaft des Westens über die islamischen Länder oder die Feindschaft zum »zionistischen Gebilde«, wie Israel oft genannt wird, finden keine Erwähnung oder Äußerungen dazu verharren in einer sehr moderaten Tonlage.

Weiteres Merkmal ihrer politischen Programmatik drückt sich in ihrer Nähe zu al-Bannas Postulat aus, dass der Islam ein System sei, das die Trennung von Politik und Glauben nicht kennt, ohne jedoch diese These zu sehr zu betonen.

In allgemeinen Worten erklärt die FJP lediglich, dass sie im Leben eine »unteilbare Einheit« sieht, in der Politik, Ökonomie, Gesellschaft, Kultur, Medien sowie Bildung usw. aufeinander einwirken und es nicht möglich sei »eine Sache unabhängig von den anderen auszuführen. Ebenso wirken sich die Ansichten und die Vorstellungen, die Prinzipien und die ideologischen Bezüge, an die die Person oder die Partei glaubt, darauf aus.«[472]

Al-Banna verband den Aufruf (Da'wa) zum Islam noch mit dem Hinweis, dass »die Regierung ein Teil davon, Freiheit eine religiöse Pflicht« sei, und wenn jemand einwenden sollte, dass dies »Politik« sei, so solle man erwidern: »Dies ist der Islam und wir erkennen solche Teilungen nicht an!«[473] Die Ablehnung einer Trennung von Staat und Politik basiert auf al-Bannas Auffassung, der Islam als System sei allumfassend: »Was immer in Übereinstimmung mit ihm [Islam] ist, ist willkommen,

---

472. Parteiprogramm der FJP, Kapitel 1: Prinzipien und Ausrichtung der Partei.
473. Al-Banna, Hassan: Between Yesterday and Today, Ebd. 2006.

aber was auch immer mit ihm unvereinbar ist, weisen wir zurück.«[474] Dass die FJP sich diese Formulierung in sehr flexibler Weise zu Eigen macht, wird im Laufe dieses Abschnitts deutlich zu sehen sein.

Dass die proklamierte Einheit von Politik und Islam mehr einem Lippenbekenntnis gleichkommt, zeigt sich daran, dass die FJP daraus keine Konsequenzen dahingehend zieht, die Errichtung eines islamischen Staates in Ägypten zu fordern oder gar panislamische Forderungen zu stellen. Im gesamten Programm lässt sich eine solche Forderung nicht finden. Vielmehr bedient sie sich bekannter islamischer Konzepte wie Schura und Scharia, um sie als normative Grundlage für den von ihr angestrebten Staat zu verankern. Erst in einem zweiten Schritt geht sie näher auf die mögliche praktische Ausgestaltung und Umsetzung dieser Konzepte ein und beweist dort große Offenheit gegenüber liberal-demokratischen Verfahrensweisen und Institutionen.

4.1 Grundlegung: Der Tugendstaat der FJP

Typisch für eine islamische Partei, stellt die FJP den Zweck des Staates in den Vordergrund, nicht den Modus, nach dem regiert werden soll. Nach Jahrzehnten der Korruption und der Tyrannei, will sie den Staat auf ein neues Fundament der Tugend stellen. Leitfaden für die moralische und praktische Erneuerung von Staat und Gesellschaft soll, wenig überraschend, die Scharia werden. Dabei legt sie ein wertegeleitetes Verständnis der Scharia an den Tag, das sich nicht in engstirnigen Grundsätzen über Detailfragen verliert, sondern ihre Prinzipien und Werte im Blick hat, zu denen sie auch allgemeine Rechte wie Rechtsstaatlichkeit, Gewaltenteilung und die Einhaltung von Menschenrechten zählt, auf denen der Staat stehen soll. Hier zeigt sich, dass die FJP im islamischen Spektrum zu den moderaten Kräften gehört, die kein wörtliches Verständnis der Scharia offenbaren.

Verantwortlich für die konkrete Ausgestaltung der Scharia ist der Gesetzgeber, der vom Volk in freien und fairen Wahlen gewählt werden soll. Allerdings scheint bereits hier das spezifische Verständnis der Muslimbruderschaft bei der Interpretation der Scharia durch. Dabei kann man durchaus von einer exklusiven, in jedem Fall aber sehr modernen Auslegung sprechen, wenn die FJP die Scharia als Garanten der nationalen Einheit deutet. Diese Sichtweise ist allerdings mit der klassischen islamischen Lehre nicht vereinbar, die einen Nationenbegriff nicht kennt. Vielmehr schimmert hier wieder das Denken des Gründers Hassan al-Banna durch, der als erster Islam und Nationalismus zu einer Ideologie verknüpfte.

Auch sieht die FJP in der Scharia den Garanten für den Schutz religiöser Min-

---

474. Al-Banna, Hassan: Our Mission, in: Ders.: Six tracts of Hassan al-Banna. A Selection from the Majmuʿat al-Rasail al-Schahid Hassan al-Banna [Auswahl von Abhandlungen des Märtyrers Hassan al-Bannas], I.l.F.S.O. Kairo 2006, S. 55-85.

derheiten und deren Recht auf freie Glaubensausübung. Die Glaubensfreiheit soll für Nichtmuslime, also alle anderen Religionsgemeinschaften, gelten und nicht nur für die Angehörigen der Offenbarungsreligionen Judentum und Christentum. Damit nimmt sie einen sehr egalitären Standpunkt ein, der über den üblichen islamischen Diskurs hinausgeht. Sie betont ausdrücklich, dass sich der Gleichheitsgrundsatz auch auf sie erstreckt. Auch was die übrigen Bürger- und Menschenrechte angeht, sollen sie Muslimen gleichgestellt werden.

Daneben äußert die FJP islamische Standardformulierungen, etwa dass die Scharia die erste Quelle der Gesetzgebung ist:

> *»Folglich macht die FJP die islamische Scharia, an die eine Mehrheit unseres ägyptischen Volkes glaubt, zu ihrem Bezugspunkt und Ratgeber. [...]*
>
> *Das islamische Recht (Scharia) beinhaltet eine Reihe von Prinzipien zu denen die nationale Einheit an vorderster Stelle gehört. Solange das islamische Recht die Glaubensfreiheit erlaubt und das Recht der Nichtmuslime achtet, in ihren privaten Angelegenheiten ihre Gesetze zur Urteilsfindung anzuwenden, und solange es die Menschen in ihren Rechten und Pflichten gleichstellt, steht es für die Verwirklichung der nationalen Einheit. Dieser Staat ist im selben Maße verantwortlich für den Schutz der Glaubensfreiheit auch der Nichtmuslime [...].*
>
> *Die Prinzipien des islamischen Rechts (Scharia)[475] sind die erste Quelle der Rechtsprechung[476]. Dies wird die Gerechtigkeit bei der Rechtsfindung und der Anwendung des Rechts sicherstellen. [...] Die Scharia regelt neben normativen und Glaubensfragen alle anderen Lebensbereiche der Muslime. Aber sie regelt diese Angelegenheiten nur im Allgemeinen. Die detaillierte Ausarbeitung dieser Prinzipien überlässt sie den Menschen in jeder Epoche und an jedem Ort[477], so lange Recht, Gerechtigkeit und Interessen gewahrt bleiben.«[478]*

Mit diesem Ansatz formuliert die FJP den Rahmen für einen islamischen Rechtsstaat, der – mit Einschränkungen – einen breiten Grundrechtskatalog enthält, den man in dieser Form auch in einer westeuropäischen Verfassung finden kann:

Gleichheit der Bürger: »*Ägypten ist ein Staat für alle, die seine Nationalität tragen. Alle Bürger genießen die gleichen Rechte und Pflichten, die ihnen das Gesetz gemäß den Grundsätzen von Chancengleichheit und Gleichheit garantiert. Die Gleichheit aller Bürger ohne Unterschied muss in den Gesetzestexten verankert werden. Es liegt an*

---

475. Die Nennung des Begriffs in Klammern ist aus dem arabischen Original übernommen.
476. In der islamischen Theologie gibt es vier Rechtsquellen, die hierarchisch geordnet sind: Koran, Sunna, Analogieschluss, Idschtihad (selbstständiges Bemühen des Rechtsgelehrten um eine Lösung einer anhängigen Frage).
477. Diese Formulierung ist praktisch identisch mit der von Hassan al-Banna.
478. Parteiprogramm der FJP, Kapitel 2: Der Staat und die politischen Prinzipien.

Staat und Gesellschaft, die dafür notwendigen Voraussetzungen zu schaffen, damit sich die Menschen aktiv am politischen Willensbildungsprozess beteiligen können. [...]«

Garantie der Menschenrechte: »Das zweite dieser Prinzipien ist die Respektierung der Menschenrechte. Der Mensch ist das würdigste Geschöpf auf Erden und Gott unterwarf ihm, was auf Erden und was in den Himmeln ist.[479] Das bedeutendste Menschenrecht ist hierbei das Recht in Würde zu leben, Menschlichkeit und die allgemeinen Freiheiten. [...]«

Allgemeine Freiheiten und Rechte: »Gott hat dem Menschen die Freiheit, die Gerechtigkeit und die Gleichheit gewährt. Aus diesem Grund sind dies ursprüngliche Rechte, gültig für jeden Bürger, ohne Ansehen des Glaubens, des Geschlechts oder der Hautfarbe. Allerdings muss berücksichtigt werden, dass die Freiheit des Einzelnen, die Rechte der Anderen oder der Nation nicht einschränken darf. Im politischen System, das wir anstreben, ist die Verwirklichung von Gerechtigkeit und Gleichheit das Endziel der Demokratie.

Alle Bürgerrechte müssen garantiert sein, insbesondere das Recht auf ein unversehrtes Leben, auf Gesundheit, auf Arbeit, auf Bildung, auf Wohnraum, auf Meinungsfreiheit[480] und auf Glaubensfreiheit.«[481]

Neben den hier formulierten individuellen und kollektiven Rechten, gibt die FJP die staatsrechtlichen Linien vor, auf denen die zukünftigen Institutionen des Staates basieren sollen. Kennzeichnende Elemente dort sind Volkssouveränität, Rechenschaftspflicht, ein ziviler[482] Staat und die Schura:

»Alle Macht geht vom Volk aus. Es besitzt das ursprüngliche Recht, seinen Herrscher und seine Abgeordneten sowie das Programm, das seine Wünsche zum Ausdruck bringt, auszuwählen.«[483]

Wie wir weiter oben gesehen haben, ist die Figur der Volkssouveränität im Islam eigentlich nicht vorgesehen. Umso mehr erstaunt das eindeutige Bekenntnis der

---

479. Siehe etwa Koran Sure 45, Vers 13: »Und er hat von sich aus alles, was im Himmel und auf Erden ist, in euren Dienst gestellt. [...]«

480. Mit dieser Aufzählung gehen die Muslimbrüder über die klassischen Bürgerrechte hinaus und schließen ökonomische und soziale Rechte in ihren Forderungskatalog mit ein. Allerdings bleiben sie bei den klassischen Bürgerrechten zurück, was etwa die Koalitionsfreiheit angeht, die in ihrem Programm keine Erwähnung findet.

481. Parteiprogramm der FJP, Kapitel 1 und 2.

482. Im arabischen Original steht das Wort *madani*, dessen Bedeutung von »zivil« im Sinne von zivilisiert oder auch von nicht-militärisch bis hin zu (staats)bürgerlich reicht. Wie oft im arabischen, ist eine exakte Wiedergabe nicht möglich. Ich habe mich für »zivil« entschieden, da es in dieser Bedeutung am ehesten den Vorstellungen der FJP nahekommt. Jedoch müssen die anderen Bedeutungsebenen – wie im Arabischen auch, wenn man das Wort hört oder liest – immer mitgedacht werden.

483. Programm der Freiheits- und Gerechtigkeitspartei.

FJP zu diesem Prinzip. Allerdings kann man die Nachsätze als Einschränkung verstehen, indem die Partei die Bedeutung der Volkssouveränität für die Auswahl der Machthaber betont, aber keine Aussage über ihre Rolle bei der Gesetzgebung trifft. Mit dieser Formulierung geht die FJP einen Kompromiss ein, der vor allem Ausdruck eines internen Generationenkonflikts ist. Während ältere Mitglieder das Konzept der Hakimiyya befürworten, treten jüngere Mitglieder für Demokratie und das Konzept der Staatsbürgerschaft ein.[484]

> *»Der Staat nimmt einen zivilen Charakter an. Er ist weder militärisch noch religiös organisiert. [...] Der islamische Staat hat ein ziviles Wesen. Er ist kein Militärstaat, der von Militärs regiert wird, die durch Putsche an die Macht gekommen sind. [...] Der islamische Staat ist auch kein Religionsstaat (Theokratie), der von einer Klasse von Klerikern regiert wird – denn im Islam gibt es keinen Klerus, sondern nur spezialisierte Religionsgelehrte – ganz zu schweigen davon, dass Kleriker im Namen eines göttlichen Rechts die Macht übernehmen.*
>
> *Es gibt auch keine unfehlbaren Personen, die die Auslegung des Korans monopolisieren und die nationale Gesetzgebung für sich beanspruchen, die Glaubensgrundsätze bestimmen, die absolute Macht an sich reißen und sich für heilig halten. Ganz im Gegenteil, werden die Herrscher im islamischen Staat durch das Volk gewählt.«[485]*

Mit ihrer Forderung nach einem zivilen Staat, der nicht von einer Militärjunta beherrscht wird, ging die FJP auf Forderungen der Demonstranten auf dem Tahrir-Platz ein.[486] Dass ihr Präsident später selbst Opfer eines Militärputsches werden sollte, nachdem Massendemonstrationen seinen Rücktritt gefordert hatten, bleibt eine Ironie der Geschichte. Da die Muslimbrüder über die Jahrzehnte immer wieder von diesen Regimen verfolgt und gefoltert wurden, steht diese Forderung durchaus im Einklang mit den eigenen Interessen der Bewegung. Die Entwicklungen seit dem Sturz Mubaraks haben gezeigt, dass die Muslimbrüder auch tatsächlich gewillt zu sein scheinen, die Macht des Militärs zurückzudrängen. Nach einer kurzen Phase, in der es schien, als würden die Muslimbrüder mit ihnen paktieren, ging der kurzzeitig im Amt befindliche ägyptische Präsident Muhammad Mursi mit großer Härte und Risikobereitschaft gegen das Militär vor: Er entließ die gesamte Armeespitze und entzog dem Militär die Kontrolle über die verfassungsgebende Versammlung, mit der es auf die zukünftige Gestaltung des Landes Ein-

---

484. Vgl. Arafat, Alaa al-Din: Die ungleichen Muslimbrüder, in: Le monde diplomatique, Nr. 9799 vom 11. Mai 2012, S. 5.

485. Programm der FJP, Parteiprinzipien.

486. Seit dem Putsch der Freien Offiziere 1952 wurde Ägypten direkt oder indirekt vom Militär regiert. Auch der gestürzte Präsident Husni Mubarak war zuvor Luftwaffengeneral gewesen.

fluss nehmen konnte.[487] Die spätere Absetzung Mursis ist auch auf diesen Machtkampf zurückzuführen.

Was die Ablehnung eines theokratischen Charakters für den Staat angeht, so grenzt sich die FJP bewusst von sogenannten Gottestaten wie Saudi-Arabien oder Iran ab. Damit begegnet sie Befürchtungen, mit einer möglichen Machtübernahme der FJP würde eine radikale Islamisierung von Staat und Gesellschaft stattfinden. Die scharfe Zurückweisung eines Klerus und der Idee unfehlbarer Kleriker, denen ein religiöses Charisma zukommt, ist tief in der Tradition des sunnitischen Islam verankert. Danach braucht der Mensch keinen Vermittler zwischen sich und Gott. Die Rechtsgelehrten setzen Recht, indem sie den göttlichen Willen, der in Koran und Sunna zum Ausdruck kommt, interpretieren. Ihnen kommt qua dieser Funktion aber keinerlei religiöse Macht zu. Prinzipiell wird nach sunnitischer Auffassung jedem Muslim die Fähigkeit zugesprochen, den göttlichen Willen zu verstehen. Zudem richten sich die Aussagen der FJP gegen die Imamatslehre nach schiitisch-iranischem Vorbild, der zufolge der jeweilige Ayatollah als Vertreter des in der Verborgenheit lebenden Imams gilt.

Mit dieser Ablehnung verbindet sich bei der FJP der Wille nach einem demokratischen Gemeinwesen, durch das sie die Interessen des Volkes am ehesten vertreten sieht:

> »Die Schura ist das eigentliche Wesen der Demokratie. Sie ist der Weg, auf dem die Interessen der Nation und des Volkes verwirklicht werden, so dass kein Individuum und auch keine Körperschaft in despotischer Manier die öffentlichen Angelegenheiten an sich reißen kann. [...] [Es gilt] die Schura (die Demokratie)[488] anzunehmen, insbesondere in der politischen Arena. Denn darauf basiert das Recht, den Herrscher und die Volksvertreter auszuwählen, sie zu kontrollieren und zur Rechenschaft zu ziehen. Auch erstreckt sie sich auf den regelmäßigen Wechsel der Regierung.«[489]

Die Interpretation, dass das koranische Gebot der Schura mit dem Wesen der Demokratie übereinstimmt, ist aber keinesfalls islamischer Konsens. Es ist davon auszugehen, dass sie auch bei dieser Formulierung Gegner im In- und Ausland im Sinn hatte. Nach innen erfüllt die etwas plump anmutende Gleichsetzung der beiden Begriffe eine Legitimationsfunktion gegenüber traditionelleren Sichtweisen und Parteien, die solch ein Vorgehen als unislamisch kritisieren oder ganz ablehnen. Damit suggeriert die FJP, dass nicht sie sich eines westlichen Konzepts bediene, sondern der Westen sich über die Jahrhunderte islamische Ideen und Konzepte angeeignet

---

487. Vgl. Die ZEIT: Mursis gewagter Coup gegen Ägyptens Militär, 13.08.2012: www.zeit.de/politik/ausland/2012-08/aegypten-mursi-militaer (abgerufen am 25.05.2013); Alaa al-Din Arafat: Die ungleichen Muslimbrüder, in: Ebd. 2012 S. 5.
488. Nennung in Klammern aus dem Original übernommen.
489. Parteiprogramm der FJP, Kapitel 1.

habe. Die (Wieder)Aneignung solcher Ideen setzt den islamischen Geist nur in die Tat um. Diese »Rückkopplung« von modernen Ideen an die Anfänge des Islams findet im Übrigen auf allen Ebenen statt, wo sich islamische Reformbewegungen modernerer Begrifflichkeiten und Konzepte bedienen. [490]

Nach Außen soll die Gleichsetzung von Schura und Demokratie vor allem Gegner im Ausland beruhigen und deren Befürchtungen vor einer autokratischen Machtübernahme mit islamistischen Vorzeichen begegnen. Aber um eine Bewertung vornehmen zu können, inwieweit die Schura tatsächlich dem Modell der westlich-liberalen Demokratie nahekommt, kommt vieles auf die konkrete Ausgestaltung der Schura an, in anderen Worten: Welche Staatsform wird ihr übergestülpt, welche Verfahren und Institutionen werden implementiert und welches Regierungssystem kommt zum Tragen? Diesen Fragen soll im folgenden Abschnitt nachgegangen werden.

4.2 Die Ausgestaltung des Staates: Republikanischer Parlamentarismus, Gewaltenteilung und Pluralismus

Im Rahmen der dargelegten Prinzipien versucht die FJP einen Staat mit modernen Institutionen zu etablieren. Als Staatsform stellt sie sich ein pluralistisches, parlamentarisches System vor, an dessen Spitze ein Staatspräsident mit rein repräsentativer Funktion sowie ein Premierminister mit Regierungsverantwortung stehen, die in regelmäßigen, freien und fairen Wahlen gewählt werden. Dieses System stellt in den Augen der FJP die beste Ausformung des Schura-Prinzips dar. Zudem betont sie die Bedeutung der Machtzirkulation und die Begrenzung der Amtszeit:

>*Die FJP sieht im parlamentarischen System das passendste für das Land, da dieses auf der flexiblen Trennung zwischen den Gewalten beruht. Gleichzeitig ergänzen und gleichen sich Exekutive und Legislative aus. [...] Der Pluralismus ist Spiegelbild widerstreitender gesellschaftlicher Interessen. Dieser Widerstreit ermöglicht es den verschiedenen Seiten, ihre Interessen zu verteidigen. Um eine pluralistische Gesellschaft zu verwirklichen, muss die Gründung von Parteien frei sein und ohne Einmischung der Exekutive sich vollziehen können. Bloße Bekanntmachung ihrer Gründung reicht aus. Einzige Bedingung hierfür ist, dass sie keine paramilitärischen Einheiten haben und ihre Programme keine diskriminierenden Klauseln beinhalten sowie innerparteilichen Pluralismus auf nationaler Ebene fördern. [...]*

>*Außerdem gibt es in diesem System einen Staatspräsidenten, der nicht länger als zwei Amtsperioden regiert und einen Premierminister, der die Regierungsverantwortung übernimmt.*

---

490. Krämer, Gudrun: Ebd. 2011, S. 46.

Der Staatspräsident übernimmt lediglich symbolische Funktionen und soll zwischen den Staatsgewalten als Vermittler auftreten. Ihm kommt keinerlei Entscheidungsbefugnis zu. Auf diese Weise lassen wir das System hinter uns, in welchem der Präsident regiert, ohne zur Rechenschaft gezogen zu werden, während die Regierung, die lediglich seine Dekrete ausführt, zur Verantwortung gezogen wird. [...]

Regelmäßige, faire Wahlen sind das Mittel, um den Volkswillen zum Ausdruck zu bringen und um Willkürherrschaft auszulöschen. Deshalb ist es notwendig, Normen festzulegen, die die Fairness der Wahlen garantieren.«[491]

Ein pluralistisches Mehrparteiensystem als Ausgestaltung der Schura liegt im Bereich des Möglichen, solange dieses System es zulässt, die Regeln der Scharia anzuwenden und somit für Gerechtigkeit zu sorgen. Verantwortlich für die konkrete Ausgestaltung der Scharia ist der Gesetzgeber, der vom Volk gewählt werden soll: »Die in freien, fairen und transparenten Abstimmungen gewählte parlamentarische Mehrheit setzt das islamische Recht in der Weise um, wie sich die Nation darauf geeinigt hat.«[492]

Der Verweis auf eine parlamentarische Vertretung betont die Rolle des Volkes bei der Umsetzung dieses Prinzips und räumt Aushandlungsprozessen zwischen den verschiedenen politischen Kräften großen Raum ein. Dabei sollen Rechenschaftspflicht, Verantwortlichkeit und Gewaltenteilung in diesem System die Unabhängigkeit der Justiz bewahren sowie den Gesetzgeber vor Eingriffen der Exekutive schützen, so wie es unter Mubarak üblich war:

»Zu den wichtigsten Vorteilen dieses Systems zählt die wechselseitige, kollektive und individuelle Verantwortlichkeit von Ministerien und Parlament. Diese erstreckt sich natürlicherweise auf die allgemeine Politik der Regierung. So entscheiden die Ministerien nicht mehr länger, sondern müssen sich verantworten[493]. *[...] Fehlende Rechenschaftspflicht beraubt das politische System seiner Kraft und behindert die Entwicklung institutioneller Reife. Zudem nimmt das politische System seine grundlegenden Aufgaben nicht mehr wahr, weswegen man sich auf Maßnahmen konzentrieren muss, die die Korruption bekämpfen [...].«*[494]

»Zu den wichtigsten Prinzipien des Verfassungsstaates gehören die Gewaltenteilung und die Herrschaft des Rechts. Folglich stützt sich der Verfassungsstaat auf drei Säulen: Legislative, Judikative und Exekutive. Diese ergänzen sich in ihrer Arbeit, sind

---

491. Parteiprogramm der FJP, Kapitel 2.
492. Parteiprogramm der FJP, Kapitel 2, Abschnitt 1.
493. Gemeint ist hier, dass die Entscheidungen der Ministerien parlamentarischer Kontrolle unterliegen müssen.
494. Parteiprogramm der FJP, Kapitel 2, Abschnitt 1.

jedoch zugleich unabhängig voneinander. Dadurch wird Verantwortung und Macht verteilt und Machtanhäufung durch eine Gewalt verhindert.

Jede Gewalt soll institutionelle Körperschaften schaffen, welche deutliche und transparente Verfahrensregeln und Maßnahmen verfolgen. All dies bedeutet, dass die Gewaltenteilung zu einem Gleichgewichtszustand führt, dass jede Staatsgewalt Verantwortung übernehmen muss, und dass es keine Verantwortung ohne Rechenschaft gibt.

Darüber hinaus muss der Verfassungsstaat die Herrschaft des Rechts durch die Stärkung der richterlichen Befugnisse, die Unabhängigkeit der Justiz und die Ausführung ihrer Urteile sicherstellen. Auch müssen sich die Staatsgewalten der Herrschaft des Rechts unterwerfen und jeder Behördenentscheid, der gegen Gesetz und Verfassung verstößt, soll als nichtig angesehen werden.«[495]

Gewaltenteilung, republikanischer Parlamentarismus, Pluralismus, Rechenschaftspflicht von Institutionen sowie ein Staatspräsident: Vieles, was die FJP anstrebt, klingt nach westlich-liberaler Demokratie und nicht nach Islamismus und Muslimbrüdern. Es zeigt sich hier eindrücklich, dass die Offenheit für die Einbindung einer islamischen Bewegung ins politische System und ihre Bereitschaft dazu maßgebliche Faktoren für eine Mäßigung ihrer Standpunkte sind.

Doch darf nicht vergessen werden, dass die Anschlussfähigkeit der Konzepte und Vorstellungen der FJP an westliche Modelle der Regierungsführung einer entscheidenden Einschränkung unterliegen: Auch wenn die Aussagen der FJP hinsichtlich der Scharia viel Spielraum für eine Ausgestaltung durch die staatlichen Institutionen[496] lassen und damit auch säkulare Kräfte mitreden können, so stellen sie in ihrem Weltbild als Wertesystem doch eine rote Linie dar, die nicht überschritten werden darf. Dies hat Auswirkungen auf weite Bereiche wie Erbrecht, Familienrecht und die Stellung der Frau. Zwar hat die FJP in diesem Punkt die grundsätzliche Gleichheit von Mann und Frau in ihr Programm aufgenommen, stellt diese aber unter Vorbehalt: »Frauen müssen alle ihre Rechte gewährt werden, insoweit dies nicht den grundlegenden gesellschaftlichen Werten widerspricht und insoweit dies die Ausgewogenheit zwischen den Rechten und Pflichten der Frau nicht tangiert.« Mit dieser Formulierung lässt die FJP weiten Raum für Spekulation und Interpretation, der vor allem den traditionellen Teilen ihrer Anhängerschaft entgegenkommen dürfte.

Dennoch sind die programmatischen Positionen der FJP zur Ausgestaltung eines Regierungssystems im islamischen Spektrum nicht konservativ. Man denke nur an Staaten wie Saudi-Arabien, wo die koranischen Hadd-Strafen heute noch zur Anwendung kommen.

---

495. Ebd.
496. Die letzte Entscheidungsgewalt soll beim Verfassungsgericht liegen, nicht etwa bei einem Gelehrtenrat.

4.3 Die Außenpolitik

Was ihre außenpolitischen Positionen angeht, schlägt sie einen sehr moderaten und allgemeinen Ton an, der kaum Hinweise auf ihre wirklichen Standpunkte zulässt. Mehrere Faktoren spielen dabei eine Rolle: Andauernde Proteste und Streiks im ganzen Land gegen Preisteuerungen und eine grassierende Arbeitslosigkeit, die sich nach dem Umsturz erhöht haben dürfte, da die Haupteinnahmequelle des Landes – der Tourismus – weggebrochen ist, erfordern die ganze Aufmerksamkeit der politischen Akteure. Da bleibt wenig Zeit für Außenpolitik. Diese Situation führte zu einer ökonomischen Krise, in deren Verlauf die ägyptische Regierung in den Jahren 2012/2013 praktisch von Geldgeschenken der Golfstaaten und dem Wohlwollen des Internationalen Währungsfonds abhängig ist.[497]

Zudem entlädt sich die Gegnerschaft der politischen Lager immer wieder in Zusammenstößen; und auf dem Sinai kam es nach dem Sturz des Mubarak-Regimes zu einem Machtvakuum, in das immer wieder bewaffnete Islamisten stoßen.

Doch der wichtigste Grund für die Zurückhaltung im Bereich der Außenpolitik dürfte die Angst davor sein, den sogenannten Rückhalt durch die USA zu verlieren. Bisher ist es so, dass diese sich mit der Machtübernahme der FJP arrangieren können, solange sie nicht die US-Interessen im Nahen Osten gefährden und etwa das Camp-David Abkommen mit Israel aufkündigen. Zwar haben hochrangige Vertreter der Muslimbrüder vor dem Machtantritt ihrer Partei verbal auf die Pauke gehauen und angekündigt, das Abkommen mit Israel einer Revision zu unterziehen, doch es blieb bei Rhetorik[498], auch wenn sie weiterhin am Willen festhalten, die Verträge zu ändern.

Noch ist die Position der Muslimbrüder zu prekär, als dass sie sich außenpolitische Experimente erlauben könnten. Die USA wiederum scheinen sich im Anschluss an die Umstürze in der arabischen Welt darauf eingestellt zu haben, dass sie es fortan mit islamischen Akteuren auf Regierungsebene zu tun haben werden. Flugs wurde ihnen das Etikett »gemäßigt« – etwa der tunesischen Ennahda oder eben den ägyptischen Muslimbrüdern – verpasst, um im Nahen Osten weiterhin handlungs- und verhandlungsfähig zu bleiben.

Und so bleibt es im außenpolitischen Programm der FJP bei der Beschwörung alter ägyptischer Stärke. Internationale Kooperation und die Einbindung in internationale Organisationen stehen im Vordergrund. Machtprojektion oder gar ein hegemonialer Anspruch ist lediglich in Ansätzen zu erkennen und drückt sich höchstens in allgemeinen Formeln aus. Punkt drei der folgenden Aufzählung dürf-

---

497. Vgl. Egypt ›suffering worst economic crisis since 1930s‹, in: the guardian: www.guardian.co.uk/world/2013/may/16/egypt-worst-economic-crisis-1930s (abgerufen am 16.05.2013).

498. Vgl. Muslim Brotherhood: Egypt-Israel peace treaty needs to be reviewed, in: Ha´aretz: www.haaretz.com/news/middle-east/muslim-brotherhood-egypt-israel-peace-treaty-needs-to-be-reviewed-1.400541 (abgerufen am 16.05.2013).

te ein Bezug zum Camp-David Abkommen mit Israel sein. Seit ihrer kurzzeitigen Machtübernahme hat sich diese Sprechweise bei Führungsfiguren der Muslimbrüder eingebürgert, wenn sie Kritik am ägyptisch-israelischen Friedensvertrag üben. Dabei geht es ihnen in erster Linie um die Wiederherstellung vollständiger ägyptischer Souveränitätsrechte, die sie durch die im Vertrag festgesetzte Begrenzung ägyptischer Armeeeinheiten auf der Sinaihalbinsel verletzt sehen:

> *»Ägypten hat in der Region und auf der internationalen Ebene schon immer eine zentrale strategische Rolle gespielt sowie bedeutendes kulturelles und historisches Gewicht gehabt. Darüber hinaus trägt Ägypten große nationale Verantwortung gegenüber seinen arabischen und islamischen Bruderstaaten, als auch gegenüber dem Islam und islamischen Angelegenheiten.*
>
> *Damit wir unsere nationale Sicherheit gewährleisten können, wollen wir die Notwendigkeit hervorheben, die Führungsrolle Ägyptens in der arabischen und islamischen Welt sowie in der ganzen Welt wiederherzustellen.*
>
> *Aus diesem Grund betonen wir das Folgende:*
>
> *1.   Die Einhaltung friedlicher Beziehungen mit allen Ländern, Nationen und internationalen Institutionen, die Förderung gegenseitigen Respekts und gleichberechtigter Beziehungen sowie die Unterstützung von internationalem Frieden, Gerechtigkeit und Sicherheit.*
>
> *2.   Die Beachtung völkerrechtlicher Abkommen und Menschenrechtskonventionen.*
>
> *3.   Abkommen und Verträge zwischen [zwei] Ländern müssen durch das Volk akzeptiert werden. Dies wird nicht erreicht, solange diese Verträge und Abkommen nicht gerecht sind und den Interessen der beteiligten Parteien dienen. [...]Das Völkerrecht erlaubt beteiligten Vertragsparteien die Details eines jeden Abkommens zu überprüfen, das zwischen ihnen abgeschlossen wurde.«*[499]

Auf der Ebene der arabischen und islamischen Staaten strebt die FJP eine regionale Integration unter ihrer Führung an. Darüber hinaus tritt sie dafür ein, dass der Nahe Osten frei von Massenvernichtungswaffen wird, sowie für die Unterstützung unterdrückter Völker im Kampf gegen Besatzung, womit die Situation der Palästinenser im Angesicht der israelischen Politik gemeint sein dürfte:

> *1.   »Das nationale Sicherheitsinteresse Ägyptens beginnt immer in seiner regionalen arabischen und islamischen Umgebung und nicht erst bei seinen Grenzen. Ebenso sehen wir in der Realisierung der arabischen und islamischen Einheit eine der Bedingungen für die nationale Sicherheit sowie für die Wahrnehmung der Führungsrolle Ägyptens, die ihr historisch zusteht.*

---

499. Parteiprogramm der FJP, Kapitel 2, Abschnitt 2.

2.   *Die Unterstützung der Arabischen Liga, der Organisation für islamische Zusammenarbeit und der Afrikanischen Union, damit sie ihre Ziele erreichen. Außerdem streben wir danach die kulturellen und ökonomischen Beziehungen zu verbessern – auch auf der Ebene der Völker.*

3.   *Die Unterstützung des Rechts aller Völker der Welt, sich von Besatzung zu befreien und mit allen Mitteln Widerstand dagegen zu leisten (...). Ebenso unterstützen wir die Völker in ihrem Kampf für Freiheit, Demokratie und die Befreiung aus der Tyrannei.*

4.   *Der Einsatz aller Kräfte für eine gerechte und endgültige Lösung der Palästinafrage, die allen Palästinensern ihr Recht gewährt, einen Staat mit Jerusalem/al-Quds als Hauptstadt zu errichten.*

5.   *Die Arbeit an der Beseitigung aller Massenvernichtungswaffen aus dem Nahen Osten.*[500]

Insgesamt bewegen sich die außenpolitischen Positionen der FJP in einem Rahmen, den man in dieser Form auch bei anderen, säkularen Akteuren in Ägypten finden kann. Sowohl über den ägyptischen Führungsanspruch als auch über die Unterstützung der Palästinenser und die angestrebte regionale Integration herrscht weitestgehend Konsens im politischen Spektrum des Landes.

Lediglich bei der Frage des Camp-David-Abkommens mit Israel wagen sie sich aus der Deckung und fordern etwas verklausuliert, dass Verträge durch das Volk akzeptiert werden müssen, ohne jedoch das Vertragswerk beim Namen zu nennen. Konkret geht es ihnen wohl darum, langfristig die Bedingungen des Vertrages neu zu verhandeln, nicht ihn aufzukündigen, da er Bestimmungen enthält, die die ägyptische Souveränität auf der Sinaihalbinsel einschränken.

5. Die Partei des Lichts – Gegenspieler oder Verbündeter der Muslimbrüder?

Die politischen Standpunkte der Hizb al-Nur (»Partei des Lichts«) standen vom ersten Tag ihres Erscheinens unter der strengen Beobachtung der ägyptischen Öffentlichkeit. Diese Aufmerksamkeit nahm noch zu, nachdem sie bei den ersten freien Parlamentswahlen in der Geschichte des Landes knapp 25% der Stimmen errungen hatte und so zur zweitstärksten parlamentarischen Kraft nach den Muslimbrüdern wurde. Vor allem westliche Beobachter waren angesichts dieses Abschneidens wahlweise überrascht oder geschockt.

Dieser Erfolg beruht auf mehreren Faktoren: Zum einen ist die al-Nur-Partei sehr gut vernetzt und verfügt über eine große Massenbasis und damit über ein sehr

---

500. Ebd.

hohes Mobilisierungspotential, das wohl nur von dem der Muslimbrüder übertroffen wird. Des Weiteren hat sie im Gegensatz zu ihrer ideologisch-religiösen Programmatik ein detailliertes politisches Programm vorgelegt, das zwar bezüglich Reife und Tiefe nicht an das der FJP heranreicht, doch auf die entscheidenden Fragen nach dem Umsturz in Ägypten eingeht: Gewaltenteilung, Staatsform, Grundrechte.

Schließlich ist die Finanzierung von großer Bedeutung. Viele Beobachter in Ägypten fragen sich, wie die Da'wa Salafiyya, deren Anhänger vornehmlich aus den ärmeren Schichten kommen, es geschafft hat, in solch kurzer Zeit eine Partei auf die Beine zu stellen, die in der Lage ist, für fast alle Wahlkreise in Ägypten Kandidaten aufzustellen.[501] Schnell wurden Vermutungen laut, dass die Partei Gelder aus Saudi-Arabien und Qatar erhält, was natürlich auch Auswirkungen auf ihre Unabhängigkeit hätte. Doch es blieb bei Vermutungen, zumal beide Seiten eine solche Finanzierung abstritten.

Aufschlussreich sind die politischen Bündnisse, die im Vorfeld der Parlamentswahlen geschlossen wurden. Nachdem al-Nur sich zunächst der »Demokratischen Allianz«, einem breiten Bündnis von ungefähr 40 Parteien unter Führung der FJP angeschlossen hatte, scherte sie aus wahltaktischen Gründen wieder aus. Dies lag mehr an Besonderheiten des ägyptischen Wahlrechts, das nur relativ kurze Listen zulässt. In Allianzen sind damit die mächtigen Parteien im Vorteil. Die al-Nur-Partei wollte sich mit hinteren Listenplätzen nicht zufriedengeben und gründete nach ihrem Rückzug ein eigenes Wahlbündnis, das sie »Allianz für Ägypten« nannte, in der Öffentlichkeit aber »Islamischer Block« getauft wurde.[502] Dieses Bündnis bestand neben der al-Nur, die die Führungsrolle innehatte, aus zwei weiteren salafistischen Parteien: der »Partei der Authentizität« (Hizb al-Asala) sowie der »Partei für Aufbau- und Entwicklung« (Hizb al-Tanmiyah wal-'Adalah).

Letztere ist der politische Arm der Gama'a Islamiyya, der größten dschihadistisch-salafistischen Gruppe, die aus dem gleichen ideologischen Dunstkreis der 1970er Jahre stammt, in dem die Da'wa Salafiyya entstand. Jedoch waren ihre Gründer stärker vom Gedankengut Sayyid Qutbs beeinflusst, so dass sie den dschihadistischen Pfad einschlugen. Diese Gruppe war bis Ende der 1990er Jahre für zahlreiche blutige Anschläge auf Touristen und Repräsentanten des Staates verantwortlich, darunter auch einen Anschlag auf Husni Mubarak, dem dieser nur knapp entging. Erklärtes Ziel der Gruppe war es, die ägyptische Regierung zu stürzen und sie durch eine islamische zu ersetzen. 1997 gab sie schließlich die

---

501. Vgl. Al-Nour Party, in: Jadaliyya, http://www.jadaliyya.com/pages/index/3171/al-nour-party (abgerufen am 25.05.2013).

502. Vgl. Islamist Bloc, in Jadaliyya: http://www.jadaliyya.com/pages/index/3172/islamist-bloc- (abgerufen am 25.05.2013).

Gewaltstrategie gegen eine mit der Regierung vereinbarte Amnestie für inhaftierte Mitglieder auf.[503] Viele ihrer Mitglieder schlossen sich danach der al-Qaida an und gingen ins Ausland.

Ob der 2011 gegründete politische Arm der Gruppe ähnliche Ziele verfolgt wie die Mutterorganisation, ist kaum auszumachen, da nur sehr wenig über die Partei bekannt ist.

Die Allianz der al-Nur mit den beiden anderen prominenten Parteien aus dem salafistischen Spektrum sollte natürlich auch ein Signal an die FJP senden, in der sie den größten Konkurrenten um Stimmenanteile sieht.[504] Die Konkurrenz ging so weit, dass beide Parteien entgegen erster Verlautbarungen auch um Parlamentssitze in Wahlkreisen kämpften, die nach dem Mehrheitswahlrecht entschieden werden, die Stimmen für den Unterlegenen also verloren gehen.[505]

5.1 Weder theokratisch noch säkular: Der staatsbürgerliche Staat der al-Nur

Doch obwohl die beiden Konkurrenten auf der ideologischen Ebene unterschiedliche Vorstellungen haben, sind die politischen Forderungen der al-Nur, ausgedrückt in ihrem Parteiprogramm genauso vom revolutionären Zeitgeist geprägt wie diejenigen der FJP. Auch die al-Nur-Partei versucht sich als Teil des Volks zu präsentieren, der von Anfang an hinter den Forderungen der Demonstranten stand und den Sturz des Systems sowie Reformen gefordert hat. Dabei stellt sie gleich zu Beginn klar, welche Staatsform ihr *nicht* vorschwebt:

> *»Die Reform des politischen Systems ist zu einer grundlegenden und wesentlichen Forderung aller Bevölkerungsteile geworden. Das Volk ist das Fundament für Reformen in allen Lebensbereichen und es ist die Ordnung, auf der die Stabilität der Gesellschaft beruht.*
>
> *Die Partei fordert die Errichtung eines modernen Staates auf den neuen Prinzipien[506], der das Recht auf ein friedliches Zusammenleben zwischen allen Bürgern respektiert und der keine Ähnlichkeit zum theokratischen Modell hat, das nämlich einen Staat will, der das göttliche Recht in der Herrschaft propagiert und für sich allein die richtige Meinung beansprucht.*
>
> *Und gleichermaßen fordert die Partei einen Staat, der keine Ähnlichkeit zum*

---

503. Vgl. für Entstehung und organisatorische wie ideologische Verbindungen der Gama'a Islamiyya: Damir-Geilsdorf, Sabine: Ebd. 2003, S. 258-267.

504. Vgl. Büchs, Annette: Ebd. 2012, S. 5.

505. Vgl. Salafi Nour Party: The largest political force in the governorate, www.egyptvotes.org/en/politics/item/328-the-salafi-nour-party-the-largest-political-force-in-the-governorate.html (abgerufen am 25.05.2013).

506. Gemeint ist das Ende der Einparteienherrschaft während der dreißigjährigen Mubarak-Ära und deren Ablösung durch ein pluralistisches politisches System.

säkularen Modell hat, welches die Umma ihrer kulturellen Identität und Wurzeln berauben will.«[507]

Die hier aufscheinende Verknüpfung von Reform und Staatsform ist ein zentrales Motiv der al-Nur-Partei. Interessanterweise äußert sie sich nicht dazu, wer Souverän in ihrem Staat sein soll. Etwas kryptisch heißt es nur, dass das Volk die Basis für Reformen und Stabilität sei. Damit umgeht sie eine Auseinandersetzung mit der schwierigen Frage, ob nicht Gott alleiniger Souverän ist – was ihrem Fernziel einer durch die Vorschriften der Scharia geregelten Gesellschaftsordnung entsprechen würde. An dieser Stelle werden ihre Grenzen deutlich, die durch ihr salafistisch-konservatives Verständnis der Scharia gezogen werden.

Für den Staat schwebt ihr weder ein religiös legitimiertes, theokratisches Modell, noch ein säkulares Modell vor, das in den Augen der Partei dem Atheismus gleichkommt und deshalb abzulehnen ist: »Ein säkularer Staat ist von der Religion getrennt – und das können wir nicht akzeptieren«[508], so ihr ehemaliger Vorsitzender Imad al-Din Abd al-Ghafur. Vielmehr will sie einen »staatsbürgerlichen« Staat, in dem grundlegende Rechte der Bürger garantiert sind. Auch Abd al-Ghafur stellte dies in den Mittelpunkt der Parteiarbeit, indem er Befürchtungen zu zerstreuen suchte, die al-Nur strebe mit ihren Reformforderungen danach, einen Gottesstaat zu errichten. Vielmehr verfolge sie drei Reformziele in Verbindung mit der Errichtung eines neuen demokratischen, rechtsstaatlichen Gemeinwesens:

> »Wir wollen einen [Staat], dessen Basis die Demokratie ist, die Herrschaft des Rechts und Menschenrechte. Wir wollen keinen religiösen Staat, aber genauso wenig wollen wir, dass die Umma keine Verbindung zum Glauben hat. [...] Wir sind nur eine politische Partei. Wir würden nie versuchen, gesellschaftliche Veränderungen, von denen wir denken, dass sie unangemessen sind, durch die Auslöschung bestimmter Traditionen und Gepflogenheiten (dem Volk) aufzwingen. Wir können niemanden zwingen etwas zu tun oder zu unterlassen – das wäre gegen unsere Überzeugungen.
>
> Das erste [Ziel der Reform] liegt in der politischen Arena. Wir wollen schlicht, dass die Menschen in einem demokratischen System ihren Herrscher und ihre Repräsentanten auswählen. Der Präsident, das Parlament, Kommunalräte, Universitätsrektoren – alles sollte der Entscheidung des Volkes überlassen werden.
>
> Zweitens wollen wir die Sicherheitslage in Ägypten verbessern, die sich seit einem Jahr verschlechtert.
>
> Und schließlich wollen wir ökonomische Reformen durchsetzen. Denn die

---

507. Programm der Nur-Partei, Politisches Programm.
508. Q&A: Emad el-Din Abdel Ghafour, Chairman of the Salafist al-Nour Party, Ebd.

Finanzkrisen während der Herrschaft Mubaraks waren verantwortlich für die Revolte gegen ihn. [...]«[509]

Die hier vertretenen Vorstellungen unterschieden sich kaum von denen der Muslimbrüder oder der Hamas. Alle diese Akteure lehnen ein Staatsmodell ab, in dem Rechtsgelehrte das Sagen haben. Vielmehr streben sie eine Art »Dritten Weg« an, der der Religion eine wichtige Rolle zuweist, ohne dass sie alles dominiert. Dies scheint in Widerspruch zu ihren Vorstellungen zu stehen, die Scharia in Ägypten einführen zu wollen. Jedoch ist auch al-Nur realistisch genug, dass dies, wenn überhaupt, nur schrittweise geschehen könne. Und schließlich steht aus Sicht der al-Nur die Einführung der Scharia nicht im Widerspruch zu Rechtsstaatlichkeit, sondern bedeutet umgekehrt ihre Verwirklichung. Aus westlich-liberaler Sicht ist eine wörtliche Umsetzung schariarechtlicher Bestimmungen sicherlich nicht mit demokratischer Rechtsstaatlichkeit vereinbar. Vielmehr ist damit eine im Rahmen der Scharia garantierte Rechtsstaatlichkeit gemeint.

In einem weiteren Schritt führt die al-Nur-Partei aus, welche Merkmale ihr Staat haben soll:

> *»Die Partei fordert einen Staat, der auf einem Pluralismus der Institutionen und auf der Gewaltenteilung beruht: Legislative, Judikative und Exekutive sollen auf gleichberechtigte Weise arbeiten. Die Gewaltenteilung soll die Freiheiten und die Verwirklichung der Gerechtigkeit zwischen allen Bürgern sichern, die Chancengleichheit schützen, die Grundrechte wahren und die Normen der Transparenz und Rechtschaffenheit berücksichtigen.«*[510]

Auch hier spiegelt das Programm unausgesprochen Erfahrungen aus der Mubarak-Ära wider, die es zu überwinden gilt. Diese kontrastiert die al-Nur mit Eigenschaften des künftigen Gemeinwesens, die zwei Bedingungen unterworfen werden: Sie müssen sich innerhalb der Grenzen der Scharia bewegen und als ultimatives Ziel dazu beitragen – das zugleich als Wesensmerkmal der Scharia beschrieben wird – Gerechtigkeit zu verwirklichen. Um dies umsetzen zu können, führt al-Nur einen langen Katalog staatbürgerlicher Rechte an, deren Notwendigkeit sie aus den Erfahrungen mit vergangenem Unrecht und Willkür unter Mubarak herleitet:

> *»Die Beraubung der Grundrechte und die Beschränkung der allgemeinen Freiheiten, unter denen das Volk jahrzehntelang litt, gehören zu den wichtigsten Gründen der Januarrevolution. Daraus folgt zwingend, dass die Aufrechterhaltung der Grundrechte und der allgemeinen Freiheiten im Rahmen der islamischen Scharia zu den*

---

509. Ebd.
510. Programm der al-Nur-Partei, Politisches Programm.

Prioritäten gehört, ohne die es nicht möglich ist, den Menschen und das Vaterland sicher und stark zu machen. Gleichermaßen ist es von Bedeutung, legitime Freiheiten zu gewähren und zu unterstützen, wobei die Werte der Nation und die öffentliche Ordnung gewahrt bleiben müssen.«[511]

Danach fordert sie eine Reihe von Freiheits- und Kontrollrechten, die interessanterweise als kollektive Rechte formuliert werden und nicht als individuelle Freiheits- und Abwehrrechte. Dies hängt mit ihrem Verständnis vom göttlichen Ursprung der Rechte und dem Adressaten, der Umma, also der Gemeinschaft der Gläubigen, zusammen. Als Teil der Scharia gelten diese Rechte zwar auch für den einzelnen Menschen, kommen aber in erster Linie dem Kollektiv zu, das dadurch als Rechtssubjekt konstituiert wird. Diese Konstruktion misst der Umma größere Bedeutung bei als dem Individuum und besagt nichts anderes, als dass Gerechtigkeit nur im Kollektiv zu erreichen ist.

Im Westen ist ein solches Rechtskonzept allerdings umstritten, da es dazu führen kann, dass Rechte von Individuen zugunsten der Gruppe marginalisiert werden[512]

»Zu diesen Freiheiten gehören: Die Meinungs- und Redefreiheit, die Pressefreiheit, die Koalitionsfreiheit, die Publikationsfreiheit von Zeitungen und anderen Druckerzeugnissen und das Verbot, ihr Erscheinen durch Verwaltungsmaßnahmen zu verhindern. Zudem soll die Judikative zuständig für die Urteilsfindung bei Angriffen gegen Parteien und Zeitungen sein.

Zu den wichtigsten Rechten, die bewahrt werden müssen, gehören:

1.   Das Recht der Gesellschaft, Art und Inhalt der Übereinkunft zu bestimmen, die sie mit dem Herrscher eingeht, und der ihre öffentlichen Angelegenheiten im Rahmen von Schura[513] *(Beratung) und Demokratie und nicht nach den Regeln der Willkür und des Despotismus lenkt.*

2.   Das Recht der Gesellschaft durch repräsentative, verantwortungsbewusste und transparente Institutionen, deren Gründung auf glaubwürdige, freie und unparteiische Art geschah, die politischen, ökonomischen, kulturellen und gesellschaftlichen Leitlinien des Staates zu bestimmen.

3.   Das Recht der Gesellschaft denjenigen auszuwählen, der deren öffentliche Angelegenheiten organisiert und lenkt.

511. Ebd.
512. Vgl. »Group Rights«, http://plato.stanford.edu/entries/rights-group/ (abgerufen am 25.05.2013).
513. Bezug zur gleichnamigen Sure 42 im Koran, wo es in Vers 38 heißt: »Die auf ihren Herrn hören, das Gebet […] verrichten, sich untereinander beraten […] und von dem, was wir ihnen (an Gut) beschert haben, Spenden geben«. Islamische Parteien interpretieren dies als koranische Absage an die Herrschaft durch einen Alleinherrscher, in manchen Fällen auch als Aufforderung zur Demokratie.

4. Das Recht der Gesellschaft, denjenigen aufzustellen, zu kontrollieren und zur Rechenschaft zu ziehen, der deren öffentliche Angelegenheiten organisiert und lenkt.
5. Das Recht der Gesellschaft, sich selbst zu organisieren und das Recht, ihre unterschiedlichen Ansichten zum Ausdruck zu bringen.
6. Das Recht der Gesellschaft, sich selbst gegen jede Form der Willkür, herrschaftliche Übergriffe und Despotismus zu schützen.
7. Das Recht der Gesellschaft, die menschliche Würde aller ihrer Mitglieder in ihren verschiedenen Erscheinungsformen ökonomisch, kulturell und gesellschaftlich zu wahren; würdige Arbeit und ein Leben in Würde, ausreichende Kaufkraft, kostenlose Behandlung und Bildung in den voruniversitären Stufen des Bildungsverlaufs und angemessenes Wohnen.«

Die al-Nur legt nachdrücklichen Wert auf Herrschaftskontrolle und demokratische Verfahren, indem sie auf Rechenschaftspflicht, Transparenz, freie Wahlen und sogar auf ein Abwehrrecht gegen ungerechte Herrschaft pocht. Die Schura soll dafür den normativen Rahmen abgeben. Überraschenderweise identifiziert auch die al-Nur die Schura mit der Demokratie, ohne weiter darauf einzugehen oder den in salafistischen Kreisen nicht unüblichen Versuch zu machen, die Demokratie als ursprünglich islamisch zu legitimieren. Durch die Gleichsetzung setzt sie dies einfach voraus und erspart sich damit jegliche Diskussionen:

»Zur Notwendigkeit, die Demokratie im Rahmen der islamischen Scharia zu verwirklichen:
Dies ist notwendig,

- *damit das Volk in Freiheit sein Recht ausübt, politische Parteien zu gründen.*
- *damit garantiert ist, dass die Parteien ihre Arbeit in Freiheit ausüben, solange sie sich zur Verfassung, den Prinzipien der Umma und ihrer öffentlichen Ordnung bekennen.*
- *damit der friedliche Machtwechsel durch freie, direkte und faire Wahlen stattfinden kann.*
- *damit das Volk seine Abgeordneten und Herrscher frei wählen kann.*
- *damit die Regierung kontrolliert, zur Rechenschaft gezogen und auch abgelöst werden kann, falls ein Fehlverhalten ihrerseits festgestellt wird.«*[514]

Einzige Einschränkungen, die al-Nur hier macht, sind die Verfassung, die Prinzipien der Umma sowie die öffentliche Ordnung. Während die erste Einschränkung in modernen Verfassungsstaaten üblich ist, stellt der schwammige Verweis auf die Prinzipien der Umma und die öffentliche Ordnung eine Möglichkeit dar, den wei-

---

514. Programm der Nur-Partei, Politisches Programm.

ter oben propagierten Parteienpluralismus zu unterbinden, wenn »unislamische« Werte oder Ziele verfolgt würden.

Die staatbürgerlichen und staatsrechtlichen Linien, die al-Nur hier ausbreitet, sollen durch eine unabhängige Justiz garantiert werden, da unter Mubarak Einflussnahme durch die Exekutive fast zum Normalfall gehörte. Al-Nur teilt der Justiz eine Kontrollfunktion zu, die das Funktionieren demokratischer Verfahren sicherstellen sowie die grassierende Korruption beenden soll:

> *»Es ist unabdingbar, dass sie [Justiz] vollständige Unabhängigkeit genießt und dass dies ohne Kontrolle oder Lenkung durch den Präsidenten der Republik oder irgendeiner anderen ausführenden Gewalt, außer der Justizaufsichtsbehörde, die dem obersten Justizrat unterstellt ist, passiert.*
>
> *Denn die Unparteilichkeit der Justiz und die Respektierung des Bürgers sind das Fundament, ohne welches es keine Gerechtigkeit beim Urteilen zwischen natürlichen oder juristischen Personen gibt. Vor dem Gesetz sind sie gleich, ohne Diskriminierung oder Bevorzugung. Eine gerechte Justiz ist immer unvoreingenommen; sie kennt nur das Instrument des Gesetzes und achtet auf seine Einhaltung. [...]*
>
> *Die Gerichte sollen bei Wahlfälschung und politischem Betrug angestrengt werden sowie bei der Vereinnahmung des mächtigen Medienapparats durch eine bestimmte politische Strömung auf Kosten der anderen politischen Strömungen. [...]*
>
> *Die permanente und lückenlose Kontrolle aller Institutionen und Behörden durch unabhängige und unparteiische Organe ist die erste und grundlegende Verteidigungslinie im Kampf gegen Korruption, Plünderung und Vetternwirtschaft, gegen die doppelten Standards und die politische Willkür, gegen die Vereinnahmung der Behörden, das Unrecht und die Unterdrückung.«*[515]

5.2 Außenpolitische Vorstellungen

Der Abschnitt zur Außenpolitik ist sehr kurz geraten und umreißt auf relativ allgemeine Weise die Vorstellungen der Partei des Lichts (al-Nur). Hinsichtlich der internationalen Position Ägyptens sieht die al-Nur-Partei einen nicht zu akzeptierenden Bedeutungsverlust, verursacht durch die Konzentration auf innenpolitische Probleme in den vergangenen Jahrzehnten. Aus diesem Grund fordert sie eine Rückkehr zu alter Stärke und die Fokussierung auf die afrikanische, islamische und arabische Staatenwelt. Weitere Punkte ihres außenpolitischen Programms sind friedliche Außenbeziehungen, Sicherheitspolitik, Stärkung diplomatischer Beziehungen sowie die Durchsetzung politischer Unabhängigkeit:

---

515. Programm der al-Nur-Partei, Politisches Programm.

»Die Außenbeziehungen müssen, bei gleichzeitiger Bewahrung unserer Kultur und Identität, auf dem Prinzip des »Zusammenlebens der Kulturen« und nicht auf dem des »Kampfes der Kulturen« basieren und die Werte von Gerechtigkeit, Freiheit und des Rechts respektieren sowie darauf verzichten, die Rechte des anderen mit Gewalt zu unterdrücken. [...]

Die diplomatischen Beziehungen Ägyptens zu ihrer afrikanischen Umwelt müssen gestärkt werden, insbesondere zu den Anrainerstaaten des Nils. Desgleichen müssen die diplomatischen Beziehungen auf der internationalen und islamischen Ebene gestärkt sowie die gegenseitige Kooperation in Wirtschaftsfragen und kulturellen Fragen gefördert werden, was dazu beitragen wird, Ägyptens Rang im internationalen System wiederherzustellen.

Natürlich muss die Außenpolitik zur nationalen Sicherheit beitragen sowie [internationale] Verträge und Abkommen respektieren. Sie muss die Interessen der ägyptischen Nation im Besonderen und die der arabischen und islamischen Umma im Allgemeinen verfolgen.

Des Weiteren muss sie die Unabhängigkeit der politischen Entscheidungsgewalt Ägyptens unterstützen, die auf den tatsächlichen Interessen des Landes basiert. Diese Interessen spiegeln sich im freien, nationalen Willen wider, der durch das Parlament repräsentiert wird. Ferner ist klar, dass politische Entscheidungen Ägyptens so lange nicht unabhängig sind, wie das Land nicht ökonomisch unabhängig ist.«[516]

Neben den zu erwartenden Formulierungen, die man auch bei der FJP finden konnte, stechen einige interessante Punkte besonders hervor. Der Hinweis auf die »tatsächlichen Interessen« Ägyptens und die Notwendigkeit, unabhängige politische Entscheidungen zu treffen, spielt auf die Dominanz ägyptischer Außenpolitik durch die USA und deren Interessen im Nahen Osten an. Es darf nicht vergessen werden, dass Ägyptens Militär unter Mubarak nach Israel zum zweitgrößten Empfänger von Finanzhilfen geworden und, wohlwollend formuliert, zu einem verlässlichen Partner aufgestiegen ist. Nicht umsonst gab es nach dem Sturz Mubaraks in den USA die Befürchtung, dass sich dieses Verhältnis in Luft auflösen würde. Doch sowohl der Oberste Militärrat, der vorübergehend die Macht übernahm, als auch die Muslimbrüder taten kaum etwas, um dieses Verhältnis grundsätzlich in Frage zu stellen. Zu groß ist die Abhängigkeit Ägyptens von den amerikanischen Milliarden. Außerdem geht ein Großteil der ägyptischen Exporte in die EU und die USA, so dass insbesondere nach dem ökonomischen Verfall, der auf den Umsturz erfolgte, Ägypten sich eine Kehrtwende in der Außenpolitik nicht erlauben kann.[517] So bleibt diese Formulie-

---

516. Programm der al-Nur-Partei, Außenpolitik.
517. Vgl. Grimm, Jannis/ Roll, Stefan: Ägyptens Außenpolitik unter Muhammad Mursi, SWP-Aktuell 58 (10/2012), S. 3-4.

rung ein frommer Wunsch, ist aber hinsichtlich der außenpolitischen Prioritäten der al-Nur-Partei instruktiv.

Während sie den israelisch-palästinensischen Konflikt nicht explizit erwähnt, ist der Verweis auf die »gewalttätige Unterdrückung der Rechte des anderen« als Hinweis darauf zu deuten. Allerdings heißt das nicht, dass sie den Friedensvertrag zwischen Israel und Ägypten aufheben will, wie vielfach vermutet wurde.[518] Vielmehr verspricht sie die Einhaltung internationaler Verträge. Allerdings würde sie gerne einige Bestimmungen des Vertragswerks ändern und das ungleiche israelisch-ägyptische Verhältnis auf eine neue Grundlage stellen, wie ihr Vorsitzender Abd al-Ghafur zugibt:

> *»Nochmals, wir respektieren es [Camp-David-Abkommen], wie andere Abkommen auch, aber wir würden gerne einige seiner Bestimmungen einer Überprüfung unterziehen. Wir wollen, dass auch Israel sich an seine Verpflichtungen hält und das Palästinaproblem löst.«[519]*

Diese Aussagen richten sich gegen Bestimmungen des Vertrages, die Ägyptens Souveränität auf der Sinai-Halbinsel einschränken und die Insel praktisch zur entmilitarisierten Zone machen. Hierin stimmt sie mit der Position der FJP überein. Darüber hinaus kritisiert Abd al-Ghafur bestehende Gasliefferverträge zwischen den beiden Staaten, da sie gegen den Willen des Volkes geschlossen worden seien:

> *»Das Erdgasabkommen zwischen Israel und Ägypten wurde unter Mubaraks Herrschaft gegen großen Widerstand durchgesetzt. Einige haben Verfahren dagegen angestrengt, aber Mubarak hat das einfach ignoriert. Während Mubaraks Herrschaft war Ägypten sehr schwach und Israel konnte tun und lassen, was es wollte. Dies muss sich ändern. Die öffentliche Meinung in Ägypten darf nicht weiter ignoriert werden.«*

Bereits kurz nach dem Sturz Mubaraks waren die Erdgaslieferungen Ägyptens an seinen Nachbarn Gegenstand heftiger Diskussionen im islamisch-salafistischen Milieu. In der Folge kam es in den Jahren 2011 und 2012 zu über einem Dutzend Anschlägen dschihadistischer Gruppen gegen Gaspipelines auf dem Sinai.

Die Dschihadisten wollen natürlich verhindern, dass dem Erzfeind wertvolle Ressourcen geliefert werden, den dieser im Kampf gegen ihre palästinensischen Brüder einsetzt. Auf politischer Ebene und im Volk wird sowohl von den Muslimbrüdern als auch von salafistischer Seite kritisiert, dass Ägypten die Hälfte seiner Gasvorkommen an Israel und Jordanien liefert, obwohl es im Land im-

---

518. Vgl. Egypt‹s Al-Nour Party Threatens to Change Treaty with Israel, http://www.albawaba.com/editorchoice/egypts-al-nour-party-threatens-change-treaty-israel-406759 (abgerufen am 25.05.2013).
519. Q&A: Emad el-Din Abdel Ghafour, Chairman oft he Salafist al-Nour Party, Ebd.

mer wieder zu Engpässen bei der Gasversorgung kommt. Zudem behauptet al-Nur, dass Ägypten in den Verträgen übervorteilt wird und sein Gas weit unter Wert verkaufe.[520]

Letztendlich drückt sich in der Kritik am Gasabkommen der Wunsch aus, Korrekturen an Entscheidungen vornehmen zu wollen, die vom Mubarak-Regime getroffen wurden, und aus ihrer Sicht gegen den Willen des Volkes verstießen. Damit inszeniert sich die al-Nur-Partei als Anwältin des Volkes und versucht Ägyptens Rolle in der Region zu vergrößern, indem sie auf eine Machtprojektion gegenüber Israel setzt. Zugleich erhöht diese Kritik ihre Legitimität bei der ultrakonservativen Wähler- und Anhängerschaft.

Lässt man das gesamte politische- und außenpolitische Programm der al-Nur noch einmal Revue passieren, so fällt auf, dass es auf religiöse Rhetorik verzichtet, ein Merkmal, das es mit den anderen Organisationen und Parteien teilt. Nur was die Implementierung der Scharia betrifft, geht sie über den moderaten Kontext der Muslimbrüder oder der Hamas hinaus.

In anderen Fragen sind ihre Positionen mit denen moderaterer Parteien vergleichbar. Allerdings lässt sie auch viele Fragen unbeantwortet, etwas wie sie zur Volkssouveränität oder den strafrechtlichen Bestimmungen (Hadd-Strafen) der Scharia steht. Die politische Praxis in den Jahren ab 2011 hat gezeigt, dass es sich bei den angesprochenen offenen Fragen eher um Pragmatismus als um eine Verschleierungstaktik handelt.

Im Kampf um Einfluss und Positionen zeigt sich al-Nur kompromissbereit und äußerst flexibel, etwa als sie im Frühjahr 2013 eine temporäre Allianz mit säkularen Kräften einging, um eine Kampagne gegen den Generalstaatsanwalt zu unterstützen, der vom abgesetzten Präsident Muhammad Mursi im November 2012 eingesetzt worden war. Mursi wurde vorgeworfen, mit der Installation eines Getreuen auf diesem Posten, die Unabhängigkeit der Justiz untergraben zu wollen.[521]

Dieser Schritt der al-Nur-Partei war zugleich Ausdruck ihres stetig wachsenden Selbstbewusstseins gegenüber der Muslimbruderschaft, zu der sie sich mehr und mehr in einen machtpolitischen Gegensatz begibt, nachdem sie zunächst als Unterstützer der FJP und Mursis aufgetreten war.

Al-Nur möchte sich im politischen System als realpolitisch verlässlicher Partner etablieren, dessen Handeln primär durch machtpolitische Interessen geleitet ist, nicht durch Ideologie. Khalil al-Anani, Nahostexperte an der Durham University, hat dies in eine einfache Formel gepackt: »Die Krise zwischen der Muslimbruder-

---

520. Vgl. Egypt's gas pipeline to Israel and Jordan bombed for 13th time, in: http://english.ahram.org.eg/NewsContent/1/64/36114/Egypt/Politics-/Egypts-gas-pipeline-to-Israel-and-Jordan-bombed-fo.aspx (abgerufen am 25.05.2013).

521. Vgl. El-Hennawy, Noha: A Salafi way out? Ebd.

schaft und den Salafisten zeigt, dass Macht und nicht Religion oder Ideologie das ultimative Ziel der Islamisten ist.«[522]

522. Al-Anani, Khalil: The Salafi-Brotherhood Feud in Egypt, in: www.al-monitor.com/pulse/origi-nals/2013/02/muslim-brotherhood-salafist-feud-in-egypt.html (abgerufen am 25.05.2013)..

Kapitel Vier

Sozioökonomische Positionen

1. Eigentum, Gerechtigkeit und Fürsorge: Leitlinien islamischer Ökonomien

Neben ihren politischen Aktivitäten, sind islamische Bewegungen auch für ihr soziales und gesellschaftliches Engagement bekannt. Sie bauen Schulen, Krankenstationen, Sozialzentren, ja sogar die Islamische Universität in Gaza geht maßgeblich auf die Initiative der Muslimbrüder zurück. Ohne Zweifel tragen diese Aktivitäten viel zur Popularität und zur Verankerung in den jeweiligen Bevölkerungen bei. Wie bereits ausgeführt, stellt das soziale Engagement oftmals einen notwendigen Ersatz für staatliches Versagen in diesen Bereichen dar. Andererseits profitieren diese Bewegungen natürlich davon, indem sie auf diese Weise eine Anhängerschaft bekommen, deren Loyalität weit über das übliche Maß hinausgeht. Man kann sagen, dass bei Widerstandsorganisationen mit militärischem Arm eine komplementäre Dialektik zwischen sozialer Arbeit und politischem Aktivismus besteht, die viel stärker ausgeprägt ist, als etwa bei der ägyptischen FJP (Partei für Freiheit und Gerechtigkeit). Nur durch eine massenhafte ideologische wie praktische Verankerung im Volk, kann der militärische Widerstand überhaupt erst geführt werden. So kommt der sozialen Arbeit im Denken etwa der Hizbollah das gleiche Gewicht zu wie dem bewaffneten Widerstand. Ähnlich verhält es sich bei der Hamas, bei der das soziale Element schon immer großes Gewicht hatte und unabdingbar für die Akzeptanz des bewaffneten Kampfs in den besetzten Gebieten war.

Mit der schrittweisen Integration vieler Bewegungen in die politischen Systeme ihrer Länder, begannen sie zusätzlich zu ihren sozialen Aktivitäten Wirtschaftsprogramme zu entwickeln, die auf die je gültigen nationalstaatlichen Bedingungen eingehen und Lösungsrezepte für die wirtschaftlichen Probleme anbieten. Dies gilt insbesondere für die FJP und al-Nur-Partei[523], die nach dem Sturz Mubaraks zu legalen politischen Parteien wurden und damit rechnen konnten, im zukünftigen ägyptischen Parlament vertreten zu sein. In eingeschränktem Maße gilt dies zwar auch für die Widerstandsbewegungen, doch liegt bei ihnen der Fokus eindeutig auf der praktischen sozialen Arbeit.

---

523. Gleiches gilt für andere islamische Akteure, die keinen bewaffneten Arm haben und im jeweiligen politischen System als legale Parteien verankert sind, wie etwa die Ennahda in Tunesien.

Obwohl die islamischen Bewegungen auf dem Gebiet der Fürsorge große Erfahrungen besitzen, erschöpfen sich ihre wirtschaftspolitischen Maßnahmen in einem oberflächlichen (Neo)liberalismus, der sich kaum von europäischen oder dem US-amerikanischen Systemen unterscheidet. Der Anteil externer Zwänge durch die Politik des IWF und der Weltbank, die gegenüber verschuldeten Ländern wie Ägypten die Vergabe von dringend benötigten Krediten an die Durchsetzung neoliberaler Reformen knüpfen, darf dabei allerdings nicht unterschätzt werden. Eine Ausnahme bildet hier die Hizbollah, deren Wirtschafts- und Sozialprogramm sich deutlich von den neoliberalen Programmen der anderen islamischen Parteien abhebt und eher als links-sozialdemokratisch bezeichnet werden kann.

Ein weiterer Faktor, der die Implementierung neoliberaler Praktiken begünstigt, liegt in der Interpretation koranischer Vorschriften selbst begründet. Während die frühen Protagonisten des Politischen Islam, Hassan al-Banna und Sayyid Qutb, den Westen für seinen Materialismus geißelten und sowohl kapitalistische wie auch sozialistische Systeme für islamische Gesellschaften ablehnten, muss betont werden, dass es einen genuin islamischen »Dritten Weg« oder gar ein »islamisches Wirtschaftssystem«, wie die FJP behauptet, nicht gibt. Vielmehr kann man von einem Set von Werten und Prinzipien sprechen, die sich aus Koran und Sunna ergeben und – ähnlich wie bei islamischen Staatskonzepten – eher einen normativen Rahmen für ein islamisches Wirtschaftssystem setzen und ethisches Verhalten, das sich an den Prinzipien der Scharia orientiert, einfordern. Nichtsdestotrotz verfügen islamische Denksysteme über einen beeindruckenden Umfang von rechtlichen Bestimmungen, die das ökonomische Handeln der Individuen steuern sollen. Diese Instrumentarien haben sich aber erst über die Jahrhunderte lange Tradition der Rechtssetzung islamischer Rechtsgelehrter entwickelt, die die wenigen orthodoxen Bestimmungen des frühen Islam als Ausgangsbasis ihrer Bemühungen genommen haben.[524]

Vertreter der These, dass Islam und Marktwirtschaft nicht vereinbar seien, werden überrascht sein zu sehen, wie kompatibel beide Systeme tatsächlich sind. Grundlegend für die Verwandtschaft sind lediglich zwei Prinzipien[525], die islamische Wirtschaftsordnungen erfüllen müssen, und von denen ausgehend alle weiteren Bestimmungen geregelt werden[526]: Die obligatorische Abgabe – »Zakat« – ei-

---

524. Vgl. Nienhaus, Volker: Islam und Staatlichkeit. Zur Vereinbarkeit von Religion, Demokratie und Marktwirtschaft, in: Internationale Politik 3, März 2012, S. 11-18, S. 16.

525. Natürlich gibt es weitere Werte, die dieses Verhältnis bestimmen und im Islam zentral für die Konstitution der Wirtschaftsordnung sind; dazu gehören die Freiheit sowie die (soziale) Gerechtigkeit als ultimative Ziele jeder menschlichen politisch-ökonomischen Ordnung. Vgl. Winterberg, Jörg M.: Religion und Marktwirtschaft. Die ordnungspolitischen Vorstellungen im Christentum und Islam, Baden-Baden: Nomos 1994, S. 183-184.

526. Vgl. Ebd., S. 16; Vgl. Imran, Hatem: Das islamische Wirtschaftssystem. Normen und Prinzipien einer alternativen Ökonomie, Salzwasserverlag 2008, S. 21-23, S. 41, S. 47; Vgl. Winterberg, Jörg M.: Ebd.

nes Teils des Vermögens an Bedürftige sowie das von koranischen Bestimmungen abgeleitete Recht auf Privateigentum.[527]

1.1 Privateigentum als Gunst Gottes, oder: Ohne Fleiß kein Preis

So wie Gott alleiniger Souverän über Himmel und Erde ist, so ist er auch Eigentümer aller irdischen Güter. Dem Mensch fällt aber ein Nutzungsrecht zu, da er zu den von Gott eingesetzten »Nachfolgern«[528] auf Erden gehört. Nach diesem Konzept ist es ihm erlaubt, sich irdische Güter in verantwortungsvoller Weise[529] anzueignen. Moderne Interpreten subsumieren unter das Gebot der Verantwortung nicht nur den Umgang mit Produktionsmitteln (Kapital, Arbeit, Boden), sondern weiten es auf die Umwelt und den Umgang mit anderen Menschen aus.[530]

Darüber hinaus findet das Eigentumsprinzip Erwähnung im Koran, etwa wenn es heißt: »Allah befiehlt euch, anvertraute Güter (nach Ablauf der verabredeten Frist) ihren Eigentümern (wieder) auszuhändigen [...]«[531]. Bedenkt man, dass der Prophet Muhammad und seine erste Frau Khadija ihren Lebensunterhalt mit Handel bestritten haben, erscheint es als sehr plausibel, dass das Privateigentum integraler Bestandteil islamischer Vorstellungen ist. Folglich stellt sich der Koran nur gegen betrügerische Machenschaften beim Handel, kommerzieller Gewinn jedoch wird als »Gunst Gottes« bezeichnet.[532]

Jedoch kennt das Eigentumsrecht im Islam zwei besondere Einschränkungen, die vielfache Implikationen mit sich bringen. Zum einen wurde oft argumentiert,

---

1994, S. 192-198.

527. Eine dritte koranische Bestimmung, das sogenannte Zinsverbot, das für islamische Wirtschaftssysteme maßgeblich ist, soll bei der folgenden Betrachtung außer Acht gelassen werden, da es für die Frage der sozialen Gerechtigkeit und Wohlfahrt nur marginale Bedeutung hat. Es ist im Koran an mehreren Stellen verankert. Ein Verstoß dagegen gilt als schwere Sünde, die mit ewiger Höllenpein vergolten wird. Vgl. etwa Koran 2:275: »Diejenigen, die Zins nehmen, werden (dereinst) nicht anders dastehen als wie einer, der vom Satan erfasst und geschlagen ist (so dass er sich nicht mehr aufrecht halten kann). Dies (wird ihre Strafe) dafür (sein), dass sie sagen: ›Kaufgeschäft und Zinsleihe sind ein und dasselbe.‹ Aber Allah hat (nun einmal) das Kaufgeschäft erlaubt und die Zinsleihe verboten. Und wenn zu einem eine Ermahnung von seinem Herrn kommt (wie z.B. die, das Zinsnehmen zu unterlassen) und er dann aufhört (zu tun, was ihm verboten wurde), so sei ihm (belassen), was bereits geschehen ist! Und die (letzte) Entscheidung über ihn steht bei Allah. Diejenigen aber, die es (künftig) wieder tun, werden Insassen des Höllenfeuers sein und (ewig) darin weilen.«

528. Vgl. etwa Koran 10:14: »Hierauf, nachdem sie nicht mehr da waren [vorige Generationen], setzten wir euch zu Nachfolgern [der Generationen] auf der Erde ein, um zu sehen, wie ihr Handeln würdet.«

529. Imran, Hatem: Ebd. 2008, S. 23

530. Vgl. Ebd., S. 22-23.

531. Koran 4:58.

532. Rodinson, Maxime: Islam und Kapitalismus, Frankfurt: Suhrkamp 1971, S. 47; Koran 2:198 »Es ist keine Sünde für euch, danach zu streben, dass euer Herr euch Gunst erweist (indem ihr die Wallfahrt mit Handelsgeschäften verbindet).«

dass die Verfügungsgewalt über öffentliche Güter wie Wasser und Bodenschätze nicht in private Hände fallen dürfe. Maxime Rodinson hat das in seiner etwas altertümlichen Sprache als das »erhabene Recht des mohammedanischen Staates auf Grund und Boden«[533] bezeichnet. Und tatsächlich besteht bei dieser Frage sowohl bei Muslimen als auch bei westlichen Islamwissenschaftlern Einigkeit.[534] Diese Einschränkung ergibt sich aus dem eingangs besprochenen, zentralen Konzept der Nachfolgerschaft des Menschen, demzufolge die Menschen nur von Menschen geschaffene Güter besitzen dürften. Die von Gott geschaffene Erde und darauf befindliche Schätze sind dem Menschen praktisch nur »geliehen« und unterliegen einer verantwortlichen Nutzung.[535] Dies impliziert sowohl ein Gebot zum Umweltschutz[536], da die Interessen zukünftiger Generationen berücksichtigt werden müssen und die Umwelt für den eigenen Vorteil nicht zerstört werden dürfe[537], als auch das Verbot privater Aneignung[538] von Ressourcen, da die Ansprüche zukünftiger Generationen hinsichtlich Gütern, denen »besondere gesellschaftliche Bedeutung«[539] zukommt, berücksichtigt werden müssen. Aus dieser Denkfigur ergibt sich das für heutige Zeiten relevante Verbot der Privatisierung öffentlicher Dienstleistungen wie Wasser, Elektrizität, Kommunikation etc.

Die zweite Einschränkung im Eigentumsrecht leitet sich aus dem detaillierten Erbrecht[540] ab, das sehr viele Empfänger vorsieht und etwa ein Testament mit nur einem Erbempfänger für ein gesamtes Erbe nicht gestattet. Daraus ergibt sich eine sehr breite Streuung von Vermögen oder auch Grundbesitz, der zwar von Gott gegeben ist, aber privates Nutzungsrecht impliziert. Moderne Auslegungen haben dies dahingehend interpretiert, dass der Koran somit der Bildung von Monopolen und Kartellen entgegenwirken wollte.[541]

Diese Einschränkungen sind vor allem mit Blick auf Ägypten relevant, wo die Wirtschaft in den Händen weniger Cronys liegt und elementare Bereiche grundlegender staatlicher Aufgaben in den vergangenen Jahrzehnten privatisiert wurden.

---

533. Ebd., S. 40.

534. Vgl. Winterberg, Jörg: Ebd. 1994, S. 193; Imran, Hatem: Ebd. 2008 S. 24; Nienhaus, Volker: Ebd. 2012 S. 16.

535. Vgl. Winterberg, Jörg: Ebd. 1994, S. 193.

536. Vgl. Nienhaus, Volker: Grundzüge einer islamischen Wirtschaftsordnung. Ein systematischer Überblick, in: KAS Auslandsinformationen 11/2010, S. 80-102, S. 84-85.

537. Bekräftigt wird dies in Sure 7:56: »Richtet nicht Unheil auf der Erde an, nachdem sie in Ordnung gebracht worden ist. [...]« Dieser Vers wird in modernen Interpretationen vielfach als Beweis angesehen, dass der Koran den Umweltschutz vorschreibt. Vgl. Winterberg, Jörg: Ebd. 1994 S. 194; Vgl. Imran, Hatem: Ebd. 2008, S. 23.

538. In der Sunna gibt es zudem einen Hadith, also eine Aussage des Propheten, die besagt, »dass Wasser, Feuer und Gras jedem Menschen zugänglich zu machen seien.«

539. Winterberg, Jörg M.: Ebd. 1994, S. 194.

540. Vgl. Koran 4:7 ff.

541. Vgl. Winterberg, Jörg M.: Ebd. 1994, S. 195; Ähnlich: Rodinson, Maxime: Ebd. 1971, S. 43.

1.2 Eigentum verpflichtet: Die Zakat – Das Gebot der Fürsorge

Eine der sehr wenigen wirtschaftspolitischen Bestimmungen des Koran ist das Gebot der Zakat, der Pflicht also, einen bestimmten Anteil der jährlichen Einnahmen zu spenden.[542] Die Zakat gehört sogar zu den sogenannten fünf Säulen des Islam – das Glaubensbekenntnis, Gebet, Fasten, die Wallfahrt nach Mekka und die Zakat – und ist damit unveräußerlicher Teil des Glaubens.

Sie ist an vielen Stellen im Koran als direktes Gebot Gottes an die Menschen verankert.[543] Somit konstituiert sie nach islamischem Recht einen Anspruch der Empfangsberechtigten gegenüber dem islamischen Staat. Auch hinsichtlich ihrer Verwendung nennt der Koran konkrete Empfangsberechtigte: »Die Almosen sind nur für die Armen und Bedürftigen (bestimmt), (ferner für) diejenigen, die damit zu tun haben [Verwalter], (für) diejenigen, die (für die Sache des Islam) gewonnen werden sollen, für (den Loskauf von) Sklaven, (für) die, die verschuldet sind, für den heiligen Krieg und (für) den, der unterwegs ist. (Dies gilt) als Verpflichtung von Seiten Allahs [...].«[544]

Das Gebot der Zakat ist im Koran eng mit der Idee des sozialen Ausgleichs und somit auch mit gesamtgesellschaftlicher Gerechtigkeit verbunden. Zwar kennen weder Koran noch Sunna ein strukturiertes Konzept der Verteilungsgerechtigkeit oder der ökonomischen Gleichheit.[545] Aber: Ungleichheit wird nach dem Koran sanktioniert.[546] Der Koran hält die Menschen immer wieder auch dazu an, Maß zu halten und nicht verschwenderisch mit ihren Gütern umzugehen sowie Überschüsse wohltätigen Zwecken zukommen zu lassen, so dass die Unterschiede nicht zu groß werden.[547]

Dies lässt sich auch aus dem Eigentumsverhältnis zwischen Gott und den Menschen ableiten: Da Gott die irdischen Güter allen Menschen zur Verfügung gestellt hat, muss bei Ungleichverteilung eine Umverteilung stattfinden, um diesen als ungerecht beschriebenen Zustand zu beenden. In die gleiche Richtung lässt sich auch das Erbrecht interpretieren.[548]

In diesem Sinne erreicht die muslimische Gesellschaft einen gerechten Zu-

---

542. Dieser Anteil unterlag historischen Schwankungen und nicht, wie vielfach vermutet, einem Unabänderlichkeitsdogma, vgl. Nienhaus, Volker: Ebd. 2010, S. 90.

543. In Koran 2:43 heißt es kurz und bündig: »Und verrichtet das Gebet, gebt die Almosensteuer (zakat) und nehmt (beim Gottesdienst) an der Verneigung teil.« Ähnliche Formulierungen in 2:83 und 2:110.

544. Koran 9:60.

545. Vgl. Winterberg, Jörg: Ebd. 1994, S. 182.

546. Vgl. 4:32 »Und wünscht euch nicht das, womit Allah die einen von euch vor den anderen ausgezeichnet hat! Den Männern steht ein (bestimmter) Anteil zu von dem, was sie erworben haben. Ebenso den Frauen.« Vgl. Rodinson, Maxime: Ebd. 1971, S. 38.

547. Vgl. Nienhaus, Volker: Ebd. 2010, S. 84; Koran 17: 28-31 und 25:67: »(Leute) die, wenn sie Spenden geben, weder verschwenderisch noch knauserig sind - (was) dazwischen(liegt) ist richtig. [...].«

548. Vgl. Imran, Hatem: Ebd. 2008, S. 48; Nienhaus, Volker: Ebd. 2010, S. 84.

stand, nicht wenn alle Menschen gleichviel Besitz anhäufen, sondern wenn die göttlichen Gesetze umgesetzt werden und alle Gläubigen vor dem göttlichen Recht (Scharia) gleich behandelt werden.[549] Die daraus resultierende Güterverteilung – unter Einhaltung der Zakat-Regeln und der anderen genannten Maßnahmen – gilt dann als gottgewollt und somit als gerecht. Dass diese Vorstellungen mit dem »westlich«-liberalen Modell des Kapitalismus sehr gut zusammengehen, liegt auf der Hand.

Es sind diese Bestimmungen, die die islamischen Bewegungen als Grundlage für ihren wohltätigen Aktivismus, aber auch für ihre eher wirtschaftsliberalen Ansichten nehmen. Armut ist laut dieser Perspektive nicht Resultat eines bestimmten Wirtschaftssystems oder Ausdruck spezifischer Besitzverhältnisse einer nach Klassen strukturierten Gesellschaft, sondern gottgewollt. Die Zakat ist dazu bestimmt, die schlimmsten Auswüchse zu beseitigen.[550] Auf der anderen Seite muss man die Betätigung auf dem Feld der Wohlfahrt auch als aufrichtigen Ausdruck der Empathie und der Erfüllung göttlicher Gebote betrachten, auch wenn sie der Bewegung als Ganzes viele Sympathien einbringt. Es darf nicht vergessen werden, dass die Führer und Anhänger islamischer Bewegungen fromme Muslime sind, die ihren Glauben in jedem Aspekt des Lebens praktizieren wollen.

Wie in den folgenden Abschnitten zu sehen sein wird, berufen sich die meisten Akteure in unterschiedlicher Intensität auf Zakat, Privateigentum und individuelle ökonomische Freiheiten, um ihre wirtschafts- und sozialpolitische Agenda zu legitimieren. Dabei setzen die Akteure durchaus unterschiedliche Akzente, um diese Ziele zu erreichen. Zusätzlich stützen sich ihre Aktivitäten auf ein engmaschiges Netz sozialer Einrichtungen, die praktisch alle Bereiche abdecken, vom Kindergarten über Schulen, Hospitäler, Zentren für Erwachsenenbildung von Waisenhäusern bis hin zu Altersheimen.

2. Hizbollah: Erlöserin der Entrechteten und Verdammten

Die Hizbollah ist im Libanon die wahrscheinlich größte Wohlfahrtsorganisation, die sich neben ihren politischen und militärischen Aktivitäten auch in unzähligen sozialen Bereichen betätigt und sehr oft Leistungen erbringt, die eigentlich Aufgabe des Staates wären. Unter den Bedingungen einer Bürgerkriegsökonomie, die von Staatszerfall und anhaltender Gewalt gekennzeichnet war, vermochte sie Strukturen aufzubauen, die die Lücken, die der Staat hinterlassen hatte, in vielerlei Hinsicht schlossen.

---

549. Dem liegt die axiomatische Annahme zugrunde, dass die göttliche Ordnung gerecht sei.

550. Darin ähnelt dieses System auf erstaunliche Weise dem Modell der sozialen Marktwirtschaft mit ihren sozialen Sicherungssystemen, um die schlimmsten Auswüchse eines entfesselten Marktes einzudämmen.

Die Anfänge der wohltätigen Arbeit der Hizbollah liegen in einfachen Spendenaktionen, die in Moscheen durchgeführt und deren Erlöse an arme Familien weitergegeben wurden. Daneben bauten der Hizbollah nahestehende Geistliche soziale Organisationen auf, die fortan auf professionelle Weise Hilfe leisten sollten.[551] Die Leistungen gingen in den 1980er Jahren im vom Bürgerkrieg zerrissenen Libanon so weit, dass die Hizbollah insbesondere im südlichen Beirut, einer Gegend mit schiitischer Bevölkerungsmehrheit, zerstörte Straßen wiederaufbaute, die Wasser- und Abwasserversorgung aufrechterhielt und sogar die Müllabfuhr organisierte.[552]

Es sind gewiss diese Aktionen, die zur Popularität der Organisation im gesamten Land beigetragen haben, auch unter Angehörigen anderer Konfessionen, die ebenso von deren Dienstleistungen profitiert haben.[553] Damit hat sie sich ganz bewusst in die Tradition der »Harakat al-Mahrumin« (»Bewegung der Unterdrückten«) von Musa al-Sadr gestellt, aus dessen Bewegung später die Hizbollah hervorging. Diese Verbindung ist entscheidend für das Verständnis und die Aktivitäten der Hizbollah: In den schiitischen Ballungszentren im Süden des Landes, im Beqaa-Tal sowie in den südlichen Vororten von Beirut, die am meisten unter der israelischen Besatzung und den Folgen des Bürgerkrieges litten, konnte sie sich nur deshalb dauerhaft etablieren, weil sie die Arbeit von Musa al-Sadr fortführte und sich der Menschen annahm, die unter schlimmsten Bedingungen zu überleben versuchten.[554] Es war ihr erklärtes Ziel, neben dem militärischen Widerstand die Lebensumstände der Schiiten zu verbessern, die nicht erst seit Ausbruch des Krieges zu den ärmsten Schichten gehörten.

Zu den bedeutendsten Einrichtungen, die die Hizbollah ins Leben rief, gehört »Dschihad al-Binaa'« (»Heiliger Krieg für Wiederaufbau«), eine Organisation, die sich um die Reparatur und den Aufbau von während des Krieges beschädigten Häusern kümmert und innerhalb der ersten zehn Jahre 17.212 Häuser reparierte.[555] Daneben gibt es die »Mu'assasat al-Shahid al-thawri al-islami fi Lubnan« (»Organisation des revolutionären islamischen Märtyrers«), die sich um Hinterbliebene Gefallener kümmert und sie finanziell unterstützt. Das »Islamische Gesundheitskomitee« bietet im gesamten Land medizinische Leistungen an. Die Organisation verfügt über neun Gesundheitszentren, 19 stationäre sowie über drei mobile Kliniken, die sich in entlegenen Gegenden um Kranke und Verletzte kümmern.[556] Darüber hinaus verfügt die Hizbollah über ein regelrechtes Netz weiterer wohltätiger

551. Vgl. Malthaner, Stefan: Ebd. 2011, S.178.
552. Vgl. Ebd., S. 179; Vgl. für einen umfassenden Überlick: Qasim, Na'im: Ebd. 2011, S. 127-135.
553. Vgl. Flanigan, Shawn Teresa, Abdel-Samad, Mounah: Hezbollah's Social Jihad: Nonprofits as Resistance Organizations, o.O.&o.J., in: www.mepc.org/journal/middle-east-policy-archives/hezbollahs-social-jihad-nonprofits-resistance-organizations (abgerufen am 25.05.2013).
554. Vgl. Ebd.
555. Qasim, Na'im: Ebd. 2011, S. 127.
556. Ebd., S. 128.

Organisationen, deren Leistungen hohen Standards genügen und zumeist günstiger sind als vergleichbare Dienstleistungen staatlicher Träger.[557] Schätzungen gehen davon aus, dass die Hizbollah mehrere hundert Millionen Dollar pro Jahr für ihre wohltätigen Aktivitäten ausgibt[558], von denen zwischen 200.000 bis 350.000 Menschen im Land profitieren.[559]

2.1 Ökonomische Entwicklung und Wohlfahrt im Dienste der Armen

Seit die Hizbollah 1992 ihre Entscheidung bekanntgab, sich fortan am politischen Prozess zu beteiligen, hat sie in ihren Wahlprogrammen der sozialen Frage stets breiten Raum eingeräumt.[560] Dabei sind zwei Dinge besonders auffällig: Die totale Abwesenheit religiöser Elemente in ihrer Ansprache, worin sie der Hamas stark ähnelt sowie die sehr starke Konzentration auf die ärmeren Segmente der Gesellschaft. Im Stile einer etablierten, säkular- und linksgerichteten Partei präsentiert sie ihre Vorstellungen für ökonomische und soziale Reformen. Im Vergleich mit der breiten Programmatik der FJP und der al-Nur-Partei bleibt die Hizbollah mit ihren Formulierungen jedoch hinter deren umfassendem Anspruch zurück. Es wird deutlich, dass sie hauptsächlich die Interessen der Arbeiter, kleinen Angestellten, Arbeitslosen und Armen vertritt. Wie in der politischen Arena, in der sie die israelische Besatzung und Unterdrückung der Libanesen als höchsten Ausdruck der Ungerechtigkeit ansieht und als Motivator für ihr Handeln benennt, so geht es ihr auch hier in erster Linie darum, eine gerechte gesellschaftliche Ordnung herzustellen, in der allen Bürgern die gleichen Chancen und Rechte zukommen:

> »Gerechtigkeit und Gleichheit zwischen den Libanesen zu erreichen ist eine der Voraussetzungen, um einen würdevollen und wohlhabenden Staat zu errichten, in dem sich alle Libanesen solidarisch und motiviert am Prozess des Wiederaufbaus beteiligen. Dies soll unter Einhaltung der Chancengleichheit, als auch der Gleichheit aller

557. Vgl. Norton, Richard Augustus: Ebd. 2007, S.109-112.

558. IRIN: Lebanon: The many hands and faces of Hezbollah, Online: www.irinnews.org/report/26242/lebanon-the-many-hands-and-faces-of-hezbollah (abgerufen am 25.05.2013).

559. Vgl. Flanigan, Shawn Teresa, Abdel-Samad, Mounah: Hezbollah´s Social Jihad: Nonprofits as Resistance Organizations, in: Ebd. Der Libanon hat ungefähr vier Millionen Einwohner.

560. Vergleicht man die Wahlprogramme der Hizbollah mit den Programmen der FJP oder der Hamas, so muss man zum Schluss kommen, dass sie nicht über einen Entwurfscharakter hinauskommen. Viele Themen werden nicht angesprochen oder lediglich angeschnitten. Nur *in Relation* zu den anderen angesprochenen Themen in den Wahlprogrammen räumt die Bewegung Wirtschaftsfragen großen Raum ein.

Individuen, Klassen und Regionen hinsichtlich ihrer politischen, ökonomischen und sozialen Rechte und Pflichten geschehen.«[561]

Folglich räumt sie Maßnahmen, die zur ökonomischen Entwicklung des Landes beitragen sollen, Priorität ein. Im gleichen Atemzug erteil sie »ausländischen« Wirtschaftsstrategien jedoch eine Absage, die nur Profitinteressen verfolgen und nicht die menschliche Entwicklung:

> *»Wir werden uns dafür einsetzen, dass der Staat Wirtschaftsmaßnahmen implementiert, die die menschliche Entwicklung im Auge haben, und er sich nicht an importierte wirtschaftspolitische Maßnahmen bindet, welche die durch den Krieg verursachten sozialen und ökonomischen Spezifika [Libanons] nicht berücksichtigen, und die zu mehr Armut, Arbeitslosigkeit und dem Verschwinden der Mittelklasse geführt haben. Außerdem werden wir daran arbeiten, Steuergerechtigkeit herzustellen, indem wir die Bürger entsprechend ihrer [finanziellen] Möglichkeiten belasten werden.«[562]*

Was die Hizbollah genau mit importierten Maßnahmen meint, die nicht die Interessen der Menschen berücksichtigen, erklärt sie ausführlich in ihrem politischen Manifest von 2009, in dem sie in scharfen Worten das kapitalistische Wirtschaftssystem angreift und verurteilt. Auch dort bleibt der Leser angesichts der verwandten Sprache staunend zurück. Nicht islamische Rhetorik findet man vor, sondern antikapitalistische und globalisierungskritische Attacken, die allesamt die politische und ökonomische Ausbeutung des Nahen Ostens verdammen und eher aus der Feder eines marxistisch inspirierten Autors stammen könnten:

> *»Die Willkürherrschaft der barbarischen kapitalistischen Mächte – insbesondere in den Finanzinstitutionen –, die in internationalen Kartellen aus transkontinentalen Unternehmen zusammengeschlossen und in unterschiedlichen internationalen Organisationen vertreten sind, und die durch eine überlegene militärische Macht unterstützt werden, führte zu einer Vielzahl von Widersprüchen sowie grundlegenden und schwerwiegenden Konflikten: Identitäts- und Kulturkonflikte sowie Gegensätze zwischen Arm und Reich. Der barbarische Kapitalismus hat die Globalisierung in ein Instrument verwandelt, das Kriege schürt, Identitäten zerstört und die gefährlichsten Arten der kulturellen, zivilisatorischen, ökonomischen und sozialen Plünderung verursacht hat. Dabei nahm die Globalisierung ihre gefährlichste Form in dem Moment an, als sie die Lenker des westlichen Hegemonialprojekts [USA] militarisierten.*
> *Den Nahen Osten trafen die schwersten Auswirkungen dieser Militarisierung: Von*

---

561. Hizbollah-Wahlprogramm (Parlamentswahlen 1996), nach der englischen Übersetzung in: Algha, Joseph Elie: Ebd. 2006, S. 256.
562. Ebd., S. 257.

Afghanistan über den Irak bis hin nach Palästina und den Libanon, dessen Anteil an
der Globalisierung der umfassende israelische Angriff im Juli 2006 war.«[563]

Die von der Hizbollah vorgeschlagenen Maßnahmenpakete adressieren in erster
Linie die Verbesserung der Lebensumstände der arbeitenden Bevölkerung als auch
der Erwerbslosen und »Benachteiligten«, indem sie die Leistungen des Staates in
diesem Bereich ausweiten. Sie fordert eine Krankenversicherung sowie eine Renten-
kasse. In dieser Deutlichkeit ist die libanesische Hizbollah die einzige Bewegung,
die solche Maßnahmen immer wieder fordert, zumal soziale Sicherungssysteme in
den Ländern des Nahen Ostens ohnehin ein marginales Dasein fristen:

> *»Die Verschärfung der sozialen Probleme hat einen solch hohen Grad erreicht, dass*
> *die meisten Libanesen unter einem sehr niedrigen Lebensstandard leiden, der sich*
> *insbesondere durch schweren Mangel [von Konsumgütern] bemerkbar macht. Aus*
> *diesem Grund müssen außergewöhnliche Anstrengungen unternommen werden, um*
> *das Problem zu lösen [...]:«[564]*

* *»Es [soll] ein Gesetz beschlossen werden, das allen Libanesen, auch Selbständi-*
gen und Tagelöhnern, eine Sozialversicherung, Krankenversicherung sowie Renten-
ansprüche garantiert[565].«
* *»Arbeitsplätze [sollen] für alle Libanesen geschaffen und die [Interessen] der*
Arbeiter beschützt werden.[566]«
* *»Öffentliche Krankenhäuser und Gesundheitszentren müssen besser ausgerüstet*
und über das ganze Land verteilt werden, insbesondere in den abgelegenen Gegenden
sowie in den standhaften und widerständigen Regionen des Südens und dem westli-
chen Beqaa-Tal. Zusätzlich muss der Gesundheitssektor allen Segmenten der libane-
sischen Gesellschaft zugänglich gemacht werden.
* *Darüber hinaus müssen die Grundlagen der sozialen Sicherung entwickelt*
[...] und Institutionen eingerichtet werden, die sich um die verschiedenen sozialen
Problemlagen kümmern.«[567]
* *»Die wohlfahrtsstaatliche Unterstützung für Familien [muss] erhöht und aus-*
geweitet werden, weil 40% der libanesischen Familien arm sind und unterhalb der
Armutsgrenze leben. Deshalb obliegt es dem Staat, diesen Familien zu einem würdi-
gen Leben zu verhelfen.«[568]

---

563. Das Politische Manifest, November 2009.
564. Hizbollah-Wahlprogramm 2000, in: Alagha, Joseph Elie: Ebd. 2006, S. 264.
565. Hizbollah-Wahlprogramm 1992, in: Alagha, Joseph Elie: Ebd. 2006, S. 253.
566. Ebd. S. 252.
567. Hizbollah-Wahlprogramm 1996, in: Ebd. 2006, S. 258.
568. Hizbollah-Wahlprogramm 2000, in: Ebd. 2006, S. 266.

Die Hizbollah will die auf Entwicklung und soziale Sicherung abzielenden Maßnahmen von einer Reihe wirtschaftspolitischer Maßnahmen flankieren, die auf die
produktiven Sektoren des Landes abzielen, so dass diese in der Lage sind, mehr Ar-
beitskräfte aufzunehmen. Außerdem will sie die Infrastruktur ausbauen und mehr
Geld für Subventionen bereitstellen. Im Gegensatz zu den (neo)liberalen Programmen der FJP und al-Nur-Partei in Ägypten gewährt die Hizbollah dem Staat viel
mehr Interventionsmöglichkeiten, um die Wirtschaftsentwicklung im Sinne ihrer Vorstellungen zu lenken. Ihr Fokus liegt auf der Binnenentwicklung der Wirtschaft. Andere Bereiche, wie etwa der im Libanon sehr große Bankensektor oder
auch der Außenhandel kommen weniger vor:

>*Die Rolle des Staates auf dem Feld der Wirtschaft muss auf einem sensiblen Gleich-
gewicht beruhen, das die Notwendigkeit des Wachstums des öffentlichen Sektors und
Investitionen darin stimuliert und andererseits der Verantwortung des Staates gegenüber seinen Bürgern und den öffentlichen Versorgungseinrichtungen gerecht wird*.*[569]

- >*Die Infrastruktur der benachteiligten Regionen muss entwickelt werden und
die Kommunikations- sowie Transportmittel als auch Elektrizitäts- und Wasserver-
sorgung verbessert werden.*[570]
- >*Einheimische Produzenten müssen geschützt werden; die Landwirtschaft und
Industrie müssen unterstützt werden, indem die individuellen Fähigkeiten entwickelt
und ausländische Märkte erschlossen werden.*[571]
- >*Was wir brauchen ist die Neuordnung unserer Ziele hinsichtlich Entwicklung
und Subventionen für Industrie, Landwirtschaft, Tierzucht und Fischerei. Zusätzlich müssen Kredite, Schutz [vor ausländischer Konkurrenz], Vertrieb und Knowhow
bereitgestellt werden.*[572] [...] >*Die produktiven Industrie- und Agrarsektoren müssen auf nationaler Ebene durch eine Erhöhung der Staatsausgaben und neue Anreize
gestärkt werden.*[573]

Auf dem Gebiet der Staatsfinanzen macht sich die Hizbollah einerseits für eine
Sparpolitik stark, die die Staatsverschuldung eindämmt. Allerdings will sie dies
nicht um jeden Preis erreichen, wie sie deutlich macht. Das Wachstum und die ge-
sellschaftspolitischen Ziele bleiben dem Sparen übergeordnet:

>*Die Staatsverschuldung muss reduziert werden, indem ein allgemeiner*

569. Hizbollah-Wahlprogramm 1996, in: Ebd. 2006, S. 257.
570. Hizbollah-Wahlprogramm 1992, in: Ebd. 2006, S. 252.
571. Ebd. S. 252.
572. Hizbollah-Wahlprogramm 1996, in: Ebd. 2006, S. 257.
573. Hizbollah-Wahlprogramm 2000, in: Ebd. 2006, S. 264.

Entwicklungsplan umgesetzt wird, der zum Ziel hat, die Einnahmen zu erhöhen, die Ausgaben zu senken und das Wachstum zu stimulieren.«[574]

Bürgerkrieg, Besatzung, Widerstand und Entwicklung stehen in allen schriftlichen Verlautbarungen der Hizbollah von 1985-2009 im Vordergrund.[575] Ihr gesellschaftspolitisches Programm säkularisierte sich zusehends, nachdem sie zu Anfang der 1990er Jahre den Weg der Velayet-e Faqih verlassen hatte und sich der Politik zuwandte. Gleichzeitig wurden entwicklungspolitische Aspekte ihrer sozio-ökonomischen Vorstellungen immer wichtiger. Indes versteht sich die Hizbollah weiterhin als Widerstandskraft, die der in ihren Augen nach wie vor bestehenden amerikanisch-israelischen Bedrohung die Stirn bietet.

Ihr Schwerpunkt liegt deshalb auf der militärischen Gefahrenabwehr und Sicherung der Achse Iran-Syrien-Hizbollah. Der praktischen Wohlfahrt und Entwicklung kommt aber essentielle Bedeutung auf ihrem Weg des Widerstands zu. Beide Komponenten betrachtet sie als Form des Dschihad, als Anstrengung, um Gottes Gesetz auf Erden zur Geltung zu bringen.[576] Hassan Nasrallah drückte dies in einer Rede folgendermaßen aus:

> *»Jeder Akt der Bemühung auf dem Pfade Gottes ist Dschihad [...] Gottes Sache ist die Sache der Menschen, der Unterdrückten, des Stolzes, der Ehre und des Ruhms, die Sache der Landesverteidigung, der Verteidigung der Heiligtümer, des Glaubens sowie menschlicher Werte.«[577]*

Soziale Fürsorge ist auch dringend nötig, denn während der libanesische Staat seine Leistungen praktisch eingestellt hat, wurden die Organisationen der Hizbollah zu unersetzlichen Dienstleistern im Land.[578] Dies mag auch programmatische Defizite hinsichtlich wirtschafts- und sozialpolitischer Vorstellungen erklären: Die Hizbollah betreibt faktisch einen Staat-im-Staate, der besser ausgerüstet, effizienter und reibungsloser funktioniert als die eigentlichen staatlichen Einrichtungen.[579] Warum sollte sie zu viel Energie auf die Formulierung eines Programms verwen-

---

574. Ebd. 264.
575. In ihrem 30-seitigen »Politischen Manifest« von 2009 widmet sie wirtschaftspolitischen Fragen gerade einmal drei dürre Zeilen.
576. Vgl. Rosiny, Stephan: Hizb Allah – An Islamic Way to Modernity? In: Makrides, Vaislios N./Rüpke, Jörg (Hrsg.): Religionen im Konflikt. Vom Bürgerkrieg über Ökogewalt bis zur Gewalterinnerung im Konflikt, Münster: Aschendorff 2005, S.128-146, S.139; Vgl. Flanigan, Shawn Teresa, Abdel-Samad, Mounah: Hezbolla's Social Jihad: Nonprofits as Resistance Organizations.
577. Nasrallah, Hassan: Rede anlässlich des 'Ashura-Fests vom 12.05.1997, zitiert nach: Rosiny, Stephan: Ebd. 2005, S. 139.
578. Vgl. Flanigan, Shawn Teresa, Abdel-Samad, Mounah: Hezbolla's Social Jihad: Nonprofits as Resistance Organizations, in: Ebd.
579. Vgl. Ebd.

den, wenn »ihr Staat« doch funktioniert? Durch die Verbindung von militärischem Widerstand mit wohltätiger Arbeit, die vielerorts auf Graswurzelelementen beruht, hat sie die Kohäsion der libanesischen Gesellschaft auf eine Art erhöht, wie es der offizielle Staat nie vermocht hat.[580]

Diese Effizienz rührt auch von der moralischen Kraft, die von Hizbollah-Mitarbeitern und Kämpfern[581] berichtet wird und deren Ursprung im schiitisch-islamischen Topos der Überwindung einer ungerechten Gesellschaftsordnung liegt, als auch in dem Glauben, dass ihre wohltätige Arbeit ein Beitrag zum Widerstand darstellt[582], zu einer »Gesellschaft des Widerstands«:

> »Eine widerständige Gesellschaft ist unsere Vision. Unsere Aufgabe liegt darin, eine Gesellschaft aufzubauen, die Unterdrückung ablehnt und für ihre Rechte kämpft. Der ganze Rest – Wasserversorgung, Müllabfuhr, Unterstützung der Landwirte – ist lediglich eine Strategie.«[583]

Wie andere islamische Bewegungen auch, die wohltätige Zweige errichtet haben, nutzt die Hizbollah diese Arbeit, um Mitglieder zu rekrutieren. Die ihr aus dieser Arbeit erwachsende Loyalität ist sicherlich mehr als willkommen und für ihr Selbstverständnis als Massenbewegung wesentlich. Es würde aber zu weit gehen, Mitgliederrekrutierung und die Schaffung von Abhängigkeiten als ihre einzige Motivation zu betrachten. Zu vielschichtig, teuer und zu gut ausgebaut sind die angebotenen Hilfeleistungen der Unterorganisationen, als dass man hier nur von Instrumenten sprechen könnte, um »Ratten zu fangen«.[584]

So bleibt die Arbeit der Hizbollah für viele eine zweischneidige Sache. Aus ihrer eigenen und der Sicht vieler Libanesen ist sie unabdingbar für den Erhalt der sozialen Integrität des Landes, für ihre Gegner ist sie nichts weiter als der verlängerte Arm Irans, der durch die Hizbollah und ihre Unterorganisationen die schiitischen Massen kontrolliert und sie nach strategischem Gutdünken aktiviert. Die sozialen Aspekte ihrer Arbeit sind nach dieser Perspektive nichts weiter als eine po-

---

580. Vgl. Manyok, Phillip: State within a State: How Hezbollah Programs are challenging the Lebanese Government Legitimacy, in: PCDM, Online: www.internationalpeaceandconflict.org/profiles/blogs/state-within-a-state-how-hezbollah-programs-are-challenging-the#.Ubkfddga7t0 (abgerufen am 25.05.2013).

581. Malthaner etwa berichtet, dass die Gegenden von Beirut, die während des Bürgerkrieges unter der Kontrolle der Hizbollah standen, als »sicher« galten. Es gab weder Raub, Plünderung noch sexuelle Belästigung gegenüber Frauen. Vgl. Malthaner, Stefan: Ebd. 2011, S. 180-181.

582. Vgl. Ebd.

583. Islamic Health Society. 2005. *The Health Committee August 2005* (Beirut: Islamic Health Society), S. 3, zitiert nach: Flanigan, Shawn Teresa, Abdel-Samad, Mounah: Hezbolla´s Social Jihad: Nonprofits as Resistance Organizations, in: Ebd.

584. Vgl. Flanigan, Shawn Teresa, Abdel-Samad, Mounah: Hezbolla´s Social Jihad: Nonprofits as Resistance Organizations, in: Ebd.

litische Waffe im Kampf gegen ihre Gegner. Diese Vorwürfe missachten jedoch die Entwicklung der Hizbollah zu einer Organisation, die im Interesse des Libanon agiert, als auch die Bedeutung der sozialen Arbeit für das Land.

3. Hamas: Gescheiterte Entwicklung zwischen Blockade und Isolation

Die Geschichte der wohltätigen Arbeit der Hamas reicht weit in die 1970er Jahre zurück, als es die Organisation als solche noch gar nicht gab. Alles begann 1973, als die Muslimbrüder, aus der die Hamas 15 Jahre später hervorgegangen ist, in Gaza das Islamische Zentrum (al-Mujamma' al-Islami) gründeten.[585] Wie in Ägypten, so verfolgten die Brüder auch in den Besetzten Gebieten den Weg der gesellschaftlichen Veränderung durch einen langsamen Prozess der individuellen Reform, bis die gesamte Gesellschaft den Islam annimmt.[586] So setzten sie ihren Schwerpunkt auf religiöse Erziehung, Da'wa und ein Netzwerk sozialer Einrichtungen, in deren Mittelpunkt Gesundheitsversorgung und soziale Fürsorge für die ärmsten Schichten der Bevölkerung stand. Schnell wurde das Islamische Zentrum zu einer Art Hauptquartier der Muslimbrüder in Palästina, von dem aus sie ihre Aktivitäten koordinierten und planten.[587]

Indem die meisten karitativen Einrichtungen an Moscheen angeschlossen waren, konnte die Bruderschaft ihren Einfluss auch auf ideologischer Ebene ausbreiten. Innerhalb weniger Jahre kontrollierte sie etwa 40 Prozent aller Moscheen in Gaza. Gleichzeitig baute sie unzählige neue Moscheen, an die immer zugleich ein soziales Zentrum angegliedert war. Zwischen 1967 und 1987 verdreifachte sich auf diese Weise die Zahl der Moscheen in Gaza von 200 auf 600. Ziel der Hamas war es, damit »den Glauben einer neuen Generation zu mobilisieren und zu vereinen […], als Vorbereitung auf die Konfrontation mit dem Zionismus.«[588]

Durch das Islamische Zentrum baute die Muslimbruderschaft eine soziale Infrastruktur auf, die es in dieser Art in Gaza noch nicht gegeben hatte und in vielerlei Hinsicht den nicht vorhandenen Staat ersetzte. Israel seinerseits mischte sich in die Angelegenheiten der Bruderschaft nicht ein, sah sie doch darin keine Herausforderung für ihr Gaza-Besatzungsregime. Helga Baumgarten zitiert den damaligen Militärgouverneur in Gaza, Brigadier General Yitzhak Segev, wie er Gelder der

---

585. Zu den Gründern gehörten die späteren Hamas-Gründungsmitglieder und Führungsfiguren: Scheich Ahmad Yasin, Abdel Asis al-Rantisi sowie Ibrahim al-Yazuri.

586. Vgl. Baumgarten, Helga: Ebd. 2006, S. 20-37.

587. Roy, Sara: Hamas and Civil Society in Gaza. Engaging the Islamist Social Sector, Princeton: Princeton University Press 2011, S. 72; Abu-Amr, Ziad: Ebd. 1994, S. 16.

588. Zitiert in: Baumgarten, Helga: Ebd. 2006, S. 32.

israelischen Regierung an die Moscheen in Gaza weiterverteilte, um die islamische Bewegung als Gegengewicht zur PLO zu etablieren.[589]

Die andere Finanzierungsquelle, die zugleich Ausdruck der religiösen Orientierung der Bruderschaft war, stellten sogenannte Zakat-Komitees dar, die nach der Gründung des Islamischen Zentrums überall im Land ins Leben gerufen wurden. Diese kooperierten auf lokaler Ebene mit den Moscheen und sammelten für diese die Gelder ein, die dann für die karitativen Tätigkeiten eingesetzt wurden.[590] Noch heute bilden sie das Rückgrat ihrer Verwurzelung und Beliebtheit in der Bevölkerung. Denn durch diese Verbindung verschaffte die Hamas Tausenden Familien in Gaza Linderung ihrer täglichen materiellen Not, kümmerte sich um die Erziehung und Bildung der Kinder und Jugendlichen und vermochte sich ein Reservoir von höchst loyalen und zum Teil abhängigen Anhängern generieren, die ihrer Idee von der individuellen Reformierbarkeit anhingen.

Im Verlauf der Jahre weitete die Muslimbruderschaft ihren Zugriff auf die Gesellschaft aus, indem sie weitere wohltätige Organisationen gründete[591], die aber allesamt dem Mujamma´ als koordinierendem Zentrum unterstanden. Später, nachdem die Hamas gegründet worden war, setzte sich die Arbeit des Islamischen Zentrums und der anderen Organisationen ununterbrochen fort.

Wie in Kapitel zwei ausgeführt, fiel die Gründung der Hamas mit dem Ausbruch der ersten Intifada zusammen. Während dieser Zeit emanzipierte sich die neue Organisation von den Muslimbrüdern, indem sie langsam aber sicher den bewaffneten Widerstand in ihr Instrumentarium aufnahm. Die Aktivitäten der sozialen Einrichtungen blieben aber bestehen und sollten die neue Strategie ergänzen und die Hamas als ernstzunehmenden Akteur auf der palästinensischen politischen Bühne etablieren helfen.[592] Mit der Zeit gewann die politische Agenda ein Übergewicht gegenüber der sozialen Agenda, so wie eigentlich in der gesamten Geschichte der Bewegung das Politische über dem Religiösen stand und das Soziale in dieser Gleichung die notwendige und wichtige Unterstützung im Volk kreierte.

Die soziale Programmatik der Hamas veränderte sich in einem wesentlichen Punkt von derjenigen der Muslimbrüder. Ziel der sozialen Arbeit war nicht mehr die Reform des Individuums, um die Gesellschaft zu islamisieren, sondern die »Befreiung« Palästinas als Nation. Es konnte kaum verwundern, dass in der Charta von 1988 nur Altbekanntes zu lesen ist, eigene Positionen zur Wirtschaft oder zu den karitativen Einrichtungen nicht zu finden sind. Vielmehr stellt sie den Dschihad und ein religiöses Erziehungsprogramm, das dem der Muslimbrüder gleicht,

---

589. Vgl. Ebd.
590. Vgl. Roy, Sara: Ebd. 2011, S. 73.
591. Abu-Amr, Ziad: Hamas. A historical and political Background, in: Journal of Palestine Studies, Vol. 22, No. 4, (Summer 1993), S.5-19, hier: S. 14.
592. Vgl. Roy, Sara: Ebd., S. 78.

in den Mittelpunkt gesellschaftlicher Reform, das dazu beitragen soll, den bewaffneten Kampf in der Bevölkerung zu verankern:

> *Dies [Dschihad] erfordert die Ausbreitung eines islamischen Bewusstseins unter den*
> *Massen auf lokaler, arabischer und islamischer Ebene [...]. Es besteht kein Zweifel,*
> *dass sich daran die Rechtsgelehrten, als auch die Lehrer beteiligen müssen...«[593]*

> *»Die Erziehung islamischer Generationen verlangt nach islamischer Bildung, die sich*
> *auf die religiösen Pflichten stützt, auf das aufmerksame Studium des Korans sowie*
> *die Sunna des Propheten [...]. Die materiellen und menschlichen Kapazitäten des*
> *Gegners müssen ebenso untersucht werden wie seine Schwachstellen [...], so dass der*
> *im Kampf befindliche Muslim im Wissen um seine Ziele und Absichten lebt und*
> *nicht davon abirrt.«[594]*

3.1 Wirtschaftliche Entwicklung im Schatten anhaltender Besatzung?

Erst mit der Integration der Hamas in das politische System und ihrem Entschluss,
sich an Wahlen zum palästinensischen Legislativrat 2006 zu beteiligen, formulierte sie im Rahmen ihres Wahlprogramms konkrete wirtschafts- und sozialpolitische
Vorstellungen, die über die reine karitative Arbeit hinausgehen.

Es muss aber betont werden, dass die Positionen der Hamas in diesem Bereich
keine eigenständigen »Visionen« beinhalten oder gar die Umsetzung einer »islamischen Wirtschaft« fordern.[595] Ihren wirtschaftspolitischen Positionen stellt sie lediglich zwei Koranverse voran, die einmal auf das Zinsverbot verweisen und ein anderes Mal zu Mäßigung bei der wirtschaftlichen Betätigung anhalten.[596]

Ansonsten präsentiert sie sich als Befürworterin der freien Marktwirtschaft und
der ihr zugrundeliegenden Prinzipien, bekennt sich aber zugleich zu islamischen Institutionen der Waqf und der Zakat, die weiterhin das Rückgrat ihrer karitativen Arbeit bilden. Zudem schlägt sie einen breiten Katalog sozialer Maßnahmen vor, welche die Auswirkungen von Besatzung und freier Marktwirtschaft abfedern sollen.
Unausgesprochen folgt sie hier den fürsorgerischen Maßgaben des Korans, die unter anderem im Gebot der Zakat, aber auch in anderen Koranversen, wo zu Mildtä-
tigkeit und Mäßigung im ökonomischen Verkehr aufgerufen wird, verankert sind.

An dieser Stelle muss zudem in Erinnerung gerufen werden, dass die palästinensische Wirtschaft zahlreichen Blockaden und Einschränkungen durch die Be-

---

593. Hamas-Charta: Artikel 15.
594. Hamas-Charta: Artikel 16.
595. Vgl. Hroub, Khaled: Ebd. 2006, S. 14.
596. Vgl. Koran 2:276: »Allah lässt den Zins (des Wucherers) dahinschwinden, aber er verzinst die Almosen
(mit himmlischem Lohn)« und 25:67: »(Leute) die, wenn sie Spenden geben, weder verschwenderisch
noch knauserig sind – (was) dazwischen(liegt) ist richtig.«

satzungsbehörden unterliegt, so dass eine freie Entwicklung praktisch ausgeschlossen ist. Das Westjordanland leidet nicht erst seit der Errichtung des israelischen Sperrwalls[597] unter einer zunehmenden Fragmentierung und Kantonisierung in kleine und kleinste territoriale Entitäten, die kaum miteinander verbunden sind – ganz zu schweigen von der territorialen Diskontinuität zwischen dem Gazastreifen und dem Westjordanland. Eine Unzahl von militärischen Checkpoints erschwert außerdem den Verkehr zwischen den palästinensischen Ballungszentren und machen Transport und Bewegung von Waren und Personen innerhalb des Westjordanlandes zu einem unkalkulierbaren Risiko. Hinzu kommt die andauernde Konfiskation palästinensischen Landes durch Israel, um darauf Siedlungen zu errichten, sowie die Zerstörung von Olivenhainen, auf denen ein Großteil der palästinensischen Landwirtschaft beruht.[598]

Der Gazastreifen ist seit der Machtübernahme der Hamas im Jahr 2007 einer faktischen Totalblockade unterworfen, so dass dort eher von einer Schmuggler[599]- und Mangelwirtschaft gesprochen werden muss.[600] Er genießt den zweifelhaften Ruhm, das Gebiet mit der weltweit höchsten Bevölkerungsdichte sowie einer der höchsten Arbeitslosenraten der Welt zu sein.[601] Erst mit der Machtübernahme der Muslimbrüder in Ägypten 2011 wurde die Totalblockade von ägyptischer Seite zwischenzeitlich gelockert, so dass der Waren- und Personenverkehr nun etwas freier die Grenze passieren kann. Jedoch ist der Gazastreifen heute noch weit von einer »normalen« wirtschaftlichen Entwicklung entfernt.

So bezieht sich eine der zentralen Forderungen der Hamas in ihrem Wahlprogramm zu den palästinensischen Legislativratswahlen von 2006 auf die Herstellung territorialer Integrität sowie auf die Verwirklichung wahrer Bewegungsfreiheit in den besetzten Gebieten:

---

597. Zu Verlauf und den wirtschaftlichen Auswirkungen des Sperrwalls vgl. B'tselem: The Separation Barrier, http://www.btselem.org/separation_barrier/map (abgerufen am 25.05.2013).
598. Vgl. hierzu die Liste der israelischen Friedensorganisation B'tselem, die für das Jahr 2010 alle Vorfälle im Westjordanland aufzählt, bei denen Olivenhaine Ziel von Zerstörung und Raub wurden: www.btselem.org/download/201010_28_list_of_incidents_of_damage_to_palestinian_olive_trees_eng.pdf (abgerufen am 25.05.2013).
599. Seit der Blockade des Gazastreifens durch Israel und Ägypten unter Mubarak im Jahr 2007 hat sich eine Schmugglerwirtschaft gebildet, die benötigte Waren durch unterirdische Tunnel nach Gaza schafft.
600. Im Rahmen dieses Bandes kann leider nicht ausführlich auf die komplexen Zusammenhänge von Besatzung, Unterentwicklung und Abhängigkeit eingegangen werden. Die Literatur dazu ist vor allem im englischsprachigen Raum sehr groß. Vgl. exemplarisch zu dieser Thematik: Roy, Sara: The Gaza-Strip. The political economy of de-development, Washington D.C.: Institute for Palestine Studies 2001; Wild, Petra: Apartheid und ethnische Säuberung in Palästina, Wien: Promedia 2013; Nakhleh, Khalil: The Myth of Palestinian Development – Political Aid and Sustainable Deceit, Jerusalem: PASSIA 2004.
601. Vgl. IMF: West Bank and Gaza: Labor Market Trends, Growth and Unemployment, S. 3, www.imf.org/external/country/WBG/RR/2012/121312.pdf (abgerufen am 25.05.2013).

- »*[Hamas] bekräftigt die [Notwendigkeit] wirklich freier Verkehrsverbindungen zwischen dem Westjordanland und dem Gazastreifen.*
- *Übergänge zwischen den palästinensischen Gebieten einerseits sowie Ägypten und Jordanien andererseits sollen geöffnet werden; jegliche ausländische Einmischung, mag sie noch so klein sein, ist abzulehnen.*
- *[Hamas] will Hafen und Flughafen [von Gaza]*[602] *öffnen, was dazu beitragen wird, die palästinensische Wirtschaft zu entwickeln [...].«*[603]

In ihren weiteren Ausführungen spielt die Besatzung und das Ziel der wirtschaftlichen Loslösung davon eine große Rolle. Die Hamas betont das Streben nach Eigenständigkeit und die enorme Bedeutung der

> »*Verwirklichung der Unabhängigkeit vom zionistischen Gebilde [Israel] in Wirtschafts- und Währungsfragen sowie die Abkopplung von seiner Wirtschaft und Währung.«*[604]

Um dies zu erreichen strebt sie die Umsetzung mehrerer Politikmaßnahmen an, die im Kontext einer Öffnung und Integration der palästinensischen Wirtschaft zur arabischen und islamischen Welt stehen, in der die Hamas die bevorzugten Handelspartner sieht:

> »*Entwicklung der Wirtschafts- und Handelsbeziehungen mit der arabischen und islamischen Welt durch die Verabschiedung privilegierter Handelsabkommen, welche der palästinensischen Wirtschaft zugutekommen sowie ihr helfen, die Abhängigkeit von der ›israelischen‹ Wirtschaft aufzulösen.«*

Aber auch Handel mit Akteuren außerhalb dieser Region soll in Zukunft eine Rolle spielen, allerdings zu verbesserten Konditionen:

---

602. Der Flughafen von Gaza wurde im Verlauf der zweiten Intifada im Jahr 2002 durch israelische Truppen zerstört und aus Mangel an Baumaterial, das Israel nur in Ausnahmefällen über die Grenze nach Gaza lässt, danach nicht wieder aufgebaut. Heute dienen die Beton- und Stahlruinen des ehemaligen Prestigeprojekts eines prospektiven palästinensischen Staates Tagelöhnern als Lebensunterhalt, da sie hier noch verwertbares Material für die Baubranche finden. Vgl. www.tagesanzeiger.ch/ausland/naher-osten-und-afrika/Was-vom-internationalen-Flughafen-von-Gaza-uebrig-blieb/story/21156074 (abgerufen am 25.05.2013). Der Hafen von Gaza ist noch in Betrieb. Palästinensische Fischer werden allerdings sehr häufig von israelischen Marinebooten daran gehindert, ihrer Arbeit nachzugehen. Vgl. Deutsche Welle: In Lebensgefahr – Die Fischer von Gaza, www.dw.de/in-lebensgefahr-die-fischer-von-gaza/a-16287049 (abgerufen am 25.05.2013).
603. Wahlprogramm der Liste für Veränderung und Reform 2006, Artikel 18
604. Ebd. In den Besetzten Gebieten wird zumeist mit israelischen Schekeln bezahlt. In geringerem Maße sind auch jordanische Dinar in Umlauf. Eine eigene palästinensische Währung existiert nicht.

»Die Überprüfung internationaler Wirtschaftsabkommen sowie deren Verbesserung, sodass sie die Besonderheiten der [palästinensischen] ökonomischen Verhältnisse berücksichtigen. Zu den wichtigsten zählen:

- *Das Freihandelsabkommen mit den USA*
- *Das Kooperationsabkommen mit der EU*
- *Das Abkommen über wirtschaftliche Zusammenarbeit mit Jordanien und Ägypten [...].«[605]*

Doch welche wirtschaftspolitischen Ziele benennt die Hamas nun konkret, die über die angestrebte Unabhängigkeit von der israelischen Wirtschaft hinausgehen? Hier stellt sie einen Katalog auf, der großen Wert auf die soziale Absicherung des Wirtschaftswachstums legt:

»Die [Hamas] verfolgt wirtschaftspolitische Maßnahmen – in Handel, Finanzsektor, Arbeit, Industrie und Landwirtschaft – die darauf hinarbeiten, ausgewogenes ökonomisches Wachstum zu schaffen, die Eigenständigkeit zu stärken, die ärmeren Schichten zu schützen, die gesellschaftliche Solidarität zu bewahren sowie die Stabilität der Preise und Löhne zu garantieren. Die Wirtschaftspolitik soll zur Bekämpfung der Armut sowie zum Abbau der Arbeitslosigkeit als auch zur Senkung der Inflation beitragen. Ebenso soll sie [...] den Lebensstandard des Einzelnen verbessern.«[606]

Um dies zu erreichen will sie Gesetze verabschieden, die Investitionen anlocken, Kartelle verbieten, eine Forderung die auch die FJP und die al-Nur-Partei in Ägypten erheben, sowie das vorhandene Steuergesetz ersetzen:

»Die [Hamas] will einen angemessenen gesetzlichen Rahmen für Maßnahmen schaffen, die Investitionen anlocken sowie zusätzliche Wirtschaftsgesetze verabschieden, etwa ein Anti-Trust-Gesetz sowie ein Zollgesetz. [...] [Zudem] will sie ein neues Einkommensteuergesetz verabschieden, das Geringverdiener progressiv entlastet, als auch die indirekten Steuern, etwa die Mehrwertsteuer so anpassen, dass sie dem palästinensischen Entwicklungsstand entspricht.«[607]

Während uns die Hamas in ihrem Wirtschaftsprogramm also eine Mischung aus liberalen, auf Wachstum ausgerichteten Maßnahmen präsentiert, die nur selten explizite Bezüge zu islamischen Prinzipien aufweisen – Verbot von Monopolen und Zinsen – so ist die normative Ausrichtung auf »islamische« Werte wie Gerechtig-

---

605. Ebd.
606. Ebd.
607. Ebd.

keit und Armutsbekämpfung deutlicher zu verorten. Noch stärker kommt dies in ihren sozialpolitischen Richtlinien zum Tragen, die im Wahlprogramm insgesamt viel mehr Raum einnehmen als die eben beschriebenen ökonomischen Positionen.

3.2 Soziale Reform als Voraussetzung gesellschaftlichen Zusammenhalts

Die angestrebte Sozialpolitik der Hamas ist frei von ideologischer Instrumentalisierung oder gar religiöser Missionierung. Im Zentrum steht wiederholt der Kampf gegen Armut und die Beseitigung sozialer Missstände in der palästinensischen Gesellschaft. Dabei deckt sie ein großes Feld ab – von der Verbesserung der Bildungseinrichtungen über die Verankerung eines sozialen Sicherungssystems, Krankenversicherung für alle bis hin zu einer sozial verträglichen Wohnbaupolitik. Ihre Sprache fällt dabei eher nüchtern-bürokratisch und neutral aus und verzichtet vollkommen auf Pathos.

Als Ganzes betrachtet stellen die sozialpolitischen Vorstellungen der Hamas ein bemerkenswertes Reformprogramm dar, das auf umfassende Erneuerung und Entwicklung der gesamten palästinensischen Gesellschaft abzielt. Dem muss aber ein Mentalitätswandel vorausgehen, der ganz profaner Natur ist: Die in den existierenden Institutionen grassierende politische wie finanzielle Korruption müsse beendet werden, da sie die »Grundlagen der Nation«[608] zerstöre.

Sie stellt den aktuellen Verhältnissen gesellschaftliche Solidarität und Zusammenhalt als Basis für Fortschritt entgegen:

> *»Die [Hamas] strebt gesellschaftliche Solidarität an und will bestehende Netzwerke für gesellschaftlichen Schutz stärken und erweitern, um wirtschaftliche Stabilität für Familien als auch die [gesamte] Gesellschaft zu gewährleisten. [...] [Zudem] will sie die Armut durch die Errichtung einer gerechten Ordnung sowie einer Umverteilung des Reichtums [...] bekämpfen.«[609]*

Die sozialpolitischen Regulierungen, die sie in der Folge vorschlägt, gehen über das bloße Almosengeben hinaus. Tatsächlich spielt es nur eine marginale Rolle. Vielmehr stellt die Hamas auch hier die Bedeutung des gesellschaftlichen Zusammenhalts in den Mittelpunkt, rückt traditionell »europäische« Elemente sozialer Sicherung[610] wie Renten- und Krankenversicherung sowie Organisationen der Zivilgesellschaft ins Zentrum der Betrachtung. SO nähert sie sich in dieser Frage Positionen der Hizbollah an, womit sich die beiden Widerstandsorganisationen Hamas

---

608. Wahlprogramm der Liste für Veränderung und Reform 2006, Artikel 4.
609. Wahlprogramm der Liste für Veränderung und Reform 2006, Artikel 9.
610. Was für andere Länder des Nahen Ostens gilt, gilt erst mit Recht für Palästina: Ein solidarisches Sozialversicherungssystem existiert dort praktisch nicht.

und Hizbollah von der Politik der FJP oder den Salafisten von der al-Nur-Partei abheben, die ausschließlich auf das islamische Instrument der Zakat setzen, um ihre wohlfahrtsstaatlichen Ideen umzusetzen:

[Die Hamas will]

- *»die Sozialversicherungssysteme entwickeln, was dazu beiträgt, die Armut zu beseitigen und den Zusammenhalt der palästinensischen Gesellschaft zu bewahren. [...]*
- *zivilgesellschaftliche Organisationen fördern, die sich um den Schutz gesellschaftlicher Minderheiten kümmern, wie etwa Frauen, Kinder, Behinderte, Waisenkinder und Bedürftige. [...]*
- *die Vereinheitlichung des Rentensystems, was zu Gleichheit und Gerechtigkeit unter den Beziehern führen wird.«*[611]
- *»... eine Reform des Krankenversicherungssystems und dessen Öffnung für alle Bürger, zuvorderst für die Armen, die am Bedürftigsten sind.«*[612]
- *»Eine Linderung der Wohnungsnot für Geringverdiener.*
- *Eine Zuweisung von öffentlichem Land für die Errichtung öffentlicher Wohnungen mit privilegiertem Zugang für Geringverdiener sowie für Menschen, deren Häuser [durch Israel] zerstört wurden, als auch für bedürftige Familien Gefangener und Gefallener.«*[613]
- *»Eine Entwicklung der höheren Bildungsinstitutionen sowie Förderung wissenschaftlicher Forschung [...].*
- *Eine Aufstockung des Budgets der ›Kasse für bedürftige Studenten‹ und eine Verbesserung ihrer Mechanismen, so dass sie das Höchstmaß an Transparenz und Objektivität [bei der Verteilung von Geldern], die den Empfangsberechtigten hilft, darstellt.«*[614]

Ähnlich umfangreich sind die Einlassungen der Hamas zu sozialen Fragen im Regierungsprogramm, das sie nach dem Wahlsieg 2006 umzusetzen gedachte.[615] Doch bekanntlich kam es nicht dazu, da die innerpalästinensischen Machtkämpfe nach den Wahlen dies nicht zuließen. Die Situation eskalierte, nachdem der Präsident der Palästinensischen Nationalbehörde und Arafat-Nachfolger, Mahmud Abbas (Fatah), im Juni 2007 Premierminister Ismail Haniyya von der Hamas absetz-

---

611. Wahlprogramm der Liste für Veränderung und Reform 2006, Artikel 9.
612. Wahlprogramm der Liste für Veränderung und Reform 2006, Artikel 14.
613. Wahlprogramm der Liste für Veränderung und Reform 2006, Artikel 13.
614. Wahlprogramm der Liste für Veränderung und Reform 2006, Artikel 7.
615. Vgl. Hroub, Khaled: Ebd. 2006. S. 15-19.

te und die Einheitsregierung für gescheitert erklärte.[616] In der Folge kam es sogar zu bewaffneten Auseinandersetzungen zwischen den rivalisierenden Fraktionen sowie zu gegenseitigen Exekutionen von Gefangenen.[617]

Die daraus resultierende Spaltung der palästinensischen Gebiete in ein von der Hamas kontrolliertes Gaza sowie ein Fatah-dominiertes Westjordanland, machte im Prinzip alle guten Vorsätze der Hamas zunichte. Unter den Bedingungen einer fortgesetzten Blockadepolitik und dem zum Jahreswechsel 2008/2009 (»Operation gegossenes Blei«[618]) geführten Krieg Israels gegen den Gazastreifen und seine Bewohner, dem 1400 Menschen und ein Großteil der Infrastruktur zum Opfer fielen, war an »normale« Politik nicht mehr zu denken.

So blieb es der Hamas bis zum heutigen Tag versagt, die Umsetzung ihrer wirtschafts- und sozialpolitischen Vorstellungen in der Realität zu testen. Erst eine Aussöhnung zwischen ihr und der Fatah sowie eine Aufhebung der Blockade des Gazastreifens werden ihr die Möglichkeit geben, dies nachzuholen.

Schließlich, und das muss betont werden, wird auch deutlich, dass die Hamas trotz ihres umfassenden Reformanspruchs nicht auf eine gesellschaftspolitische Umwälzung hinarbeitet, sondern lediglich bestehende Missstände im Rahmen des existierenden Systems beseitigen will.

4. Die FJP: Wer nicht arbeitet, der soll nicht essen

Was sich bei den Prinzipien und dem politischen Programm der FJP abgezeichnet hatte, setzt sich bei ihren wirtschafts- und sozialpolitischen Vorstellungen fort: Sie legt eine umfangreiche Programmatik vor, die sehr detailliert auf allgemeine Leitlinien und Maßnahmen eingeht, die die Wirtschaft in Schwung bringen sowie mehr soziale Gerechtigkeit schaffen sollen. Sie unterscheidet dabei zwischen

---

616. Die Hamas hatte nach ihrem Wahlsieg im Januar 2006 nach langwierigen Verhandlungen mit der unterlegenen Fatah eine Einheitsregierung gebildet, auch um Befürchtungen vor einer Vereinnahmung der palästinensischen Gesellschaft durch »Islamisten« entgegenzutreten. Doch sowohl international als auch von Seiten der Fatah wurde die Hamas nach ihrem Wahlsieg mit dem Ziel isoliert, ihre Regierung zu Fall zu bringen und sie so als regierungsunfähig darzustellen. Während es der Fatah darum ging, ihren Alleinvertretungsanspruch für das palästinensische Volk nicht aufgeben zu wollen, war auf internationaler Ebene vordergründig die Einstufung der Hamas als terroristische Organisation ausschlaggebend für dieses Vorgehen.

617. Zu den Hintergründen der bewaffneten Auseinandersetzungen und der Machtübernahmen der Hamas in Gaza vgl. den investigativen Artikel von David Rose, in dem er ein Komplott der US-Regierung aufdeckt, das darauf ausgerichtet war, gewaltsam die Kontrolle über Gaza durch bewaffnete Fatah-Milizen zu erringen und die Hamas auf diese Weise auszuschalten: Rosen, David: The Gaza Bombshell, April 2008, Vanity Fair Magazine, www.vanityfair.com/politics/features/2008/04/gaza200804 (25.05.2013).

618. Zu den Hintergründen und den Folgen dieser »Operation«, auf die hier nicht weiter eingegangen werden kann, vgl. Pappe, Ilan/Chomsky, Noam: Gaza in Crisis, London: Hamish Hamilton 2010.

Haushaltspolitik, Finanzpolitik, Handelspolitik und der Rolle von Investitionen für die Gesamtwirtschaft.

Nachdem die FJP in ihrem politischen Programm sehr liberale Standpunkte eingenommen und dort viele individuelle Freiheitsrechte verankert hatte, findet dies hier seine neoliberale Entsprechung. Die wirtschaftspolitischen Ideen der Partei werden bestimmt durch einen sehr stark ausgeprägten Glauben an die individuelle Verantwortlichkeit für die wirtschaftliche Situation, Privatbesitz als Kernanliegen des Islams sowie einer nur marginalen Rolle für den Staat, der praktisch als Garant der Wirtschaftsordnung auftritt (Nachtwächterstaat), ohne aber regulierend in die Abläufe einzugreifen. Zudem stehen im Zentrum ihrer Betrachtungen die Arbeiterseite und Überlegungen, wie die Wirtschaftsabläufe für große und mittlere Unternehmen optimiert werden können, so dass sie international konkurrenzfähig werden.

Soziale Sicherung erfolgt in diesem System nur nachträglich als Fürsorge für Bedürftige und von Armut Betroffene auf Basis religiöser Gebote wie dem im Islam obligatorischen Almosengeben (Zakat) vermögender Muslime, das in einem nicht-islamischen Staat allerdings durch keine Instanz durchgesetzt werden kann. Zu seinem Seelenheil kann eben niemand gezwungen werden. Ein Sozialversicherungssystem ist nicht vorgesehen. Vieles, was die FJP für die zukünftige Wirtschaftsordnung des Landes plant, entspricht der alten wirtschaftsliberalen Politik Mubaraks.

Sie weicht dort davon ab, wo sie die Bekämpfung von Korruption und Vetternwirtschaft fordert – eine nach dem politischen Umsturz von 2011 obligatorische Position. Doch dazu hätte sie die personellen Verflechtungen zwischen Kapital, Politik und Militär auflösen müssen, eine Herkulesaufgabe, die nicht ohne Konflikte zu bewältigen gewesen wäre. Doch ihre Neigung, hohe Posten in der Partei und staatlichen Institutionen mit eigenen Leuten wie etwa dem zeitweiligen Präsidentschaftskandidaten und führenden Mitglied der Bruderschaft, Khairat al-Schater, oder dem Geschäftsmann Ibrahim al-Arabi zu besetzen, ließ Zweifel an der Ernsthaftigkeit ihrer Absichten aufkommen.[619] In der Verfassungskommission, die maßgeblich von der FJP besetzt wurde, saßen insgesamt nur drei Vertreter, die als Gewerkschafter dem arbeiterfreundlichen Lager zuzurechnen sind.[620] Darüber hinaus scheute der abgesetzte Präsident Muhammad Mursi nicht davor zurück, im Rahmen einer Auslandsreise nach China einen bekannten Unterstüt-

---

619. Diese beiden Männer gehörten zu den fünf Wirtschaftsexperten, die von der FJP und den Salafisten in die aus insgesamt acht Mitgliedern bestehende Kommission zur Ausarbeitung der wirtschaftspolitischen Teile der neuen Verfassung geschickt wurden. Allen fünf Mitgliedern eilt ein unternehmensnaher Ruf voraus. Vgl.: Ahram Online: One sure thing: A pro-market Egyptian constitution, http://english.ahram.org.eg/News/38404.aspx (abgerufen am 25.05.2013).

620. Vgl. Ebd.

zer und Ex-Mitglied der ehemaligen Staatspartei NDP in seine Wirtschaftsdelegation aufzunehmen.[621]

4.1 Eine »islamische Alternative« für die Wirtschaft?

Die im Wirtschaftsprogramm verwendete Sprache oszilliert zwischen Ökonomie und Religion, angereichert mit dem Versprechen von karitativen Leistungen, indem sie Begriffe wie Wettbewerbsfähigkeit, freie Märkte, Angebot und Nachfrage mit einer religiösen Rhetorik mischt und Werte wie Gerechtigkeit und Freiheit religiös legitimiert. Die FJP geht ausführlich auf die ökonomische Entwicklung der vergangenen Jahrzehnte ein und analysiert die Versäumnisse, die unter Mubarak gemacht wurden. Korruption, Arbeitslosigkeit und mangelnde Nachhaltigkeit der Wirtschaftsentwicklung bilden die Leitlinien ihrer Kritik. Im Anschluss versucht sie sich als islamische Alternative zu präsentieren, die Ägypten aus der extrem schwierigen ökonomischen Situation führen wird, in der es seit dem Umsturz steckt[622]:

> *»Die ägyptische Ökonomie wurde in den letzten drei Jahrzehnten einer Vielzahl von Reformprogrammen unterworfen. Jedoch führten das Fehlen eines angemessenen institutionellen Rahmens zur Implementierung der Reformen und die grassierende Korruption auf allen Ebenen des Wirtschaftssystems dazu, dass diese ihre Ziele verfehlten.*
> *Das Wirtschaftswachstum zeichnete sich in der Phase der Reformen in keiner Weise durch Nachhaltigkeit aus. Ganz im Gegenteil fluktuierte es stark und blieb unter dem Niveau, welches Ägypten erlaubt hätte, in die Reihe der Tigerstaaten vorzustoßen. Das durchschnittliche Wirtschaftswachstum in den letzten 25 Jahren blieb unter 4,5%. Ebenso waren die Phasen des Wirtschaftsaufschwungs (6-7%) nicht von nachhaltiger Dauer und dauerten im Mittel kaum länger als drei Jahre an. Gleichzeitig hielten die Phasen des wirtschaftlichen Abschwungs länger als die Phasen des Wirtschaftsaufschwungs an.*
> *Dieses langsame Wirtschaftswachstum führte letztlich dazu, dass die ägyptische Ökonomie [heute] nicht in der Lage ist, die Neueintritte in den Arbeitsmarkt aufzunehmen. Dies zog einen Anstieg der durchschnittlichen Arbeitslosigkeit nach sich (Im vierten Quartal 2009/2010 betrug die durchschnittliche Arbeitslosigkeit 8,69%[623]).*
> *So haben unterschiedliche Problemlagen eine Situation geschaffen, in der die*

621. Ahram Online: Mubarak era tycoons join Egypt President in China, http://english.ahram.org.eg/News/51477.aspx (abgerufen am 25.05.2013).

622. Ahram Online: Arab spring Nations face delayed economic recovery: IMF, http://english.ahram.org.eg/News/72327.aspx (abgerufen am 25.05.2013).

623. Im zweiten Quartal 2012 lag die Rate bei 11,8%, in der Alterskohorte der 15- bis 29Jährigen erreichte sie im selben Zeitraum desaströse 77,5%, vgl. Ahram Online: Egypt‹s unemployment rate hits record high in second quarter, http://english.ahram.org.eg/News/50405.aspx (abgerufen am 25.05.2013).

Wirtschaft unter der Störung der Märkte, einer erhöhten Inflation sowie der Herrschaft der allgegenwärtigen Monopole in Industrie, Landwirtschaft, im Dienstleistungssektor und sogar im Exportsektor leidet.

Ferner haben die erwähnten ökonomischen Zustände eine Wirtschaft geschaffen, deren institutionelle Basis erschüttert und von korrupten Strukturen durchsetzt ist, sowie einen spürbaren Niedergang bei den öffentlichen Dienstleistungen hervorgerufen. Zudem hat sich die Armutsrate erhöht und die Verteilungsgerechtigkeit bleibt auf der Strecke.

Angesichts dieser Zustände und der Befreiung von den Fesseln des alten Regimes, war es unabdingbar, eine neue Vision für die Wirtschaft zu entwerfen, welche diese Problemlagen konfrontiert und neue Lösungsansätze bemüht, welche auf der Loyalität zum Vaterland sowie auf dem Wissen um seine Stärken beruhen.«[624]

Dieser im Prinzip korrekten Analyse der Problemlagen des ägyptischen Wirtschaftssystems setzt die FJP ihr »islamisches Wirtschaftssystem« - wie sie selbst sagt – entgegen, dessen normative Begründung der von Max Weber beschriebenen protestantischen Arbeitsethik sehr nahe kommt:

»Unsere Vision für die Wirtschaft:

Das Wirtschaftssystem geht von einem Glaubensgrundsatz aus, nämlich dass der Mensch von Gott, dem Gepriesenen und Erhabenen, zum Nachfolger[625] *(früherer Generationen) und Stellvertreter auf Erden eingesetzt wurde. [...]*

Die Partei bezieht ihre Wirtschaftsvision von der Autorität des islamischen Wirtschaftssystems, dessen Ziel sich in der Einhaltung der religiösen Pflichten [...] des gesegneten und erhabenen Schöpfers offenbart. Dazu gehören alle Verhaltensweisen des Individuums, allen voran die Kultvierung des Bodens zum Vorteil des Menschen und zur Erfüllung der Bedürfnisse aller Gesellschaftsmitglieder, seien sie Muslime oder nicht. [...] Es gibt kein Individuum oder eine Gruppe von Menschen in diesem Wirtschaftssystem, das vom Schweiße und der Mühe und dem Vermögen anderer lebt.

Insofern muss das Wirtschaftssystem auf einer wachsamen Selbstkontrolle des Individuums [...] auf allen Ebenen beruhen. Davon ausgehend beseitigt das Wirtschaftssystem alle Abweichungen, wobei das absolute Verbot von Ungerechtigkeit und Ausbeutung, Zins und Betrug, Bestechung und Vetternwirtschaft, Monopolen, Geiz und Prasserei betont werden sollen.

Und hier kommt der Islam ins Spiel, als Religion und System[626] *fürs Leben, der die*

624. Parteiprogramm der FJP, Wirtschaftsprogramm.

625. Siehe Koran 27:62 und 35:39 oder auch 6:165: »Und er ist es, der euch als Nachfolger (früherer Generationen) auf der Erde eingesetzt hat.«

626. Zur Auffassung vom Islam als Glaubens- und Lebenssystem (arab. Din), das alle gesellschaftlichen Aspekte durchdringt, vgl. die Abschnitte zu Hassan al-Banna und Sayyid Qutb in diesem Buch. Insbe-

Menschen ein weiteres Mal aus dem Dunkel und dem Chaos eines schweren Lebens führt. So bietet er mit seinen allgemeinen und vollkommenen Regeln wahre Läuterung des menschlichen Lebens. Dies geschieht mit ausdauernder Arbeit, das Böse zu überwinden und mit Hilfe seines Wirtschaftssystems das beständige Fehlverhalten zu korrigieren.

Dieses System führt als Weg[627] die Dinge in der menschlichen Gesellschaft auf ihren Ursprung sowie die Frage der Entwicklung und des Fortschritts auf ihre Stütze, den Menschen, zurück. Denn der Mensch ist diesem System wichtiger und höher als alles in der Schöpfung. [...] Wirtschaftliche Aktivitäten erfolgen gemäß diesem System durch islamische Märkte, die sich auf das Prinzip der gerechten Konkurrenz und der limitierten wirtschaftlichen Freiheit stützen, sowie auf die Prinzipien von Angebot und Nachfrage und den Preismechanismus.«[628]

Vor uns liegt ein erstaunliches Dokument, das den Individualismus in den höchsten Tönen lobt, ohne die Gemeinschaft der Gläubigen, Umma, die den Muslimbrüdern sonst so wichtig ist, auch nur ansatzweise zu erwähnen. In der hier entworfenen Welt ist der Mensch die Krone der Schöpfung, die Erde ist ihm Untertan, und wenn er die geradezu postmodern anmutende Aufforderung zur stetigen Selbstkontrolle annimmt, die im Ergebnis auf eine Selbstausbeutung hinausläuft, dann klappt es auch mit der gesellschaftlichen Gerechtigkeit. Normativer Rahmen dieser Ordnung ist das islamische Glaubenssystem, so die FJP, das dem qutb´schen Begriffsverständnis zufolge, welches hier durchscheint, umfassend ist und somit auch die ökonomischen Belange reguliert. Der extreme Individualismus, der hier zum Tragen kommt, ist aber die notwendige Vorbedingung, um die Mischung von marktliberalen Dogmen wie dem Konkurrenzprinzip sowie islamischen Dogmen (Zinsverbot, Verbot von »Prasserei und Geiz«, etc.) zu einem Modell freier Marktwirtschaft zu verschmelzen, das von einem ehemaligen Mitglied der Bruderschaft als »radikaler Kapitalismus«[629] beschrieben wurde und dessen Hauptmerkmale ökonomische Freiheit, das Wettbewerbsprinzip und die Ablehnung von Kartellen und Monopolen ist. Dieses Modell widerspricht in seiner Anlage keineswegs islamischen Werten, wie zu Beginn des Kapitels ausgeführt wurde. Nur setzt die FJP ih-

---

sondere Sayyid Qutb hat diesen Gedanken in seinen Schriften herausgearbeitet. Vgl. die Zusammenfassung bei Damir-Geilsdorf, Sabine: Ebd., S. 61 ff.

627. Im Arabischen steht an dieser Stelle »Scharia«, was im engeren Wortsinne Weg, Pfad meint. Gemeint sind hier die Lehren und Glaubensgrundsätze des Islams, die sozusagen den Pfad der Tugend bilden, auf dem man ein gottgefälliges Leben führt.

628. Parteiprogramm der FJP, Wirtschafts- und Sozialprogramm.

629. Businessweek: The Economic Vision of Egypt‹s Muslim Brotherhood Millionaire, www.businessweek.com/articles/2012-04-19/the-economic-vision-of-egypts-muslim-brotherhood-millionaires (abgerufen am 25.05.2013).

ren Fokus in extremer Weise auf Wachstum der Wirtschaft und lässt dem sozialen Ausgleich im Vergleich dazu nur wenig Raum.

Der Marktradikalismus geht bei der FJP so weit, dass sie sogar öffentliche Subventionen ablehnt. Zudem versichert sie, dass sie alle internationalen Wirtschaftsabkommen einhalten werde, also auch Abmachungen und Vorgaben der Weltbank und des IWF. Dies wird, wie weiter unten zu sehen sein wird, Konsequenzen auf die haushaltpolitischen und strukturellen Reformen im Land haben:

>*Unsere ökonomische Vision zur Lösung der Probleme basiert auf einer Reihe von Schlüsselprinzipien, die die wirtschaftspolitischen Maßnahmen in den verschiedenen Bereichen bestimmen:*

Wirtschaftliche Freiheit und ehrlicher Wettbewerb sind die Grundlage des Fortschritts; daraus folgt für den privaten Sektor eine zentrale Rolle im ökonomischen Leben Ägyptens.

Die Durchsetzung öffentlicher Interessen darf nicht auf Kosten individueller Rechte und individueller ökonomischer Freiheiten geschehen.

Institutionelle Reformen sind der Weg, auf dem die aktuellen ökonomischen Probleme angegangen werden sollen und sie sind die Garantie für Fortschritt, Wohlstand und Gerechtigkeit.

Ägypten wird alle regionalen und internationalen Wirtschaftsverträge respektieren, nachdem sie einer Überprüfung unterzogen wurden, die Ägyptens Verpflichtungen nicht verletzt und ihren Interessen nicht im Weg steht.

Die vollständige Ablehnung einer Subventionspolitik im Lichte der Orientierung zu Selbsthilfe und der Beteiligung am Wirtschaftsleben.

4.2 Ziele des Wirtschaftssystems: Wachstum, Wettbewerb und Rendite

Neben der Bekämpfung der Inflation und der Armut hat der Kampf gegen Korruption und gegen monopolistische Strukturen höchste Priorität. Hinzu kommen eine Reihe handels-, haushalts- sowie finanzpolitischer Maßnahmen, die eng damit verknüpft sind. Dieser Fokus ergibt sich aus der Natur des ägyptischen Wirtschaftssystems, das zu einem großen Teil auf Handel und Spekulation basiert. Zudem steckt das Land seit dem Umsturz 2011 in einer schweren Wirtschaftskrise, deren schärfster Ausdruck das große Haushaltsdefizit ist.

Das ägyptische Wirtschaftssystem ist ein sogenannter neo-patrimonialer Rentenstaat[630], der seine Stabilität auf ein weitverzweigtes Beziehungsgeflecht aus Wirt-

---

630. Eine nähere Beschreibung solcher Systeme findet sich bei Pawelka, Peter (Hg.): Der Staat im Vorderen Orient. Konstruktion und Legitimation politischer Herrschaft, Baden-Baden: Nomos 2008 und Schlumberger, Oliver: Patrimonial Capitalism: Economic Reform and economic Order in the Arab World, Tübingen, Univ. Diss., 2004.

schaft, Militär und Politik stützt und in dem der Handel eine große Rolle spielt. Gewinner eines solchen Systems sind Produktionsmittelbesitzer wie Fabrikanten, Industrielle, Spekulanten usw., die zumeist über ein riesiges Geflecht undurchsichtiger Konzerne herrschen und Mehrwert qua ihrer mächtigen Position im Wirtschaftssystem abschöpfen. Mit Hilfe dieses Kapitals können sie sich politischen Einfluss kaufen, um so die Geschicke des Landes zu ihren Gunsten zu bestimmen.

Oftmals treten solche Strukturen – wie in Ägypten – in monopolkapitalistischer Weise auf, so dass sich die polit-ökonomische Macht des Landes bei einigen wenigen Großunternehmern konzentriert, wie etwa der erwähnten Führungspersönlichkeit der Muslimbrüder, dem Milliardär Khairat al-Schater. Ironischerweise behauptet also die FJP genau jene korrupten, monopolistischen Wirtschaftsstrukturen aufbrechen zu wollen, die zwar seit Jahrzehnten das Land lähmen, aber von denen auch Eliten der Muslimbrüder profitieren.

Zwar hat die FJP nach ihrem Wahlsieg 2011 und im hier analysierten Programm versprochen, mit den alten Verhältnissen schonungslos zu brechen. Vor dem Sturz von Präsident Mursi hatte sie auf diesem Feld die Möglichkeit, zu beweisen, dass der Unterschied zwischen ihr und dem alten Regime sich nicht »im Tragen von Bärten«[631] erschöpft, wie der ehemalige Muslimbruder Sameh Elbarqy behauptet. Schließlich ging es hier auch um ihre Glaubwürdigkeit als soziale Bewegung. Nur wenn sie überzeugend vermitteln kann, dass sie mit diesen Strukturen brechen will, und in den eigenen Reihen damit anfängt, werden ihr die Menschen weiterhin vertrauen. Die Proteste, die dem Militärputsch gegen Präsident Muhammad Mursi vorangingen, haben deutlich gezeigt, dass die FJP einen großen Teil der säkularen ägyptischen Bevölkerung nicht für sich gewinnen konnte, weil sie die Politik Mubaraks nur unter anderen Vorzeichen fortführte.

Der zweite wichtige Faktor der gegenwärtigen Wirtschaftsentwicklung, auf den die FJP ausführlich eingeht, ist die Haushaltspolitik. Die politischen Geschehnisse seit Januar 2011 führten zu einem erhöhten und plötzlichen Kapitalabfluss aus dem Land, einem Einbruch beim Tourismus und anhaltenden Streiks in der Textilindustrie, einem wichtigen Standbein des verarbeitenden Gewerbes. All diese Entwicklungen führten zu einer Schrumpfung der Währungsreserven von 15 Milliarden US-Dollar in den ersten Monaten nach dem Umsturz.[632] Bis heute hat sich diese Situation nicht verbessert. Damit Ägypten weitere Kredite vom IWF bekommt, fordert dieser Reformen ein, die das übliche Sammelsurium neoliberaler Strukturanpassungsmaßnahmen bilden, um das Land auf Kurs zu bringen. So werden eine Verbesserung der Wettbewerbsfähigkeit Ägyptens, die Öffnung der

---

631. The Economic Vision of Egypt‹s Muslim Brotherhood Millionaire, in Businessweek: Ebd.
632. Vgl. für die hier beschriebene Entwicklung und weitere ökonomische Indikatoren: Economic Transformation in MENA: Delivering on the Promise of shared Prosperity, S. 9, IWF: G8-Gipfel am 27.05.2011, Deauville, Frankreich.

Märkte für ausländische private Investitionen, eine Reform des Arbeitsmarkts und restriktive Haushaltsmaßnahmen – u.a. durch Streichung von staatlichen Subventionen – von der künftigen Regierung gefordert.[633]

In der Praxis führen diese Maßnahmen in der Regel jedoch nur zu noch größerer Verelendung weiter Teile der Bevölkerung, da sie in erster Linie den Konzernen helfen, ihre Renditen zu steigern. Nachdem die FJP diese Forderungen in ihre ökonomischen Grundsätze integriert hatte, setzt sich das in ihrer Zielformulierung ungebremst fort:

1.   Die Bekämpfung der Korruption und die Belebung der Rolle der vorhandenen Kontrollbehörden sowie deren Koordinierung. Damit sie ihre Rolle wirklich ausüben können, müssen sie ferner ihre Unabhängigkeit bewahren.

2.   Die Rolle der Regierungs- und Nichtregierungsaufsicht über die Märkte muss gestärkt werden, um die Bildung von Monopolen zu verhindern.

3.   Der Schutz der ägyptischen Bürger vor Inflation. Diese schadet der gesamten Gesellschaft und erhöht das wirtschaftliche Risiko.

4.   Die Schaffung von Arbeitsplätzen und die Absenkung der Arbeitslosigkeit und die Verbindung dieses Vorhabens mit einem System, das Arbeitslosen durch ein fortschrittliches System der Arbeitslosenversicherung ein Einkommen sichert, das zur Arbeitsaufnahme motiviert und Passivität bekämpft.

5.   Für die Industrie und andere Wirtschaftssektoren geleistete Unterstützung muss mit der Schaffung von Arbeitsplätzen und dem Schutz von Arbeitnehmerrechten verbunden sowie mit dem Entwicklungsplan in Einklang gebracht werden.

6.   Die Erhöhung der Wettbewerbsfähigkeit Ägyptens auf den internationalen Märkten.

7.   Die Diversifikation der nationalen Einnahmequellen durch wirtschaftliche Diversifikation, so dass die ägyptische Wirtschaft in der Lage sein wird, internationalen ökonomischen Herausforderungen und der Weltwirtschaftskrise begegnen zu können.

8.   Die Verringerung des Haushaltsdefizits und der öffentlichen Schulden bis zu einer Grenze, die finanzielle Nachhaltigkeit garantiert und die Risiken verringert, die mit ausländischer Kreditaufnahme verbunden sind.

9.   Ägypten muss seine auf Importe fokussierte Politik überdenken. Dies kann es durch die Verbesserung der ägyptischen Verfahrens- und Produktionsstandards erreichen, so dass der ägyptische Markt kein Feld für minderwertige Waren mit unbekannter Herkunft wird.

10.   Der Mehrwert der ägyptischen Exporte muss vergrößert werden, indem der Anteil der exportierten Rohstoffe abnimmt und derjenige der produzierten Waren und

---

633. Vgl. Ebd.

Halbfertigprodukte zunimmt. Zudem soll Ägyptens Anteil am Export von High-Tech-Produkte erhöht werden.[634]

Die Elemente der hier umrissenen Wirtschaftspolitik lassen sich mit Versatzstücken von Importsubstitution[635] und Exportdiversifizierung beschreiben. Die damit angestrebte und vom IWF auch geforderte bessere Integration in den Weltmarkt heißt allerdings nichts anderes, als die ägyptischen Märkte zu öffnen, was importsubstituierende Maßnahmen erschwert und die ohnehin niedrigen Löhne der Arbeiter weiter drücken wird. Die Stärkung des Außenhandels soll Ägypten dabei die Möglichkeit bieten, seine »Wettbewerbschancen auf dem Weltmarkt [zu] vergrößern.«[636]

Diese Ausrichtung der Wirtschaft geht einher mit einer zunehmend passiven Rolle des Staates, der nur noch für die richtigen Rahmenbedingungen sorgen soll. Alles weitere soll dann den Märkten überlassen werden. Der Widerspruch zu einigen anderen Zielen der FJP, in erster Linie der Armutsbekämpfung, wird bei Verfolgung dieses Ansatzes unaufgelöst bleiben. So geht sie dazu über, diese Maßnahmen mit einer Reihe von sozial- und arbeitsmarktpolitischen Maßnahmen zu flankieren, die dazu beitragen sollen, das Gefälle zwischen ärmeren und reicheren Schichten zu nivellieren.

4.3 Die Zakat als freiwillig-obligatorischer Modus sozialer Wohlfahrt

Das Feld der sozialen Fürsorge ist der Bereich, auf dem sich die Muslimbrüder seit ihrem Bestehen profiliert haben. Das gebildete, städtische Kleinbürgertum, das von den klientelistischen Strukturen der höheren Klassen ausgeschlossen ist und den Aufstieg in die Mittelklassen nicht ganz geschafft hat, stellte seit jeher den Kern ihrer Massenbasis dar, der sie durch Kliniken, Schulen und andere Versorgungseinrichtungen die Existenz sicherte. Diese Art der Wohlfahrt wurde vom ägyptischen Staat im Gegensatz zur politischen Betätigung immer toleriert, da die verschiedenen Regime von Nasser bis Mubarak dies als unbedenklich für ihre Herrschaft einstuften. Ob gewollt oder nicht – gleichzeitig wirkte die islamische Wohlfahrt immer auch herrschaftsstabilisierend für die verschiedenen Regime, weil so die schlimmsten Auswüchse des wirtschaftlichen Nepotismus und Staatsversagens auf diesem Gebiet aufgefangen werden konnten.

Umgekehrt nutzte die Muslimbruderschaft die sozialen Einrichtungen auch dazu, politische Patronage-Verhältnisse aufzubauen, die sie nach dem Umsturz

---

634. Parteiprogramm der FJP, Wirtschaftsprogramm.
635. Vgl. Alnasseri, Sabah: Periphere Regulation. Regulationstheoretische Konzepte zur Analyse von Entwicklungsstrategien im arabischen Raum, Münster: Westfälisches Dampfboot 2004, S. 138-157.
636. Parteiprogramm der FJP, Wirtschaftsprogramm.

2011 sofort in politisches Kapital konvertieren konnte. So kann es nicht verwundern, dass sie der sozialen Frage in ihrem Programm breiten Raum einräumt. Alle für die ägyptische Gesellschaft relevanten Themen, von der Arbeitslosigkeit über soziale Gerechtigkeit bis hin zum Problem der Straßenkinder und dem Analphabetismus, werden von ihr behandelt. Wie nicht anders zu erwarten, zielt sie darauf ab, Maßnahmen und Reformen einzuführen, die die Lebensbedingungen der breiten Masse der Arbeiter und Angestellten verbessern und für mehr soziale Gerechtigkeit sorgen sollen. Ob dies angesichts der neoliberalen wirtschaftspolitischen Maßnahmen ein realistisches Ziel bleibt, ist eher zu bezweifeln.

Doch natürlich begründet die FJP ihre soziale Tätigkeit mit islamischen Imperativen, die sich auf ein Prophetenwort stützen, wonach es die Pflicht für einen jeden Gläubigen sei, Bedürftigen zu helfen:

> »Es glaubt nicht an mich, wer die Nacht gesättigt zubringt, während sein Nachbar hungrig neben ihm weilt und er davon weiß.«[637] [...]
>
> »Der Islam gewährleistet den Gesellschaftsmitgliedern das Recht auf Befriedigung der grundlegenden Lebensbedürfnisse, die die Würde und Freiheit des Menschen bewahren. Dazu zählen das Essen, Trinken, Kleidung, Wohnen und die Nutzung von Transportmitteln.«[638]

Ferner wirft die FJP den früheren Regimen Versagen vor, für den notwendigen gesellschaftlichen Ausgleich gesorgt zu haben:

> »Trotz der wirtschaftspolitischen Maßnahmen, die die unterschiedlichen Regierungen in den letzten Jahrzehnten ergriffen haben, vermochten sie nicht das Ziel der sozialen Gerechtigkeit zu erreichen. Dies ist der Grund, warum sich die Gesellschaft mehr und mehr sozialen Protestbewegungen hinwandte und neidbedingte Vorurteile und Feindseligkeiten in der Gesellschaft entstanden sowie die Kriminalitätsraten angesichts erbärmlicher Armut zunahmen. [...]
>
> Aus diesen Gründen betrachtet die FJP zur Realisierung der sozialen Gerechtigkeit in der ägyptischen Gesellschaft folgende Punkte als notwendig:
>
> 1. Alle Individuen müssen entsprechend ihren Fähigkeiten und Talenten in gleicher Weise die Möglichkeit haben, am Wirtschaftsleben zu partizipieren. Dies bedeutet, dass es dort keine Gelegenheit für Beziehungen und Günstlingswirtschaft geben darf.
>
> 2. Man muss die Armut als Phänomen für fehlende soziale Gerechtigkeit betrachten und sodann ihre Ursachen beseitigen. Auch muss daran gearbeitet werden, die

---

637. Hadith zitiert nach: Programm der FJP, Das Sozialprogramm.
638. Ebd.

grundlegenden Bedürfnisse der Gesellschaftsmitglieder zu befriedigen. In diesem Zusammenhang will die FJP nochmals betonen, wie wichtig es ist, die Armut mit den Mitteln des Zakat, Waqf und Sadaqa zu bekämpfen. Mikroprojekte sollen durch diese Quellen finanziert werden. Ferner schlägt die Partei vor, dass 20% der Einnahmen aus der Öl- und Stahlindustrie als Zakat erhoben werden sollen und innerhalb des Staatshaushalts für die Bedürfnisse der Armen verwendet werden.

3.   Die Anhebung der im öffentlichen Haushalt reservierten Mittel soll für die Unterstützung der Armen auf ein Niveau gehoben werden, das ihre Bedürfnisse befriedigt.«[639]

Die Elemente, die die FJP anführt und die für soziale Gerechtigkeit sorgen sollen, begnügen sich mit der Einführung klassischer islamischer Instrumente der Wohlfahrt. Nur der erste Punkt geht darüber hinaus und fordert gesellschaftliche Teilhabe für alle, indem korrupte Strukturen beseitigt werden sollen. Doch im Gegensatz zu den Instrumenten der Wohlfahrt bleibt es bei einem Slogan.

Während die Zakat eine im Islam obligatorische Pflichtabgabe ist[640], die sich an der Höhe der jährlichen Einnahmen bemisst und den Bedürftigen zugutekommt, ist die Sadaqa[641] völlig freiwillig. Der Waqf bezeichnet Einnahmen, die aus sogenannten frommen oder religiösen Stiftungen fließen und von wohlhabenden Muslimen dauerhaft für einen guten Zweck der Allgemeinheit überlassen wurden. Alle drei Formen der Wohlfahrt, die die FJP vorschlägt sind nicht staatlich organisiert. Zudem ergibt sich das Problem, dass religiöse Minderheiten von diesen Instrumenten sozialer Wohlfahrt ausgeschlossen bleiben. Es sind in der Regel Moscheegemeinden, die sich auf lokaler Ebene um die Verteilung von Sadaqa- und Zakat-Abgaben kümmern[642]. Lediglich beim Waqf gibt es eine staatliche Institution, die sich um die Verteilung der daraus fließenden Einnahmen kümmert.

Damit entbindet die FJP den Staat von seiner Fürsorgepflicht und überlässt die soziale Sicherung privaten karitativen Einrichtungen. Dies steht sowohl im Einklang mit ihrer extrem wirtschaftsliberalen Ausrichtung als auch mit ihrer Methode, politische und ideologische Loyalitäten mittels karitativer Arbeit für den eigenen Machterhalt zu kreieren und zu erhalten. Fortschrittliche Sozialpolitik, die

---

639. Ebd.
640. In Ägypten wird die Zakat durch keine staatliche Institution, wie etwa in Saudi-Arabien eingesammelt. Historisch betrachtet, diente sie im islamischen Reich tatsächlich als Einnahmequelle des Staates, die konsequent – als Quasi-Steuer – eingetrieben wurde.
641. Zakat und Sadaqa stehen beide für »Almosen«. Während die Zakat obligatorisch ist, bleibt die Abgabe der Sadaqa freiwillig. Zudem darf die Zakat nur an Muslime ausgezahlt werden, während die Sadaqa auch an Nichtmuslime gespendet werden darf.
642. Ob die geforderten 20% der Einnahmen aus Öl- und Stahlindustrie ausreichen, um alle sozialen Probleme des Landes zu lösen, ist angesichts der großen Armut und der Höhe der Einnahmen aus diesen Industriezweigen eher fraglich.

Wohlfahrt für soziale Schieflagen als gesellschaftlichen Anspruch dem Staat gegenüber formuliert, sieht anders aus.

Ein weiteres Element ihrer Sozialpolitik konzentriert sich auf den Arbeitsmarkt und nötige Verbesserungen, die dazu beitragen sollen, mehr Menschen gesellschaftliche Teilhabe zu ermöglichen. Dabei will sie die Lohnstruktur insbesondere im öffentlichen Sektor reformieren[643], die ihrer Ansicht nach Armut und Ungerechtigkeit fördert:

> *Die Lohnstruktur des ägyptischen Arbeitsmarkts, insbesondere im öffentlichen Sektor, stellt ein grundsätzliches Problem dar, das zwei Dimensionen aufweist: Einerseits die Absenkung des Lohnniveaus für eine Mehrheit der Angestellten im öffentlichen Dienst auf eine Höhe, die die Preissteigerungen nicht ausgleichen kann. Aber was die zweite Dimension angeht, so geht es um die offensichtliche Differenz in den Lohnniveaus, selbst wenn es sich um die gleiche Besoldungsstufe handelt. Dieses Ungleichgewicht resultiert aus unterschiedlichen Besoldungs- und Prämiensystemen der einzelnen Institutionen.*[644]

Aus diesem Grund schlägt sie eine Reihe von Maßnahmen vor, die dieses Ungleichgewicht beheben sollen:

1.   »Ein garantierter Mindestlohn, der dem ägyptischen Bürger ein würdiges Leben sichert, wobei die Lohnerhöhungen an die Teuerungsrate gekoppelt werden.
2.   Die Festlegung eines Maximallohns für die Beschäftigten der höheren Verwaltungseinheiten von Institutionen, Firmen und öffentlichen Apparaten.
3.   Das Verbot für Angestellte höherer Verwaltungseinheiten, mehr als nur eine Position zu übernehmen und in mehr als in einem Firmenvorstand zu sein, so dass andere die Möglichkeit haben, von diesen Anstellungen zu profitieren.
4.   Die Steigerung des durchschnittlichen Wirtschaftswachstums, um die Neueintritte in den Arbeitsmarkt aufnehmen zu können.
5.   Die Errichtung eines Informationssystems in den Provinzen, das Auskunft über die Arbeitslosen und deren Fähigkeiten gibt. Ferner soll ein regelmäßiges Periodikum Auskunft über die vakanten Stellen geben.
6.   Die Erleichterung der Kreditvergabe an kleine und mittlere Gewerbe, um so Arbeitsplätze zu schaffen und die Armut zu verringern. Dabei betont die Partei nochmals, wie wichtig die Anwendung islamischer Finanzierungsmethoden für diese Projekte ist.[645]

---

643. Der öffentliche Sektor ist einer der größten Arbeitgeber in Ägypten.
644. Parteiprogramm der FJP, Sozialprogramm.
645. Ebd.

Während bereits die Einführung eines Mindestlohns auf großen Widerstand bei Arbeitgebern stoßen dürfte, erscheint die Festsetzung eines Maximallohns als praktisch undurchführbar.

Während die anderen Forderungen sich im üblichen Rahmen arbeitsmarktpolitischer Maßnahmen bewegen, insbesondere für ein Entwicklungsland ohne zentralisierte Arbeitsmarktbehörde, verdient der letzte Punkt Beachtung. Bereits an anderer Stelle hatte die FJP Sparer aufgefordert, ihr Vermögen in Kleingewerbe zu investieren und so der heimischen Wirtschaft zu helfen. Wenn sie hier die Kreditvergabe für Kleingewerbetreibende erleichtern will, so drängt sich mit Blick auf die Mitgliederbasis der Muslimbruderschaft der Verdacht auf, dass das Kleinbürgertum nun außer den karitativen Leistungen auch von anderer Seite unterstützt werden soll. So schlägt die FJP zwei Fliegen mit einer Klappe: Neben der Konsolidierung der Arbeitsmarktstatistiken würde sie das existierende Patronage-Verhältnis zwischen ihr und der Basis stärken und so die Klasse kleiner Händler, Handwerker und Subunternehmer erweitern bzw. stärken, die sich ihr verpflichtet fühlt. Außerdem steht dieser Ansatz wieder im Einklang mit ihrer Philosophie der wirtschaftlichen Selbsthilfe und der Entlastung staatlicher Verpflichtungen.

Großspurig hat die FJP zu Beginn ihres Wirtschafts- und Sozialprogramms angekündigt, eine »neue Vision« zu präsentieren, eine »islamische Wirtschaft«, die die Versäumnisse des gestürzten Regimes beseitigt und das Land in die Zukunft führt. Doch die Analyse hat gezeigt, dass die FJP keine eigene Vision einer neuen Wirtschaft verfolgt. Die einzigen islamischen Elemente ihrer »Vision« sind die im Islam vorgeschriebene Zakat sowie eine andere fakultative Art der Zuwendung – Sadaqa und Waqf. Damit reduziert die FJP die soziale Sicherung auf das Niveau von Almosen und Gnadengeschenken, abhängig vom Glauben des Einzelnen.

Die FJP hat sich als unfähig erwiesen, ein Wirtschaftsprogramm zu formulieren, das den Menschen jenseits von kapitalistischen Produktions- und Ausbeutungsverhältnissen neue Perspektiven aufzeigt. Die in diesem Dokument vorherrschende Ideologie des Individualismus als auch die geplanten Maßnahmen sind im Gegenteil ausgesprochen unsozial und dürften kaum dazu beitragen, nachhaltig den sozialen Frieden in Ägypten zu sichern. Die Maßnahmen und angedachten Reformschritte verstoßen zwar nicht gegen grundlegende islamische Prinzipien, doch tut sie so als würde der Verweis auf die Zakat der Durchsetzung des islamischen Gebots sozialer Gerechtigkeit Genüge tun. Dass dies bloße Augenwischerei in einem Staat ist, der die Eintreibung der Zakat nicht institutionalisiert hat und dessen christlich-koptische Minderheit auf ca. zehn Prozent der Bevölkerung[646] kommt,

---

646. Zur Situation der Kopten im Land nach dem Umsturz vgl. IRIN: Egypt: Fresh worries for religious minorities, http://www.irinnews.org/report/97033/egypt-fresh-worries-for-religious-minorities (abgerufen am 25.05.2013).

ist evident (ganz abgesehen von der Tatsache, ob in einem Land, in dem die soziale Schieflage so groß wie in Ägypten ist, die Zakat-Abgaben ausreichen würden, um soziale Gerechtigkeit herstellen zu können).

Was die Muslimbrüder hier anbieten ist – auch unter dem Druck des IWF – ein Paket der weltweit gefürchteten Strukturanpassungsmaßnahmen, die man auch aus anderen überschuldeten Ländern kennt.

Eine konsequente Umsetzung dieser Politik würde zu einer Zunahme der sozialen Unruhen in Ägypten führen, die Schere zwischen Arm und Reich würde weiter auseinandergehen.

Eine Folge davon war, dass sich im Juni 2013 Präsident Mursi mit gewaltigen Problemen im Land und einer großen Welle der Ablehnung konfrontiert sah, die in seiner Absetzung durch einen Militärputsch gipfelte. Die Menschen scheinen nach Jahrzehnten der Misswirtschaft nicht mehr willens, eine neue Plutokratie zu ertragen, die sich zuerst um den eigenen Machterhalt und die eigene Klientel kümmert und dann erst um die Probleme des Landes.

5. Die al-Nur-Partei: Ökonomische Reform im Schatten des Korans

Die Wirtschafts- und sozialpolitische Programmatik der al-Nur-Partei zeichnet sich durch großen Reformwillen aus. Im Mittelpunkt stehen das Gesundheits- und Erziehungssystem sowie der Kampf gegen die hohe Arbeitslosigkeit. Ein weiterer, zentraler Aspekt ist die sehr starke Betonung sozialer Gerechtigkeit, worin sich die al-Nur von der FJP abhebt. Sie verbleibt nicht bei den üblichen Floskeln, sondern fordert sehr konkret eine »gerechte und gleiche Verteilung von Einkommen«[647]. Abgesehen davon weist sie mit einigen Ausnahmen einen Hang zu wirtschaftsliberalen Positionen auf, weshalb man insbesondere im Vergleich zur FJP, eher von einem »moderaten Liberalismus«[648] sprechen kann.

Was die Rolle der Religion betrifft, so legt sie großen Wert auf die Anwendung islamischer Prinzipien, etwa das koranische Zinsverbot oder die Erhebung der Zakat, um sie für den Kampf gegen die Armut einzusetzen. Die Rolle des Staates sieht die al-Nur darin, das Privateigentum, aber auch die Interessen der Gesellschaft zu beschützen. Daraus ergibt sich durchaus die Bereitschaft, bestimmte Industrien zu verstaatlichen, wie noch zu sehen sein wird. Osama al-Fil, Wirtschaftsprofessor an der Universität Alexandria und zugleich prominenter Berater

---

647. Alle Zitate der al-Nur-Partei in diesem Abschnitt sind, soweit nicht anders angegeben, dem Wirtschaftsprogramm entnommen, das Teil ihres Parteiprogramms ist und nach dem Sturz Mubaraks 2011 veröffentlicht wurde.

648. Vgl. Jadaliyya: Shining a Light on Al-Nour Party´s Plans for the Economy, http://www.jadaliyya.com/pages/index/3553/shining-a-light-on-al-nour-partys-plans-for-the-ec (abgerufen am 25.05.2013).

der al-Nur-Partei in Wirtschaftsfragen, indes widerspricht Aussagen seiner Partei: »Wir respektieren das Privateigentum. Wir plädieren nicht für Enteignungen oder Verstaatlichungen, aber die Unternehmen müssen auch ihrer sozialen Verantwortung gerecht werden.«[649]

In den restlichen Punkten unterscheidet sich das Programm der al-Nur kaum von demjenigen anderer politischer Akteure in Ägypten, seien sie islamischen oder säkularen Charakters. Ihre gesellschaftspolitische Analyse benennt die in Ägypten brennendsten sozialen Probleme wie das der Straßenkinder und der Slums, die Desintegration familiärer Strukturen sowie die hohe Jugendarbeitslosigkeit und fordert deren Beseitigung in allgemeinen Worten. Nichts deutet hier auf eine gesellschaftspolitische Umwälzung der Verhältnisse im Sinne einer Islamisierung oder dergleichen hin.

5.1 Die Würde des Menschen als höchstes Ziel der Wirtschaftsordnung

Ohne Umschweife verankert die al-Nur-Partei die Würde des Menschen an oberster Stelle in ihrem Wirtschaftsprogramm und erklärt ihre Achtung zum übergeordneten Ziel ihres Strebens. Dies begründet sie mit der ökonomisch so prekären Situation vor der »Revolution von 2011«, deren Auslöser neben der gesellschaftlichen Rückständigkeit auch die wirtschaftliche Situation der jungen Generation gewesen sei. Erstaunlicherweise leitet sie an dieser Stelle die Forderung nach einem würdigen Leben nicht aus religiösen Geboten ab. Ihre Argumentation bleibt politisch und ökonomisch:

> *»Einer der gewichtigsten Gründe für die Revolution des Volkes vom Januar 2011 war die politische und gesellschaftliche Korruption, die nicht für möglich gehaltene Höhen erreicht hat, sowie die Verschlechterung der wirtschaftlichen Situation. Das Volk wird nicht zufrieden und in Ruhe leben können [...], wenn sich seine wirtschaftliche Situation nicht verbessert und sie den Fortschritt auch tatsächlich spürt. Das ägyptische Volk verdient es, in Wohlstand und Würde zu leben.«*

Dies, so die al-Nur-Partei, könne nur durch den Kampf gegen Armut und eine gerechtere Einkommensverteilung erreicht werden:

> *»Die Würde des Menschen, die Erhöhung seines Lebensstandards, als auch sein Schutz vor Armut und Arbeitslosigkeit stehen im Mittelpunkt – in Erfüllung des Ausspruchs des Erhabenen: »Und wir waren gegen die Kinder Adams [Menschen] huldreich und haben bewirkt, dass sie auf dem Festland (von Reittieren) und auf dem Meer (von Schiffen) getragen werden, (haben) ihnen (allerlei) gute Dinge beschert und sie vor*

---

649. Ebd.

vielen von denen, die wir (sonst noch) erschaffen haben, sichtlich ausgezeichnet.«[650]
[…] Ferner ist die Verwirklichung gesellschaftlicher Gerechtigkeit durch die Einkommens- und Vermögensverteilung zentral [für uns]. Dies führt zu gesellschaftlicher Solidarität und erzeugt einen Geist der Liebe, Harmonie, Zusammenarbeit, Stabilität und Vertrauen in die Zukunft, was sich positiv auf die Erneuerung der Gesellschaft und deren Wirtschaftswachstum auswirkt.«[651]

Erst hier argumentiert sie mit Hilfe des Korans. Zur Herstellung der Würde des Einzelnen beruft sie sich auf die in diesem Vers allen Menschen von Gott verliehene Verfügungsgewalt über die Erde und ihre Güter. Mit dem sich anschließenden Hinweis auf die Notwendigkeit einer gerechten Einkommensverteilung geht sie sogar einen Schritt weiter. Aber sie versäumt es an dieser Stelle, genauer darauf einzugehen: Stellt sie sich eine Umverteilung nur durch Zakat-Abgaben vor? Wenn ja, in welcher Höhe? Oder schweben ihr weitergehende Instrumente der Umverteilung vor?

Ein Blick auf die restlichen Punkte ihres Programms, bringt Licht ins Dunkel.

5.2 Ein Entwicklungsprogramm für Ägypten: Arbeit, Forschung, Landwirtschaft

Die al-Nur-Partei räumt in ihrem Reformprogramm Maßnahmen zur Schaffung von Arbeitsplätzen großen Raum ein. Sie nimmt den Staat in die Pflicht, genug Stellen zu schaffen, die auch angemessen bezahlt werden, um die Menschen aus der Armut zu befreien. Zusätzlich will sie Ausbildungs- und Förderprogramme unterstützen, um durch eine Verbesserung der beruflichen Qualifizierung mehr Menschen Zugang zum Arbeitsmarkt zu verschaffen. Drittes Element ihrer Arbeitsmarktpolitik ist die Förderung arbeitsintensiver kleiner und mittlerer Gewerbe:

- »*Mehr öffentliche Projekte, deren Förderung und Verbesserung sowie die Fokussierung auf kleine und mittlere Gewerbe, die durch den verstärkten Einsatz des Faktors Arbeit gekennzeichnet sind und viele Menschen absorbieren können.*
- *Absolventen müssen durch nationale Berufsausbildungsprogramme weitergebildet und bei der Suche nach passenden Arbeitsplätzen unterstützt werden.*
- *Ausbildungs- und Berufsbildungsprogramme für das ägyptische Humankapital [sic!] müssen verbessert werden.*
- *Bestehende Gewerbe müssen unterstützt und ausgeweitet werden. Fabriken, die in den letzten Jahrzehnten durch beabsichtigte Vernachlässigung zerstört wurden, um sie billig privatisieren und verkaufen zu können, müssen instandgesetzt werden.*

---

650. Koran 17:70.
651. Al-Nur-Parteiprogramm, Wirtschaftsprogramm 2011

- *Es ist notwendig, die Rolle der Zakat- und Waqf-Institutionen[652] unter Einbeziehung des Staates und der reichen Bürger zu vergrößern, die in der Lage sind, ökonomische und gesellschaftliche Organisationen zu schaffen. Dies soll dazu beitragen, die gesellschaftliche Solidarität zu stärken, die Armut zu lindern und das Bruttosozialprodukt, das Investitionsvolumen, als auch den Konsum zu erhöhen.«[653]*

Interessanterweise stellt sie den herkömmlichen drei Instrumenten einer Arbeitsmarkts- und Bildungspolitik die Institutionen der Waqf und Zakat ergänzend bei. Damit verlässt sich die al-Nur auf eine Mischung aus staatlicher Steuerung und Reform sowie freiwilliger Mittel islamischer Wohlfahrt, um ihre ambitionierten Pläne zur Bekämpfung der Armut umzusetzen.[654] Wie die FJP hat sie keinerlei Pläne für ein Sozialversicherungssystem, das über bloße Fürsorgeleistungen hinausgeht, die zudem privater, freiwilliger Natur sind.

Weitere Maßnahmen zur Reduzierung der Armut und der Ankurbelung der Wirtschaft sieht die al-Nur-Partei in der bereits erwähnten Verstaatlichung bestimmter strategischer Schlüsselindustrien. Hierin stimmt sie mit der islamischen Überlegung überein, dass gesamtgesellschaftlich besonders relevante Güter dem göttlichen Eigentumsvorbehalt unterliegen und deshalb nicht in privater Hand verbleiben dürfen. Aber bemerkenswerterweise greift die al-Nur auch hier nicht zu einer religiös fundierten Begründung, sondern gibt politisch-nationale Ziele als Beweggrund an.

Daneben will sie die Förderung von Forschung und Entwicklung auf dem Gebiet der Hochtechnologien massiv ausweiten. Gewiss hat Ägypten hier großen Nachholbedarf, doch die geforderten Investitionen in Höhe von vier Prozent des BSP in Forschung und Entwicklung sind äußerst ambitioniert, vor allem angesichts der hohen Verschuldung des Landes[655]. Zudem müsste durch geeignete staatliche Bildungsprogramme die Zahl der Qualifizierten zunächst gesteigert werden, bevor dieses Vorhaben realistischerweise angegangen werden kann:

»Die strategischen Industriesektoren wie die Lebensmittel- und Waffenindustrie müssen verstaatlicht werden. Eine Nation, die ihre Lebensmittel und ihre militärischen

---

652. Waqf sind religiöse Stiftungen, deren Vermögen der Allgemeinheit zu Gute kommt. Die Zakat, dt. Almosensteuer, ist eine der fünf Säulen des Islam und somit verpflichtend für jeden Muslim, der es sich leisten kann.

653. Al-Nur-Parteiprogramm, Wirtschaftsprogramm 2011

654. Die Zakat wird in diesem Zusammenhang als freiwillige Abgabe gewertet, weil es im heutigen Ägypten keine Institution gibt, die ihre Erhebung verpflichtend durchsetzen würde.

655. Zum Vergleich: Deutschland hatte in den Jahren 2009 und 2010 Investitionsraten von 2,82 bzw. 2,80% des BSP. Quelle: Statistisches Bundesamt Wiesbaden, Online: www.destatis.de/DE/ZahlenFakten/ GesellschaftStaat/BildungForschungKultur/ForschungEntwicklung/Tabellen/FuEAusgabenUndBIP-Zeitreihe.html (abgerufen am 25.05.2013).

Fähigkeiten nicht selbst in der Hand hält, kann in ihren Entscheidungen und bei der Umsetzung ihrer Interessen gar nicht unabhängig sein. […]

Der wissenschaftlichen Forschung muss in den zivilen und militärischen Industriesektoren mehr Aufmerksamkeit geschenkt werden. In diesen Bereichen muss der Aufwand für Forschung und Technik erhöht werden, so dass er einem Anteil von mindestens 4% des Bruttosozialprodukts entspricht, so wie es in vielen fortschrittlichen Ländern der Fall ist […].

Es besteht grundsätzlicher Handlungsbedarf, um alle nötigen Ressourcen für diese Sektoren bereitzustellen, angefangen bei ausgebildeten Kadern über Planung und Fertigung von Teilen für Präzisionsgeräte, bis hin zum Start von Satelliten, egal welcher Art (Kommunikations-, Forschungs-, Spionagesatelliten etc.).«[656]

Neben der Förderung arbeitsintensiver Gewerbezweige sowie der erhöhten Investitionen in Forschung und Entwicklung setzt die al-Nur als drittem Entwicklungsfaktor auf die in Ägypten traditionell starke Landwirtschaft. Ihre Stärkung soll dabei helfen, Ägypten unabhängiger zu machen, als auch die Wirtschaftsleistung des Landes zu erhöhen. Abhängig von der wirtschaftlichen Entwicklung des Landes strebt sie eine flexible Steuerung der Export- und Preispolitik an, um für die Erzeuger die besten Konditionen zu erzielen. Insbesondere im Falle eines wirtschaftlichen Abschwungs fordert sie in etwas verklausulierter Form das Eingreifen des Staates mittels Preissubventionen. Diese Position weicht von der ansonsten eher liberalen Ausrichtung des Wirtschaftsprogramms der Partei ab, indem sie staatliche Eingriffe zugunsten der Produzenten und der Gewährleistung der Lebensmittelsicherheit verspricht. Andererseits dürfte diese Politik vor allem kleinen Erzeugern zugutekommen, die ungleich härter von Weltmarktschwankungen betroffen sind:

- »*Die Produktion strategischer Lebensmittel (Weizen, Reis, Mais) muss gefördert werden, um in diesem Bereich autark zu werden und Lebensmittelsicherheit für das Volk herzustellen.*
- *Im Falle eines wirtschaftlichen Aufschwungs soll der Handel mit diesen Gütern liberalisiert werden, da die Preise den Landwirt belohnen werden. Aber im Falle eines Marktabschwungs und einem Fallen der Preise, muss eine Politik der Preisstabilität zum Tragen kommen, die es den Landwirten ermöglicht, ihre ökonomisch-landwirtschaftliche Aktivität fortzuführen.«*[657]

656. Al-Nur-Parteiprogramm, Wirtschaftsprogramm 2011.
657. Al-Nur-Parteiprogramm, Wirtschaftsprogramm 2011.

5.3 Islamic Banking und Anti-Trust-Gesetze

Ein weiteres Maßnahmenpaket, das die al-Nur-Partei für die ägyptische Wirtschaft vorsieht, verdient Beachtung. Dabei geht es um den Versuch, schariarechtliche Prinzipien individuellen und kollektiven Charakters im Wirtschaftssystem zu verankern:

> *Es besteht kein Zweifel, dass die moralischen Prinzipien der islamischen Scharia – Loyalität und Rechtschaffenheit, Sorgfalt bei der Arbeit, Geduld und das Beharren auf der Wahrheit, das Zinsverbot und Verbot von Monopolen, Einkommens- und Vermögensgerechtigkeit, gesellschaftliche Solidarität sowie Linderung der Armut – eine Anpassung vieler Wirtschaftsgesetze erforderlich machen.*[658]

Die al-Nur-Partei bietet mit dieser Liste den deutlichsten Bezug aller hier untersuchten Akteure zu islamischen Elementen in ihrem Wirtschaftsprogramm. Sie geht über die üblichen Forderungen nach einem Zinsverbot und Gerechtigkeit hinaus, die etwa auch bei der FJP zu finden sind, und stellt geradezu einen Tugendkatalog für wohlgefälliges Verhalten auf. In der Ablehnung von Monopolen etwa geht sie durchaus mit modernen Interpretationen des Zakat-Gebots sowie des Erbrechts konform, die eine breitere Streuung von Boden und Kapital als Voraussetzung für die Verwirklichung sozialer Gerechtigkeit sehen. Es fällt auf, dass die FJP diese Forderung zwar auch erhebt, ihr aber keine religiöse Legitimation verleiht, sondern nur mit den Erfahrungen aus der Mubarak-Ära argumentiert.

Damit sieht die al-Nur-Partei in der Bildung von Monopolen einen Verstoß gegen die Prinzipien der Scharia, nicht aber gegen eine konkrete Scharia-rechtliche Vorschrift. Diese Interpretation entbehrt nicht einer gewissen Logik, da man aus Koran und Sunna ableiten kann, dass alle Handlungsweisen, die schädliche oder ungerechte Auswirkungen auf die Gesellschafts- und Wirtschaftsordnung haben, verboten sind. Im Umkehrschluss liegt dem Verbot für Monopole und Kartelle die Annahme zu Grunde, dass erst durch mehr Wettbewerb die Preisbildung gerechten Rahmenbedingungen unterworfen ist, die den Bürgern vor allem bei sehr wichtigen Gütern hilft, ihren Bedarf zu decken:

> *Die Bekämpfung der Monopole beim Außenhandel und die daraus resultierende Einkommensungleichheit ist von großer Bedeutung, weil sich dadurch die Ausnützung der Bedürfnisse der Bürger durch Geschäftsleute verhindern lässt. Dies gilt insbesondere für die strategischen Güter, wie etwa die Grundnahrungsmittel, Eisen und Zement. Gleichermaßen erhöht die allgemeine Bekämpfung der Monopole die wirtschaftliche Leistungsfähigkeit, was zur Erhöhung des Lebensstandards aller Bürger*

---

658. Ebd.

führen wird. Deshalb muss aus den bestehenden Kartellgesetzen in den ökonomisch fortgeschrittenen Ländern wie den USA oder Westeuropa gelernt werden. [...]

Dies erfordert die Trennung von legislativen und exekutiven Aufgaben, so dass die Arbeit als Abgeordneter nicht mehr die Möglichkeit bietet, korrupte Strukturen zu schützen, so wie es bis zur Januarrevolution der Fall war.«[659]

Ein weiterer Fokus schariarechtlicher Bestimmungen liegt auf einem neu zu schaffenden Banken- und Kreditsystem, das ohne Zinsen funktionieren soll. Dabei will sie die Umstellung auf das sogenannte »Islamic Banking«[660] über mehrere Jahre hinweg durchführen, um so die Auswirkungen auf das Finanzsystem möglichst klein zu halten:

»Es ist notwendig, die islamischen Formen der Finanzierung zu erweitern, die auf Gewinn- und Produktivitätsbeteiligung gegründet sind und nicht auf dem Zins-System, das die meisten kommerziellen und privaten Banken für ihre gegenseitigen Geschäfte in Ägypten benutzen.

Dies soll stufenweise im Verlaufe mehrerer Jahre vollzogen werden, so dass es sich nicht negativ auf die Wirtschaft auswirkt. Ferner beziehen die islamischen Finanzierungskonzepte die Spekulation und die Genossenschaft zwischen Individuen sowie zwischen Individuum und Staat ein; des Weiteren beinhalten sie den Verkauf von Pachtverträgen, die mit Abgabe eines Ertragsanteils verbunden sind, als auch vertraglich garantierte Auftragsarbeiten und Terminverkäufe sowie schickliche Kredite[661] u.a. mehr. Die Erweiterung islamischer Finanzgeschäfte wird ein noch nie dagewesenes Wachstum der Volkswirtschaft bewirken. [...]«[662]

Diese detaillierte Aufstellung »islamischer« Elemente einer zukünftigen Wirtschaft geht weiter als bei der FJP, bei Hamas oder Hizbollah. Zu beachten gilt aber, dass diese Instrumente natürlich auch Teil eines marktwirtschaftlichen Systems sind, wie wir es kennen. Ihre »Islamizität« beziehen sie lediglich aus ihrer Konformität mit Scharia-Verboten und -geboten.

Uneinigkeit herrscht innerhalb der al-Nur-Partei über die Annahme eines für Ägypten dringend nötigen Kredits durch den IWF, da auch für diesen Zinsen fällig werden. Während Befürworter des IWF-Kredits argumentieren, dass diese Zinsen in Wahrheit Gebühren für die Verwaltung des Kredits seien, lehnen die Geg-

659. Al-Nur-Parteiprogramm, Wirtschaftsprogramm 2011.
660. Vgl. für einen Überblick dieses Systems Nienhaus, Volker: Ebd. 2010, S. 92-100.
661. Gemeint sind Scharia-konforme, zinsfreie Kredite, bei denen nur »Gebühren« für die Zinsnehmer anfallen.
662. Al-Nur-Parteiprogramm, Wirtschaftsprogramm 2011.

ner des Kredits diese Lesart strikt ab.[663] An diesem Konflikt zeigt sich exemplarisch der Zwiespalt, in dem die al-Nur-Partei seit ihrer Entscheidung steckt, sich am politischen System zu beteiligen. Zwischen den Zwängen praktischer Politik und ihrer ideologischen Ausrichtung gefangen, muss sie immer wieder Gefechte zwischen den verschiedenen Flügeln ihrer Partei austragen.[664] Ob Ägypten Kredite bekommt und unter welchen Bedingungen, ist noch nicht entschieden, aber die Teilnahme einer Delegation der al-Nur-Partei an Verhandlungen mit dem IWF deutet Mitte 2013 darauf hin, dass sich der gemäßigte Flügel durchgesetzt hat.[665]

5.4 Gesundheit und Bildung als Voraussetzungen für Wirtschaftswachstum

Neben der Zakat und den Einnahmen aus Waqf-Stiftungen will die al-Nur über das Bildungs- und Gesundheitssystem zu mehr sozialer Gerechtigkeit beitragen. Wie sie selbst sagt, stellen Investitionen in diesen Bereich auch Investitionen in die Wirtschaft des Landes dar. Entlarvend wirkt ihre Sprache allemal. Menschen werden zu Humankapital und ihre »Ausbeutung« hilft, ökonomische Rückständigkeit zu überwinden:

> »Investitionen in das Humankapital [sic!]:
> Die Ausnutzung des menschlichen Faktors, der zu den größten ägyptischen Wirtschaftsfaktoren zählt und seine richtige Ausbeutung ermöglicht nicht nur die Lösung der Armutsproblematik und der ökonomischen Rückständigkeit, sondern hilft Ägypten auch, in die Reihe der am höchsten entwickelten Länder der Welt vorzustoßen: Es muss dafür Sorge getragen werden, dass auf allen Ebenen in ausgezeichnete Bildung und das menschliche Vermögen investiert wird. Des Weiteren muss dafür gesorgt werden, dass eine ausgezeichnete Gesundheitsfürsorge für die Bürger von großer Bedeutung ist. Dies gilt nicht nur aus menschlichen Erwägungen, sondern auch aus wirtschaftlichen Erwägungen heraus.
> Qualitativ hohe Bildung und ausgezeichnete Gesundheitsfürsorge bringen der Gesellschaft viele fähige Arbeitnehmer innerhalb der heimischen Wirtschaft und bewahren deren Produktivität. Dies führt gleichzeitig zu einer Senkung der ägyptischen Produktionskosten und steigert die Konkurrenzfähigkeit [ägyptischer Produkte]

---

663. Al Masry al-Youm: Nour Party divided on IMF loan, Online: www.egyptindependent.com/news/nour-party-divided-imf-loan (abgerufen am 25.05.2013).

664. Anfang 2013 kam es zum Bruch der Partei. Bei diesem Streit ging es auch um die zukünftige Ausrichtung der Partei und die Frage, wieviel Gewicht dem Politischen in der Parteiarbeit eingeräumt werden soll; vgl. Al-Monitor: Egypt's Salafist Parties split, Weakening Influence, http://www.al-monitor.com/pulse/politics/2013/01/salafist-schism-nour-watan-egypt.html (abgerufen am 25.05.2013).

665. Egypt Independent: IMF Delegation meets with Opposition figures, Nour Party, Online: www.egyptindependent.com/news/imf-delegation-meets-opposition-figures-nour-party (abgerufen am 25.05.2013).

im Vergleich zu ausländischen Alternativprodukten. Daraus resultiert dann eine stei-
gende Nachfrage nach ägyptischen Produkten und ägyptischer Arbeit.
Eine Krankenversicherung muss allen Bürgern, Armen und Reichen, zur Verfü-
gung stehen. Dies wirkt sich positiv auf die Fähigkeit aller Bürger aus, produktiv zu
sein, was wiederum zur Steigerung des Wirtschaftswachstums und der Erhöhung des
Lebensstandards für alle beiträgt.«[666]

Mehrmals wiederholt al-Nur also den Zusammenhang von Produktivität und
Wettbewerbsfähigkeit einerseits sowie Bildung und Gesundheit andererseits. Es
ist erstaunlich zu sehen, wie stark die Wettbewerbsorientierung bei der al-Nur-Partei ist, obwohl sie sich davor lang und breit über die Bedeutung sozialer Gerechtigkeit und Solidarität ausgelassen hatte. Doch spätestens hier wird deutlich, dass auch
die al-Nur-Partei kein alternatives Wirtschaftsprogramm anzubieten hat, sondern
sich im Rahmen der Scharia einer ökonomischen Logik verschreibt, die dem Profit die oberste Priorität einräumt. Zumindest geht sie beim Thema Krankheit weiter als die FJP und verlangt eine Krankenversicherung für alle Bürger, unabhängig
von deren jeweiligem Status.

Man kann ihre Positionen wohl am besten als extremen, religiösen Standortna-
tionalismus bezeichnen, der im Faktor Mensch eine für die Entwicklung wichtige
Ressource sieht. Die Prosperität des gesamten Systems hängt vom Zustand des Einzelnen ab. Etwas überspitzt könnte man diese Position auf die Formel »nur glück-
liche Arbeiter sind produktive Arbeiter« bringen. Da erscheint es nur logisch, dass
sie - wie die FJP auch – einen Mindestlohn fordert, der an die Preisentwicklung
gekoppelt ist. Gleichermaßen fordert sie einen sehr konkreten Maximallohn, dessen Realisierung jedoch Wunschdenken bleiben dürfte:

»Es muss ein Mindestlohn festgelegt werden, der ein würdiges Leben ermöglicht. Von
großer Bedeutung ist, dass er an das allgemeine Preisniveau angepasst wird. [...]
Genauso wichtig ist die Definition eines Maximallohnes im öffentlichen Sektor, der
höchstens das Zwanzigfache der untersten Einkommen betragen soll.«[667]

Weitere Positionen zur sozialen Misere im Land bezieht die al-Nur-Partei in sehr
allgemeiner Weise. Hier schlägt sie kaum konkrete Maßnahmen vor, belässt es zumeist bei Phrasen wie etwa, dass »Handlungsbedarf (besteht), kostengünstige Woh-
nungsprojekte auf angemessenem Niveau für die junge Generation zu realisieren«.
Oder auch, dass »die Bildung von Organisationen, die sich um die Straßenkinder
kümmern«, gefördert werden sollen. Aber selbst bei diesen unverbindlichen Aussagen, die ja eigentlich zu sozialen Maßnahmen führen sollen, vergisst die al-Nur-

---

666. Al-Nur-Parteiprogramm, Wirtschaftsprogramm 2011.
667. Ebd.

Partei nicht, die Wirtschaft ins Spiel zu bringen. So begründet sie die geforderte Hilfe für die Kinder damit, dass »sie in den produktiven Sektor der Gesellschaft integriert« werden sollen.

Letztendlich zeichnet sich das Wirtschafts- und Sozialprogramm der al-Nur-Partei durch ein Übergewicht wirtschaftspolitischer Maßnahmen aus, denen zwar Werte wie soziale Gerechtigkeit und Solidarität, als auch Maßnahmen im Bildungs- und Gesundheitssektor gegenübergestellt werden. Doch es ist deutlich, dass insbesondere letztgenannte Maßnahmen dazu gedacht sind, die Wettbewerbsfähigkeit des Landes zu steigern. Es ist ein merkwürdig anmutender Kontrast zwischen den Eingangsworten der Partei, in denen sie die Wahrung der Menschenwürde als Motivation ihres Wirtschafts- und Sozialprogramms darstellt, und dem, was dann konkret folgte.

Schlussbetrachtung

In seiner Kairoer Rede von 2009 unternahm der amerikanische Präsident Barack Obama den Versuch, nach beinahe zehn Jahren Krieg gegen den Irak und Afghanistan, eine Brücke zur islamischen Welt zu schlagen. Wie wir heute wissen, blieb es bei dem Versuch, die Beziehungen der USA zu den Ländern des Vorderen Orients sind immer noch von Abhängigkeit und Dominanz geprägt. Auf bemerkenswert offene Weise verwies Obama aber auf den Zusammenhang zwischen Kolonialismus und Extremismus sowie auf die Ausbeutung der muslimischen Länder, die schließlich zu den Anschlägen vom 11. September 2001 führten. Allerdings verfällt auch er in Stereotype, wenn er Westen und Moderne gleichsetzt, indem er hinzufügt, dass »der weitreichende Wandel, der von der Moderne und der Globalisierung herbeigeführt wurde, dazu geführt [hat], dass viele Muslime den Westen als feindlich gegenüber den Traditionen des Islams erachteten.«[668]

Sehr häufig und nicht nur hier wird der Islam Gegenstand von Konstruktionen, in denen er als Gegenspieler von Demokratie, Freiheit, ja der Moderne an sich erscheint. Doch wie wir gesehen haben, basiert diese Einschätzung auf einem verkürzten Verständnis des modernen Islam des 20. Jahrhunderts. Der spezifische Ausdruck, den dieser Glaube in den Lehren eines Abduh oder al-Banna gefunden hat, wäre ohne die intellektuelle Auseinandersetzung mit modernen Ideen gar nicht möglich gewesen. Das »islamische Erwachen«, das diese Denker verkörperten, war mitnichten eine Ablehnung der Moderne, sondern eine Ablehnung negativer Begleiterscheinungen der Moderne. Der von ihnen geführte Diskurs um Authentizität und eine islamische Identität versuchte genau diesen Widerspruch aufzulösen und den Islam an die Moderne anzupassen. Die im Anschluss entstandenen Bewegungen vermochten die Unzufriedenheit der Menschen zu bündeln und ihnen mit der Religion im Gepäck bessere Zeiten auf ökonomischer, sozialer wie militärischer Ebene zu versprechen. Genau diese politischen Ziele erklären den Erfolg der Bewegungen, nicht ihre religiöse Motivation.

Wir haben deutlich gesehen, dass es heute verschiedene Spielarten des Politischen Islam gibt und es sich dabei um keine homogene Bewegung handelt. Vielmehr muss man zwischen reformerischen Bewegungen wie der FJP und den Muslimbrüdern, salafistisch-literalistischen Bewegungen wie der al-Nur-Partei und militant-dschihadistischen Gruppen wie al-Qaida unterscheiden.

Vertreter reformerischer Bewegungen stehen in der Tradition der islamischen

---

668. Obama, Barack: »Der Islam ist ein wichtiger Teil der Förderung des Friedens«, deutsche Übersetzung in AG Friedensforschung, www.ag-friedensforschung.de/regionen/USA/obama-rede-kairo.html (abgerufen am 25.05.2013).

Renaissance des ausgehenden 19. Jahrhunderts, die im Gegensatz zu salafistischen Bewegungen eine etwas freiere Interpretation der Scharia praktizieren. Im Rahmen dieses Ansatzes streben sie danach, als handlungsleitende Prinzipien für die Menschen die Ziele der Scharia in der Gesellschaft zu verankern. Wie wir bei der FJP sehen konnten, resultiert aus dieser pragmatischen Ausrichtung eine große Nähe zu modernen Prinzipien der Staats- und Wirtschaftsregulierung, die nicht einer strategischen Anpassung an die Post-Mubarak-Situation in Ägypten geschuldet ist, sondern religiös-ideologischer Überzeugung entspringt.

Die Salafisten dagegen glauben an eine wörtliche Auslegung von Koran und Hadith. Vieles, was nach ihren Vorstellungen über den ursprünglichen Islam hinausgeht, gilt als unerlaubt. Die Gesellschaft soll dabei den Geboten und Verboten der Scharia unterworfen werden – so wie sie im Koran verankert sind und von den frühen Rechtsgelehrten interpretiert wurden.

Einen Sonderfall stellen nationale Widerstandsbewegungen wie Hizbollah und Hamas dar, da sie sich einerseits als dschihadistische Bewegungen verstehen, ihre Verankerung ins politische System und Teilnahme an Wahlen, sowie der karitative Arm der Bewegung aber eher reform-islamischen Bewegungen zuzuordnen sind.

Der Vorwurf, diese Organisationen seien irrational und ausschließlich ideologiegeleitet in ihrem Handeln und Urteilen und dadurch letztlich gewalttätig, ist selber Ausdruck einer ideologischen Perspektive, die dem eigenen, angeblich rationalen und interessegeleiteten Handeln entgegensetzt wird. Zwar nimmt die Ideologie einen prominenten Platz im Denken ein, doch gerade die Widerstandsorganisationen Hamas und Hizbollah, aber auch die FJP und in einem etwas geringeren Maße die al-Nur-Partei, richten ihr Handeln nach politisch-strategischen Interessen aus.

So geht auch der Vorwurf des Faschismus oder Islamo-Faschismus fehl, der immer wieder von Islamkritikern vorgebracht wird.[669] Zwar ist eine Ähnlichkeit zum Faschismus nicht von der Hand zu weisen, was die kleinbürgerliche Anhängerschaft und die zum Teil vorhandene Tendenz, alle Lebensbereiche durchdringen zu wollen, angeht, doch bleiben mehr Unterschiede als Gemeinsamkeiten.[670] Es darf nicht vergessen werden, dass der Politische Islam in seiner Entstehung gerade nicht »zugespitzter Ausdruck einer imperialistischen Politik und Reaktion auf den Aufstieg der Arbeiterbewegung, sondern ein zugespitzter Ausdruck des Widerstands gegen imperialistische Beherrschung und die korrupten bürgerlichen Regime«[671] ist.

Die Erfolge von Hamas und Hizbollah resultieren nicht zuletzt aus der Tatsache, dass sie sich als einzige auf die Fahnen schreiben können, Israel durch bewaffneten Kampf zu Rückzügen aus besetzten Gebieten (Gaza und Südlibanon) ge-

---

669. Der letzte prominente Fall war der deutsch-ägyptische Publizist Hamed Abdel Samad, vgl.: El-Gawhary, Karim: Der Fließband-Droher, in: http://www.taz.de/!118470/ (abgerufen 26.06.2013).
670. Vgl. Achcar, Gilbert: Ebd. 2002, S. 59.
671. Ebd.

zwungen zu haben und so ein Stück der Würde wiederherstellen konnten, die in den Augen der Menschen über die vergangenen 100 Jahre durch eine lange Reihe von Eroberungen und militärischen Niederlagen zerstört worden war.

Aus ähnlichen Motiven resultierte der temporäre Erfolg von Al-Qaida: Für einen kurzen Moment vermochte sie mit den Anschlägen vom 11. September 2001 die islamische Welt – mit schrecklichen Folgen – als historisches Subjekt zu konstituieren und so das Gefühl der Unterlegenheit angesichts permanenter imperialer Eroberung vergessen machen. Doch zugleich stellte der vollständige Primat des Militärischen über das Politische den Niedergang der al-Qaida dar. Das Fehlen eines politischen Programms führte dazu, dass sie sich nicht als Massenbewegung etablieren konnte und nur aufgrund ihrer spektakulären Anschläge eine solch große Aufmerksamkeit erhielt. Ideologisch hat sie schon immer ein Nischendasein gefristet.

Der Erfolg islamischer Parteien in den Ländern des Arabischen Frühlings und darüber hinaus hingegen spricht in dieser Hinsicht Bände. Er basiert darauf, dass sie als legitime politische Kräfte wahrgenommen werden, die effektivere Strukturen als die meisten arabischen Staaten besitzen, deren Eliten über Jahrzehnte im Netz der politischen Korruption gefangen waren. Zudem sind islamische Kräfte in den erwähnten Ländern und Palästina die einzigen Akteure, die freie Wahlen für sich entscheiden konnten, ohne auf Manipulationen zurückzugreifen. Die breiten Netze sozialer Wohlfahrt ergänzen das Bild. Doch diese Bewegungen sind auch mit gewaltigen Problemen konfrontiert, die sich durch einfache Sozialhilfe nicht lösen lassen.

Massenarbeitslosigkeit vor allem unter den Jugendlichen, die weit mehr als die Hälfte der Bevölkerung ausmachen, Staatsverschuldung, grassierende Armut, Bildungsdefizite sind nur einige der Probleme, die es in den kommenden Jahren und Jahrzehnten zu lösen gilt. Die außenpolitische Orientierung und Abhängigkeit vieler Länder der Region von den USA tut ihr Übriges, um die Unzufriedenheit in der Bevölkerung zu schüren. Angesichts dieser Problemlagen droht vielen Parteien, die zum ersten Mal in ihrer Geschichte sich legal betätigen dürfen und prompt an der Macht sind, eine Entzauberung. Die FJP in Ägypten hat das im Sommer 2013 schmerzhaft erfahren. Die Völker sind ungeduldiger geworden, sie wollen Ergebnisse sehen. Die Erfahrungen des Umbruchs aus dem Jahr 2011 haben den Menschen in der ganzen Region ein neues Selbstbewusstsein gegeben, angesichts staatlicher Repression und Vetternwirtschaft nicht tatenlos zusehen zu müssen.

Bisher haben sich die Bewegungen des Politischen Islam nur in der Opposition bewährt, sich gleichzeitig aber als extrem flexibel und anpassungsfähig erwiesen. Die Frage, die sich nun stellt, ist genauso simpel wie entscheidend für die Zukunft vieler islamischer Parteien: Werden sie weiterhin in der Lage sein, sich einer verändernden innen- wie außenpolitischen Umwelt anzupassen? Werden sie sich für weitere Teile der Gesellschaften öffnen und Visionen entwickeln können, die

Perspektiven nicht nur für ihre Anhänger, sondern für das ganze Volk bieten? Nur wenn die islamischen Akteure ihre neu gewonnenen Freiheiten dazu nutzen, die Gesellschaften zu reformieren, indem sie die Auswüchse eines korrupten Systems beseitigen und nicht den gleichen Weg der gestürzten Regime beschreiten, werden sie dauerhaften Erfolg haben. Klar ist indes auch, dass ein vollständiger Wandel, vor allem was die politische Kultur vieler Länder des Nahen Ostens angeht, nicht in ein oder zwei Jahren zu bewerkstelligen ist.

Geduld, Beharrlichkeit und Optimismus sind auf Seiten der Völker des Nahen Ostens Grundvoraussetzungen, um dauerhafte historische Veränderungen herbeizuführen. Ob die islamischen Parteien dabei die Hauptrolle übernehmen werden, hängt von ihrer Fähigkeit ab, sich als Massenorganisationen den Forderungen der Menschen zu stellen und diese auch umzusetzen. Das Epochenjahr 2011 bildete erst den Anfang dieses tiefgreifenden Prozesses.

Quellen- und Literaturverzeichnis

Arabische Quellen

Al-Banna, Hassan: Majmu´at al-Rasa´il al-Shahid Hassan al-Banna, Kairo, o.O, o.J.

Ders.: Between Yesterday and Today, in: Ders.: Six tracts of Hassan al-Banna. A Selection from the Majmu´at al-Rasail al-Schahid Hassan al-Banna [Auswahl von Abhandlungen des Märtyrers Hassan al-Banna], I.l.F.S.O. Kairo, 2006, S.25-55.

Ders.: To what do we Summon Mankind?, in: Ders.: Six tracts of Hassan al-Banna. A Selection from the Majmu´at al-Rasail al-Schahid Hassan al-Banna [Auswahl von Abhandlungen des Märtyrers Hassan al-Bannas], I.l.F.S.O. Kairo, 2006, S.85-121.

Ders.: Our Mission, in: Ders.: Six tracts of Hassan al-Banna. A Selection from the Majmu´at al-Rasail al-Schahid Hassan al-Banna [Auswahl von Abhandlungen des Märtyrers Hassan al-Bannas], I.l.F.S.O. Kairo, 2006, S.55-85.

Ders.: Mudhakirat ad-Da´wa wa ad-Da´iya [Aufzeichnungen von der Mission und des Predigers], Kairo 1978.

Ders.: Islam al-Ikhwan al-Muslimin [Der Islam der Muslimbrüder], Kairo, o.J., o. S., Online: www.ikhwanwiki.com, (abgerufen am 05.03.2013).

Ders.: Hadhihi al-thalatha min Arkan al-Islam: Al-Daula, Al-Qaumiyya wa-l -´Ilm [Dies sind drei Säulen des Islams: Der Staat, der Nationalismus/die Nation und das Wissen], Kairo, o.J., o.S., Online: www.ikhwanwiki.com, (abgerufen am 05.03.2013).

Al-Shater, Khairat: Translation: Khairat al-Shater on the Brotherhood´s Rise, in: Brown, Eric/Fradkin, Hillel (Hg.): Current Trends in Islamist Ideology, Vol. 13, 2012, S. 127-155, Hudson Institute: Center on Islam, Democracy, and the Future of the Muslim World. Online: http://currenttrends.org/research/detail/current-trends-in-islamist-ideology-volume-13 (abgerufen am 25.05.2013).

Hamas: Bayan Sahafi – al-Hamalat al I´lamiyya wa-l-Agendat al-mugharada didd al-Haraka wa Qiyadataha wa Nahjaha, 14. Juni 2013, Online: www.hamasinfo.net (abgerufen am 20.06.2013).

Dies.: Mudhakkira Ta´rifiyya [Einführendes Memorandum], in: Hroub, Khaled: Al-Fikr wa-l Mumarasa al-Siyasiyya [Hamas: Thought and Political Practice], Beirut: Institute for Palestine Studies, 1997, S. 308-317.

Dies.: Bayan ham sadir ´an al-Maktab al-siyasiyy li Harakat Hamas [Wichtige Mitteilung des Politbüros], in: Hroub, Khaled: Al-Fikr wa-l Mumarasa al-Siyasiyya [Hamas: Thought and Political Practice], Beirut: Institute for Palestine Studies, 1997, S. 322-325.

Dies.: Mithaq Harakat al-Muqawamah al-islamiyya (Hamas) [Hamas Charta], in: Hroub, Khaled: Al-Fikr wa-l Mumarasa al-Siyasiyya [Hamas: Thought and Political Practice], Beirut: Institute for Palestine Studies, 1997, S. 287-307.

Dies.: Al-Barnamidsch al-intikhabi li-Intikhabat al-Majlis al-Taschri´I al-Filastini al-thaniya 2006/Qa´imat al-Taghyir wa-l-Islah [Wahlprogramm zum zweiten palästinensischen Legislativrat 2006/Liste für Veränderung und Reform], Online: www.islah.ps/new/index.php?page=viewThread&id=128 (abgerufen am 25.05.2013).

Hizb al-Hurriya wa-l-´Adala [FJP]: Barnamidsch Hizb al-Hurriya wa-l-´Adala [Programm der

FJP], auf der arabischen Onlinepräsenz der Partei: http://www.hurryh.com/Party_ Program.aspx (abgerufen am 25.05.2013).

Hizb al-Nur [Al-Nur-Partei]: Barnamidsch Hizb al-Nur [Programm der al-Nur-Partei], auf der arabischen Onlinepräsenz der Partei: www.alnourparty.org/ (abgerufen am 25.05.2013).

Hizbollah: Al-Wathiqa al-siyasiyya li-Hizb Allah 2009 [Das politische Manifest der Hizbollah 2009], in: Qasim, Na´im: Hizbullah. Al-Manhadsch, Al-Tadschruba, Al-Mustaqbal, Beirut: Dar al-Mahajja al-Bayda 2011, S. 467-503.

Dies.: Wahlprogramme 1996-2005, in: Alagha, Joseph Elie: The Shifts in Hizbullah´s Ideology. Religious Ideology, Political Ideology and Political Program, Leiden: ISIM/Amsterdam University Press, 2006, S. 254-277.

Dies.: Al-Barnamidsch al-Intikhabi li-Hizb Allah 1992 [Wahlprogramm der Hizbollah 1992], in: Qasim, Na´im: Hizbullah. Al-Manhadsch, Al-Tadschruba, Al-Mustaqbal, Beirut: Dar al-Mahajja al-Bayda 2011, S. 457-466.

Dies.: Al-Risala al-maftuha li-Hizb Allah 1985 [Offener Brief der Hizbollah 1985], Online: http://archive.youkal.net/index.php?option=com_content&view=article&id=451:-1985&catid=34&Itemid=156 (abgerufen am 25.05.2013).

Legrain, Jean-François: Les voix du soulevement palestinien 1987-1988, CEDEJ Kairo, 1991. [Enthält Hamas-Flugblätter im arabischen Original, die während der ersten Intifada verteilt wurden].

Mashal, Khaled/ Scharbal, Ghassan: Harakat Hamas wa tahrir Filastin. Khaled Mashaal hawarahu Ghassan Sharbal [Hamas und die Befreiung Palästinas. Gespräch mit Khaled Mashal] Beirut 2006.

Ders.: Hamas´ political thought and stances in light of the Arab Uprisings: www.middleeastmonitor.com/downloads/documents/130319_KhalidMishaal_HamasPoliticalThoughtandStances.pdf (14.05.2013).

Ders.: Interview mit New York Times, in: Journal of Palestine Studies: Vol. 37 (4), 2009, S. 215-216.

Muslim Brotherhood Statement Denouncing UN Women Declaration for Violating Sharia Principles, March 14 2013, online: www.ikhwanweb.com/article.php?id=30731 (abgerufen am 25.05.2013).

Nasrallah, Hassan: »Who is Sayyed Hassan Nasrallah?« Interview mit Nida al-Watan, 31.08.1993, in: Noe, Nicholas (Hg.): The Statements of Sayyed Hassan Nasrallah, London/New York: Verso 2007, S. 116-144.

Ders.: »Civil War and Resistance«, Interview mit al-Khaleej, 11.03.1986, in: Noe, Nicholas: Voice of Hezbollah. The Statements of Sayyed Hassan Nasrallah, London/New York: Verso 2007, S. 23-33.

Ders.: »Hezbollah is not an Iranian Community in Lebanon«, Interview mit Al-Watan al-Arabi, 11.09.1992, in: Noe, Nicholas: The Statements of Sayyed Hassan Nasrallah, London/New York: Verso 2007, S. 84-100.

Ders.: Nasrallah, Hassan: »A Peaceful Resolution is a Victory for the Resistance«, Interview mit Al-Ahram, 16.02.2000, in: Noe, Nicholas: The Statements of Sayyed Hassan Nasrallah, London/New York: Verso 2007, S. 213-232.

Paret, Rudi: Der Koran/übersetzt von Rudi Paret, Stuttgart: Kohlhammer 2010.

Qasim, Na'im: Hizbullah. Al-Manhadsch, Al-Tadschruba, Al-Mustaqbal, Beirut: Dar al-Mahajja al-Bayda 2011.

Qutb, Sayyid/A.B. al-Mehri (Hg.): Milestones [Ma'alim fil Tareeq], Birmingham: Maktabah Booksellers and Publishers 2006.

Internetquellen

Al-Anani, Khalil: The Salafi-Brotherhood Feud in Egypt, in: Al-Monitor: www.al-monitor.com/pulse/originals/2013/02/muslim-brotherhood-salafist-feud-in-egypt.html (abgerufen am 25.05.2013).

Al-Bawaba: Egypt‹s Al-Nour Party Threatens to Change Treaty with Israel, www.albawaba.com/editorchoice/egypts-al-nour-party-threatens-change-treaty-israel-406759 (abgerufen am 25.05.2013).

Al-Diasty, Karem: Salafi Nour Party: The largest political force in the governorate, in: Egypt Votes: www.egyptvotes.org/en/politics/item/328-the-salafi-nour-party-the-largest-political-force-in-the-governorate.html (abgerufen am 25.05.2013).

Al-Gawhary, Karim: Heute Syrien, morgen Libanon, in: Taz: www.taz.de/Schiiten-im-Bekaa-Tal/!116846/ (abgerufen am 25.05.2013).

Ders.: Der Fließband-Droher, in: taz, Online: http://www.taz.de/!118470/ (abgerufen 26.06.2013).

Al-Jazeera English: Egypt's Salafi Surprise, www.aljazeera.com/indepth/featur es/2013/01/2013113135520463908.html (abgerufen am 25.05.2013).

Al-Monitor: Egypt's Salafist Parties split, Weakening Influence, http://www.al-monitor.com/pulse/politics/2013/01/salafist-schism-nour-watan-egypt.html (abgerufen am 25.05.2013).

Ahram Online: El-Nour Party chairman resigns, set to found ›Al-Watan Party, http://english.ahram.org.eg/NewsContent/1/64/61465/Egypt/Politics-/ElNour-Party-chairman-resigns,-set-to-found-AlWata.aspx (abgerufen am 25.05.2013).

Ahram Online: Egypt's gas pipeline to Israel and Jordan bombed for 13th time, http://english.ahram.org.eg/NewsContent/1/64/36114/Egypt/Politics-/Egypts-gas-pipeline-to-Israel-and-Jordan-bombed-fo.aspx (abgerufen am 25.05.2013).

Ahram Online: Syrian-linked death toll grows in Lebanon's Tripoli, http://english.ahram.org.eg/NewsContent/2/8/72294/World/Region/Syrianlinked-death-toll-grows-in-Lebanons-Tripoli.aspx (abgerufen am 25.05.2013).

Ahram Online: One sure thing: A pro-market Egyptian constitution, http://english.ahram.org.eg/News/38404.aspx (abgerufen am 25.05.2013).

Ahram Online: Mubarak era tycoons join Egypt President in China, http://english.ahram.org.eg/News/51477.aspx (abgerufen am 25.05.2013).

Ahram Online: Arab spring nations face delayed economic recovery: IMF, http://english.ahram.org.eg/News/72327.aspx (abgerufen am 25.05.2013).

Ahram Online: Egypt's unemployment rate hits record high in second quarter, http://english.ahram.org.eg/News/50405.aspx (abgerufen am 25.05.2013).

BBC Worldnews: Egypt‹s sexual harassment of women ›epidemic‹, www.bbc.co.uk/news/world-middle-east-19440656 (abgerufen am 25.05.2013).

Brown, Jonathan: Salafis and Sufis in Egypt, Carnegie Endowment for International Peace,

207

The Carnegie Papers, Middle East, December 2011, http://carnegieendowment. org/2011/12/20/salafis-and-sufis-in-egypt/8kfk (abgerufen am 25.05.2013).

B'tselem: The Separation Barrier, www.btselem.org/separation_barrier/map (abgerufen am 25.05.2013).

B'tselem: 2010 List of Incidents of Damage to Palestinian Olive Trees, www.btselem.org/download/201010_28_list_of_incidents_of_damage_to_palestinian_olive_trees_eng.pdf (abgerufen am 25.05.2013).

Büchs, Anette: Wahlsieg der Islamisten in Ägypten: Der Aufstieg der Muslimbrüder und der Salafisten, GIGA Focus Nahost 2012 (1), www.giga-hamburg.de/giga-focus/nahost (abgerufen am 25.05.2013).

Businessweek: The Economic Vision of Egypt's Muslim Brotherhood Millionaire, www.businessweek.com/articles/2012-04-19/the-economic-vision-of-egypts-muslim-brotherhood-millionaires (abgerufen am 25.05.2013).

Chulov, Martin: Syrian town of Qusair falls to Hezbollah in breakthrough for Assad, in: the guardian, Online: www.guardian.co.uk/world/2013/jun/05/syria-army-seizes-qusair?INTCMP=SRCH (abgerufen am 25.05.2013).

Deutsche Welle: In Lebensgefahr – Die Fischer von Gaza, www.dw.de/in-lebensgefahr-die-fischer-von-gaza/a-16287049 (abgerufen am 25.05.2013).

Egypt Independent: Nour Party divided on IMF loan, Online: www.egyptindependent.com/news/nour-party-divided-imf-loan (abgerufen am 25.05.2013).

Egypt Independent: IMF Delegation meets with Opposition figures, Nour Party, Online: www.egyptindependent.com/news/imf-delegation-meets-opposition-figures-nour-party (abgerufen am 25.05.2013).

El-Hennawy, Noha: Al-Azhar's support for the constitution is not surprising, given its history, in: Egypt Independent, www.egyptindependent.com/news/al-azhar-s-support-constitution-not-surprising-given-its-history (abgerufen am 25.05.2013).

Dies.: A Salafi Way out? In: Egypt Independent, Online: www.egyptindependent.com/news/salafi-way-out (abgerufen am 25.05.2013).

Flanigan, Shawn Teresa, Abdel-Samad, Mounah: Hezbollah´s Social Jihad: Nonprofits as Resistance Organizations, o.O., o.J., in: Middle East Policy Council, www.mepc.org/journal/middle-east-policy-archives/hezbollahs-social-jihad-nonprofits-resistance-organizations (abgerufen am 25.05.2013).

Gamal Essam El-Din: Shura MPs fault protesters for Tahrir Square rapes, sexual harassment, in: Al-Ahram Online, http://english.ahram.org.eg/NewsContent/1/0/64552/Egypt/0/Shura-MPs-fault-protesters-for-Tahrir-Square-rapes.aspx (abgerufen am 25.05.2013).

Gehlen, Martin: Mursis gewagter Coup gegen Ägyptens Militär, in: Die Zeit vom 13.08.2012: www.zeit.de/politik/ausland/2012-08/aegypten-mursi-militaer (abgerufen am 25.05.2013).

Grimm, Jannis/ Roll, Stefan: Ägyptens Außenpolitik unter Muhammad Mursi, in: SWP-Aktuell 58 (10/2012), Online: http://www.swp-berlin.org/de/publikationen/swp-aktuell-de/archive/2012.html (abgerufen am 25.05.2013).

Ha´aretz: Muslim Brotherhood: Egypt-Israel peace treaty needs to be reviewed, www.haaretz.com/news/middle-east/muslim-brotherhood-egypt-israel-peace-treaty-needs-to-be-reviewed-1.400541 (abgerufen am 16.05.2013).

Hagmann, Janis: Ein Programm für die Brüder, in: Zenith Online: www.zenithonline.de/deutsch/politik/artikel/ein-programm-fuer-die-brueder-002097 (aufgerufen am 27.04.2013).

IMF: West Bank and Gaza: Labor Market Trends, Growth and Unemployment, www.imf.org/external/country/WBG/RR/2012/121312.pdf (abgerufen am 25.05.2013).

IMF: Economic Transformation in MENA: Delivering on the Promise of shared Prosperity, IMF: G8-Gipfel am 27.05.2011, Deauville, Frankreich, Online: http://www.imf.org/external/np/g8/052611.htm (abgerufen am 25.05.2013).

IRIN: Lebanon: The many hands and faces of Hezbollah, Online: www.irinnews.org/report/26242/lebanon-the-many-hands-and-faces-of-hezbollah (abgerufen am 25.05.2013).

IRIN: Egypt: Fresh worries for religious minorities, http://www.irinnews.org/report/97033/egypt-fresh-worries-for-religious-minorities (abgerufen am 25.05.2013).

Islamopedia Online: Salafi Groups in Egypt, in: Islamopedia online, http://islamopediaonline.org/country-profile/egypt/salafists/salafi-groups-egypt (abgerufen am 25.05.2013).

Jadaliyya: Al-Nour Party, www.jadaliyya.com/pages/index/3171/al-nour-party (abgerufen am 25.05.2013).

Jadaliyya: Islamist Bloc (Alliance for Egypt), www.jadaliyya.com/pages/index/3172/islamist-bloc-%28alliance-for-egypt%29 (abgerufen am 25.05.2013).

Jadaliyya: Egypt´s Anti-Freedom Constitution, www.jadaliyya.com/pages/index/9260/egypt%E2%80%99s-anti-freedom-constitution_the-borhami-vide (abgerufen am 25.05.2013).

Jadaliyya: Q&A: Emad el-Din Abdel Ghafour, Chairman of the Salafist Al-Nour Party, http://www.jadaliyya.com/pages/index/3497/qanda_emad-el-din-abdel-ghafour-chairman-of-the-sa (abgerufen am 25.05.2013).

Jadaliyya: Shining a Light on Al-Nour Party´s Plans for the Economy, Online: http://www.jadaliyya.com/pages/index/3553/shining-a-light-on-al-nour-partys-plans-for-the-ec (abgerufen am 25.05.2013).

Khalil, Amal: Sheikh Assir Declares Arrival of His Mujahideen in Syria, in: Al Akhbar, http://english.al-akhbar.com/node/15646 (abgerufen am 28.05.2013).

Levitt, Matthew: Hezbollah Finances: Funding the Party of God, in: The Washington Institute, www.washingtoninstitute.org/policy-analysis/view/hezbollah-finances-funding-the-party-of-god (abgerufen am 25.05.2013).

Manyok, Phillip: State within a State: How Hezbollah Programs are challenging the Lebanese Government Legitimacy, in: PCDM, Online: www.internationalpeaceandconflict.org/profiles/blogs/state-within-a-state-how-hezbollah-programs-are-challenging-the#.Ubkfddga7t0 (abgerufen am 25.05.2013).

McGrath, Cam: Radical Clerics seek to legalise Child Brides, Online: in JPS News: www.ipsnews.net/2012/11/radical-clerics-seek-to-legalise-child-brides/ (abgerufen am 25.05.2013).

Naeem, Naseef: Ja, aber, in: Zenithonline: www.zenithonline.de/deutsch/gesellschaft//artikel/ja-aber-003543/ (abgerufen am 25.05.2013).

Obama, Barack: »Der Islam ist ein wichtiger Teil der Förderung des Friedens«, deutsche Übersetzung in: AG Friedensforschung, www.ag-friedensforschung.de/regionen/USA/obama-rede-kairo.html (abgerufen am 25.05.2013).

Ralph, Talia: Sexual harassment attacks continue amid protests in Tahrir Square, in: Global

Post, www.globalpost.com/dispatch/news/regions/middle-east/egypt/130125/sexual-harassment-attacks-tahrir-square-women (abgerufen am 25.05.2013).

Rosen, David: The Gaza Bombshell, April 2008, Vanity Fair Magazine, www.vanityfair.com/politics/features/2008/04/gaza200804 (abgerufen am 25.05.2013).

Rosiny, Stephan: »Das ist reine Propaganda«, in: www.taz.de/1/archiv/archiv/?dig=2006/08/09/a0141 (abgerufen am 25.05.2013).

Saleh, Mohsen: The rise of ›Ikhwanophobia‹: Fear of the Muslim Brotherhood, in: Afro-Middle East Center: http://amec.org.za/articles-presentations/political-islam/230-the-rise-of-ikhwanophobia-fear-of-the-muslim-brotherhood (abgerufen am 27.04.2013).

»Sayyid Qutb« in: Encyclopaedia of Islam, Second Edition. Brill Online, 2013, http://referenceworks.brillonline.com/entries/encyclopaedia-of-islam-2/qutb-sayyid (abgerufen am 14.04.2013).

Schacht, J.: »Muhammad Abduh«. Encyclopaedia of Islam, Second Edition, Brill Online 2013, http://referenceworks.brillonline.com/entries/encyclopaedia-of-islam-2/muhammad-abduh-SIM_5378 (abgerufen am 14.04.2013).

Stanford Encyclopedia of Philosophy: »Group Rights«, http://plato.stanford.edu/entries/rights-group/ (abgerufen am 25.05.2013).

Tadros, Samuel: Egypt´s Muslim Brotherhood after the Revolution, in: Brown, Eric/ Fradkin, Hillel (Hrsg.): Current Trends in Islamist Ideology, Vol. 12 (2011), S. 5-21, online: www.currenttrends.org/docLib/201110281_ct12.pdf (abgerufen am 27.04.2013).

Tagesanzeiger: www.tagesanzeiger.ch/ausland/naher-osten-und-afrika/Was-vom-internationalen-Flughafen-von-Gaza-uebrig-blieb/story/21156074 (abgerufen am 25.05.2013).

Tammam, Hossam: Islamists and the Egyptian Revolution, in: Egypt Independent, www.egyptindependent.com/opinion/islamists-and-egyptian-revolution (abgerufen am 25.05.2013).

The guardian: Egypt ›suffering worst economic crisis since 1930s‹, www.guardian.co.uk/world/2013/may/16/egypt-worst-economic-crisis-1930s (abgerufen am 16.05.2013).

The guardian: Hezbollah leader vows to stand by Syrian regime in fight against rebels, www.guardian.co.uk/world/2013/may/25/hezbollah-leader-syria-assad-qusair (abgerufen am 25.05.2013).

The Observers: Witness recounts harrowing sexual assault by Tahrir Square mob, http://observers.france24.com/content/20130211-witness-sexual-assault-tahrir-square-mob (abgerufen am 25.05.2013).

Von Kügelgen, Anke. »Abduh, Muhammad.« Encyclopaedia of Islam, THREE. Edited by: Gudrun Krämer, Denis Matringe, John Nawas, Everett Rowson. Brill Online, 2013. http://referenceworks.brillonline.com/entries/encyclopaedia-of-islam-3/abduh-muhammad-COM_0103 (abgerufen am 14.04.2013).

Ya Libnan: Nasrallah: Iran won't ask Hezbollah to intervene if attacked by Israel, www.yalibnan.com/2012/02/07/nasrallah-iran-wont-ask-hezbollah-to-intervene-if-attacked-by-israel/ (abgerufen am 25.05.2013).

Monographien und Aufsätze

Abou el Fadl, Khaled: Islam and the challenge of Democracy, Princeton et al.: Princeton University Press 2004.

Abu-Amr, Ziad: Fundamentalism in the West Bank and Gaza. Muslim Brotherhood and Islamic Jihad, Indianapolis and Bloomington: Indiana University Press 1994.

Ders.: Hamas. A historical and political Background, in: Journal of Palestine Studies, Vol. 22, No. 4 (Summer 1993), S. 5-19.

Achcar, Gilbert: Die Araber und der Holocaust. Der arabisch-israelische Krieg der Geschichtsschreibungen, Hamburg: Edition Nautilus 2012.

Ders.: Der Schock der Barbarei. Der 11. September und die »neue Weltordnung«, Köln: Neuer ISP-Verlag, 2002.

Ajami, Fouad: The vanished Imam. Musa al Sadr and the Shia of Lebanon, Ithaca and London: Cornell University Press 1986.

Alagha, Joseph Elie: The Shifts in Hizbullah's Ideology. Religious Ideology, Political Ideology and Political Program, Leiden: ISIM/Amsterdam University Press, 2006.

Al-Azmeh, Aziz: Die Islamisierung des Islam: Imaginäre Welten einer politischen Theologie, Frankfurt am Main: Campus 1996.

Alnasseri, Sabah: Periphere Regulation. Regulationstheoretische Konzepte zur Analyse von Entwicklungsstrategien im arabischen Raum, Münster: Westfälisches Dampfboot 2004.

Arafat, Alaa al-Din: Die ungleichen Muslimbrüder, in: Le monde diplomatique Nr. 9799 vom 11.05.2012.

Arjomand, Said Amir: The shadow of God and the Hidden Imam, Chicago: University of Chicago Press 1984.

Ayubi, Nazih: Politischer Islam. Religion und Politik in der arabischen Welt, Freiburg u.a.: Herder, 2002.

Barari, Hassan A./Akho-Rashida, Hani A.M.: The pragmatic and the radical. Syria and Iran and war by proxy, in: Jones, Clive/Catignani, Sergio (Hrsg.): Israel and Hizbollah. An asymmetric conflict in historical and comparative perspective, London and New York: Routledge 2010, S. 109-123.

Baumgarten, Helga: The three Faces/Phases of Palestinian Nationalism 1948-2005, in: Journal of Palestine Studies, Vol. 34 (4), Summer 2005, S. 25-48.

Dies.: Hamas. Der politische Islam in Palästina, Kreuzlingen: Diederichs 2006.

Büscher, Matthias Alexander: Der Strategiewandel der palästinensischen Hamas, Frankfurt am Main: Peter Lang, 2011.

Caridi, Paola: Hamas. From Resistance to Government? Jerusalem: PASSIA 2010.

Chomsky, Noam/ Pappe, Ilan: Gaza in Crisis, London: Hamish Hamilton 2010.

Chomsky, Noam: Offene Wunde Nahost. Israel, die Palästinenser und die US-Politik, Hamburg/ Wien: Europa Verlag, 1999.

Ders.: The Fateful Triangle: The United States, Israel and the Palestinians, London: Pluto Press, 1983.

Cook, Jonathan: Blood and religion: The unmasking of the jewish and democratic State, London: Pluto Press, 2006.

Commins, David Dean: Islamic Reform. Politics and Social Change in Late Ottoman Syria, New York: Oxford University Press 1990.

Dabashi, Hamid: Theology of Discontent, The ideological Foundations of the Islamic Revolution in Iran, New York: New York University Press 1993.

Damir-Geilsdorf, Sabine: Herrschaft und Gesellschaft. Der islamistische Wegbereiter Sayyid Qutb und seine Rezeption, Würzburg: Ergon 2003.

Dekmejian, Hrair R.: Islam in Revolution. Fundamentalism in the Arab World, Syracuse: Syracuse University Press, 1985.

Ende, Werner/Steinbach, Udo (Hg.): Der Islam in der Gegenwart, Bonn: BpB, 2005.

Esposito, John L./Voll, John O.: Islam and Democracy, Ney York/Oxford: Oxford University Press, 1996.

Esposito, John L.: Islam and Politics, Syracuse: Syracuse University Press, 1987.

Feichtinger, Walter/ Wentker, Sibylle (Hg.): Islam, Islamismus und islamischer Extremismus. Eine Einführung, Wien: Böhlau, 2008.

Firestone, Reuven: Disparity and Resolution in the quranic Teachings on War: A Reevaluation of a traditional Problem, in: JNES 56, Nr. 1 (1997), S. 1-19.

Fisk, Robert: Pity the Nation. Lebanon at War, London: Oxford University Press 1990.

Fisk, Robert: Sabra und Schatila. Ein Augenzeugenbericht, Libanon 1982. Wien: Promedia 2011.

Flores, Alexander: Die innerislamische Diskussion zu Säkularismus, Demokratie und Menschenrechten, in: Ende, Werner/Steinbach, Udo (Hg.): Der Islam in der Gegenwart, Bonn: BpB, 2005, S. 620-635.

Göbel, Karl-Heinrich: Moderne schiitische Politik und Staatsidee, Opladen 1984.

Hafez, Kai: Die politische Dimension der Auslandsberichterstattung – 2. Das Nahost- und Islambild der deutschen überregionalen Presse, Baden-Baden: Nomos 2001.

Halm, Heinz: Die Schiiten, München: C.H. Beck 2005.

Ders.:Die Schia, Darmstadt: Wissenschaftliche Buchgesellschaft 1988.

Hefner, Robert W. (Hg.): Remaking Muslim Politics: pluralism, contestation, democratization, Princeton et al.: Princeton University Press 2005.

Heine, Peter: Terror in Allahs Namen. Extremistische Kräfte im Islam, Bonn: BpB 2004.

Hourani, Albert: Die Geschichte der arabischen Völker. Von den Anfängen des Islam bis zum Nahostkonflikt unserer Tage, Frankfurt a.M.: S. Fischer Verlag, 2003.

Ders.: Arabic Thought in the Liberal Age 1798-1939, London u.a.: Oxford University Press, 1962.

Hroub, Khaled: Hamas. Die islamische Bewegung in Palästina, Heidelberg: Palmyra, 2011.

Ders.: A »New Hamas« through Its New Documents, in: Journal of Palestine Studies, Vol 35 (4), Summer 2006, S. 6-28.

Ders.: Hamas. Thought and Political Practice, Washington D.C.: Institue for Palestine Studies, 2000.

Ders.: Hamas. Al-Fikr wa-l Mumarasa al-Siyasiyya, Beirut: Institute for Palestine Studies, 1997.

Imran, Hatem: Das islamische Wirtschaftssystem. Normen und Prinzipien einer alternativen Ökonomie, Salzwasserverlag 2008.

Keddie, Nikki R.: An Islamic Response to Imperialism. Political and Religious Writings of Sayyid Jamal ad-Din »al-Afghani«, Berkeley and Los Angeles: University of California Press, 1968.

Kepel, Gilles: Das Schwarzbuch des Dschihad. Aufstieg und Niedergang des Islamismus, München: Piper 2002.

Ders.: Der Prophet und der Pharao. Das Beispiel Ägypten: Die Entwicklung des muslimischen Extremismus, München: Piper, 1995.

Kerr, Malcolm H.: Islamic Reform. The Political and Legal Theories of Muhammad Abduh and Rashid Rida, Berkeley and Los Angeles: University of California Press, 1966.

Khatab, Sayed/Bouma, Gary D.: Democracy in Islam, London et al.: Routledge 2007.

Krämer, Gudrun: Demokratie im Islam. Der Kampf um Toleranz und Freiheit in der arabischen Welt, München: Beck, 2011.

Dies.: Geschichte des Islam, Bonn: BpB 2005.

Dies.: Gottes Staat als Republik. Reflexionen zeitgenössischer Muslime zu Islam, Menschenrechten und Demokratie, Baden-Baden: Nomos, 1999.

Kramer, Martin: Arab Awakening & Islamic Revival. The Politics of Ideas in the Middle East, New Brunswick: Transaction Publishers, 1996.

Landau-Tasseron, Ella: Jihad, in: Jane Dammen McAuliffe, general ed.: Encyclopaedia of the Quran, Bd. 3, S. 35-42, Leiden et al. 2003.

Lia, Brynjar: The Society of the Muslim Brothers in Egypt, Reading: Ithaca Press, 1998.

Malthaner, Stefan: Mobilizing the Faithful. Militant Islamist Groups and their Constituencies, Frankfurt am Main: Campus 2011

Mitchell, Richard P.: The Society of the Muslim Brothers. New York/Oxford: Oxford University Press, 1993 [1969].

Murtaza, Muhammad Sameer: Islamische Philosophie und die Gegenwartsprobleme der Muslime. Reflexionen zu dem Philosophen Jamal al-Din al-Afghani, Berlin/Tübingen: Verlag Hans Schiler, 2012.

Ders.: Die ägyptische Muslimbruderschaft. Geschichte und Ideologie, Berlin: Rotation, 2011.

Ders.: Die Salafiya. Die Reformer des Islam. Norderstedt: Books on Demand, 2005.

Nakhleh, Khalil: The Myth of Palestinian Development – Political Aid and Sustainable Deceit, Jerusalem: PASSIA 2004.

Nasr, Vali: The Shia Revival. How Conflicts within Islam will Shape the Future, New York: W.W. Norton 2006.

Nienhaus, Volker: Islam und Staatlichkeit. Zur Vereinbarkeit von Religion, Demokratie und Marktwirtschaft, in: Internationale Politik 3, März 2012, S. 11-18.

Ders.: Grundzüge einer islamischen Wirtschaftsordnung. Ein systematischer Überblick, in: KAS Auslandsinformationen 11/2010.

Norton, Augustus Richard: Hezbollah. A short Story, Princeton: Princeton University Press 2007.

Pawelka, Peter (Hg.): Der Staat im Vorderen Orient. Konstruktion und Legitimation politischer Herrschaft, Baden-Baden: Nomos 2008.

Peters, Rudolph: Erneuerungsbewegungen im Islam vom 18. bis zum 20. Jahrhundert und die Rolle des Islams in der neueren Geschichte: Antikolonialismus und Nationalismus, in: Ende, Werner/Steinbach, Udo (Hg.): Der Islam in der Gegenwart, Bonn: BpB, 2005, S. 90-128.

Riesebrodt, Martin: Fundamentalismus als patriarchalische Protestbewegung: amerikanische Protestanten (1910-1928) und iranische Schiiten (1961-1979) im Vergleich, Tübingen: Mohr 1990.

Robinson, Glenn E.: Hamas as Social Movement, in: Wiktorowicz, Quintan (Hrsg.): Islamic Activism: A Social Movement Theory Approach, Bloomington, India et al.: Indiana University Press, 2004, S. 112-139.

Rodinson, Maxime: Islam und Kapitalismus, Frankfurt: Suhrkamp 1971.

Rosiny, Stephan: »Der Islam ist die Lösung« – Zum Verhältnis von Ideologie und Religion im Islamismus, in: Feichtinger, Walter/Wentker, Sibylle (Hg.): Islam, Islamismus und islamischer Extremismus. Eine Einführung, Wien: Böhlau, 2008, S. 61-77.

Ders.: Von der »Islamischen Revolution« zum »Islamischen Widerstand«. Gewaltlegitimationen schiitischer Religionsgelehrter im Umfeld der Hizb Allah, in: Zeithistorische Forschungen/Studies in Contemporary History, Online-Ausgabe, 5 (2008) H. 1, Online: www.zeithistorische-forschungen.de/16126041-Rosiny-1-2008 (abgerufen am 25.05.2013).

Ders.: Hizb Allah – An Islamic Way to Modernity, in: Makrides, Vasilios N./Rüpke, Jörg: Religionen im Konflikt. Vom Bürgerkrieg zur Ökogewalt bis zur Gewalterinnerung im Ritual. Münster: Aschendorf 2005, S.128-145.

Roy, Olivier: Globalised Islam. The Search for a new Ummah, London: Hurst & Company, 2004.

Ders.: The Failure of Political Islam, London: I.B. Tauris Publishers 1994.

Roy, Sara: Hamas and Civil Society in Gaza. Engaging the Islamist Social Sector, Princeton: Princeton University Press 2011.

Dies.: The Gaza-Strip. The political economy of de-development, Washington D.C.: Institute for Palestine Studies 2001.

Said, Edward W.: The End of the Peace Process. Oslo and after, London: Granta Books, 2000.

Schiff, Ze'ev/Ya'ari, Ehud: The Palestinian Uprising – Israel's Third Front, New York: Touchstone, 1991.

Schiffer, Sabine: Die Darstellung des Islam in der Presse: Sprache, Bilder, Suggestionen, Würzburg: Ergon 2005.

Schlumberger, Oliver: Patrimonial Capitalism: Economic Reform and economic Order in the Arab World, Tübingen, Univ. Diss., 2004.

Schulze, Reinhard: Geschichte der islamischen Welt im 20. Jahrhundert, München: Beck, 1994.

Shumareye, Suad: Der Kampf Hasan al-Bannas für die Wiederherstellung des islamischen Gesellschaftssystems, Berlin: EB Verlag Dr. Brandt, 2009.

Steinberg, Guido/Hartung, Jan-Peter: Islamistische Gruppen und Bewegungen, in: Ende, Werner/Steinbach, Udo (Hg.): Der Islam in der Gegenwart, Bonn: BpB, 2005.

Stiglechner, Clemens: Die palästinensische Hamas, in: Feichtinger, Walter/Wentker, Sibylle (Hg.): Islam, Islamismus und islamischer Extremismus. Eine Einführung, Wien: Böhlau, 2008, S. 123-143.

Weber, Max: Die protestantische Ethik und der Geist des Kapitalismus, in: Ders.: Gesammelte Aufsätze zur Religionssoziologie I, Tübingen: Mohr 1988 (9. Auflage).

Weismann, Itzchak: Taste of Modernity. Sufism, Slafiyya, Arabism in Late Ottoman Damascus, Leiden et al.: Brill 2001.

Wentker, Sibylle: Historische Entwicklung des Islamismus, in: Feichtinger, Walter/Wentker, Sibylle (Hg.): Islam, Islamismus und islamischer Extremismus. Eine Einführung, Wien: Böhlau, 2008, S. 45-61.

Dies.: Die libanesische Hizbullah, in: Feichtinger, Walter, Wentker, Sibylle (Hg.): Islam, Islamismus und islamischer Extremismus. Eine Einführung, Wien: Böhlau, 2008, S. 143-161.

Wild, Petra: Apartheid und ethnische Säuberung in Palästina, Wien: Promedia 2013.

Winterberg, Jörg M.: Religion und Marktwirtschaft. Die ordnungspolitischen Vorstellungen im Christentum und Islam, Baden-Baden: Nomos 1994.

Glossar arabischer Begriffe

Ayatollah: »*Zeichen, Wunder Gottes*«. Im schiitischen Islam Titel für den höchsten Rang, den man als Rechtsgelehrter erreichen kann. Die Sunniten kennen keinen Klerus, also auch keine hierarchischen Abstufungen von Rechtsgelehrten.

Bab al-Idschtihad: »*Das Tor zum Idschtihad*«. Islamische Doktrin, die sich im Laufe des 10. und 11. Jahrhunderts in der islamischen Rechtswissenschaft herausbildete, der zufolge »alles, was gewusst werden kann, herausgefunden wurde«. Daraus resultierte ein Jahrhunderte langer Stillstand in der Rechtswissenschaft, der die selbständige Rechtsfindung →Idschtihad ausschloss und zur Ausübung des →Taqlid führte.

Dar al-Harb: »*Haus des Krieges*«. Gegensatz zur →Dar al-Islam. Länder und Gebiete, die nach islamischer Rechtsauffassung nicht zum islamischen Herrschaftsgebiet gehören (Land des Unglaubens).

Dar al-Islam: »*Haus des Islams*«. Länder und Gebiete, die unter der Herrschaft des Islams stehen. Nach muslimischer Rechtsauffassung bestimmt die Scharia das Leben in der Dar al-Islam und Muslime können ihren Glauben frei ausüben.

Dar al-Ulum: »*Haus des Wissens*«. Erstes Lehrerseminar Ägyptens, das u.a. von Muhammad Abduh und Hassan al-Banna besucht wurde.

Da'wa: »*Mission, Einladung (zum Glauben)*«. Aufforderung an Nichtmuslime, den Glauben anzunehmen. Darüber hinaus bezeichnen islamische Bewegungen ihre Arbeit oft als Da'wa, weil sie die nominell muslimische Gesellschaft für unislamisch und verdorben halten.

Dschahiliyya: »*Unwissenheit*«. Koranischer Begriff, der die Zeit vor dem Islam beschreibt. Sayyid Qutb und Rezipienten seiner Theorien bezeichnen damit heutige muslimische und nicht-muslimische Gesellschaften, die – nach ihrer Auffassung – nur vorgeben, islamisch zu sein oder sogar völlig ungläubig sind.

Dschihad: »*Kampf, Bemühen*«. Die islamische Dogmatik unterscheidet zwischen dem Großen Dschihad und dem Kleinen Dschihad. Erster bezeichnet den permanenten, individuellen Kampf gegen die eigene Triebseele und das weltliche Laster, um ein gottesfürchtiger Muslim zu werden, während der Kleine Dschihad den Kampf zur Verteidigung des Glaubens bezeichnet.

Hadith: »*Erzählung, Gespräch*«. Ein Hadith berichtet von einer Begebenheit oder einem Ausspruch des Propheten Muhammad. Die verschiedenen Rechtsschulen betrachten die Hadithe als zweite Quelle des Rechts nach dem Koran. →Sunniten und →Schiiten haben unterschiedliche, kanonische Sammlungen von Hadithen, die die Rechtmäßigkeit der je anderen Seite zum Teil entschieden ablehnen.

Hudud (Plural für Hadd): »*Grenzen, strafbewehrte Gesetze*«. Die Hudud sind die im Koran definierten Gebote und die damit verbundenen Strafen. Das islamische Recht, →Scharia, definiert die Hadd-Strafen bei Vergehen gegen die »Rechte Gottes«. Diese sind: Ehebruch, Unzucht, Diebstahl, Genuss von Betäubungsmitteln und Alkohol sowie Abfall von der Religion.

Idschtihad: »*Anstrengung, selbstständiges Bemühen*«. In der islamischen Rechtstradition beschreibt dieser Vorgang die Anstrengung des Rechtsgelehrten, aus früheren, bereits gefällten Entscheidungen und Urteilen Analogien für neue Urteile zu fällen.

Imam: »*Vorbeter, Anführer*«. Muslime bezeichnen damit nicht nur den Vorbeter einer Gemeinde, sondern auch das geistige Oberhaupt einer Rechtsschule oder Glaubensgemeinschaft. Insbesondere schiitische Glaubensrichtungen bezeichnen ihre geistigen Führer und die frühen →Kalifen als Imam.

Intifada: »*Abschütteln*«. Mit Intifada werden die zwei Aufstände der Palästinenser gegen die israelische Besatzung bezeichnet. Während die erste Intifada als »Intifada der Steine« (1987-1993) bezeichnet wird, brach die »al-Aqsa-Intifada« (2000-2005) nach dem Besuch des späteren israelischen Ministerpräsidenten Ariel Sharon auf dem Tempelberg aus.

'Isma: »*Unfehlbarkeit*«. Eigenschaft, die nach der schiitischen Glaubenslehre den zwölf anerkannten Imamen, also Nachfolgern des Propheten, dem Propheten selbst und seiner Tochter Fatima, Ehefrau von Ali, zukommt. Dieser Lehre zufolge besitzen diese 14 ein geheimes Wissen um den Glauben, das ursprünglich vom Propheten an Ali weitergegeben wurde.

Kalif/Kalifat: »*Nachfolger*«. Titel, den der Herrscher des islamischen Reichs trug. Nach dem Ende des Osmanischen Reiches und der Gründung der türkischen Republik durch Mustafa Kemal «Atatürk», wurde es 1924 von diesem auch formal abgeschafft, nachdem es seit dem Mongolensturm und der Zerstörung Bagdads 1258 ohnehin nur noch formal existiert hatte.

Madhhab: »*Eingeschlagener Weg; Rechtsschule*«. In der islamischen Rechtstradition haben sich zwischen dem 9. und 10. Jahrhundert verschiedene Rechtsschulen herausgebildet, die auf Basis von Koran und →Hadith, verbindliche Normen für die Muslime festgesetzt haben, die bis heute befolgt werden. Die Schulen konstituieren aber keine eigenen Konfessionen, da die Unterschiede zwischen ihnen sehr gering sind.

Die vier bekanntesten sunnitischen Rechtsschulen gehen auf die Gelehrten Ibn Hanbal (Hanbaliten), Imam al-Schafi´i (Schafi´iten), Malik Ibn Anas (Malikiten) sowie Abu Hanifa (Hanafiten) zurück.

Mahdi: »*Der Rechtgeleitete*«. In der islamischen Glaubenslehre ist der Mahdi der Erlöser, der vor dem Jüngsten Gericht auf die Erde kommt, um sie zu regieren und das Reich der Gerechtigkeit herzustellen. Bei den →Schiiten wird damit auch der »verborgene«, entrückte Imam bezeichnet, der am Ende der Welt auf die Erde zurückkehrt, um Gerechtigkeit walten zu lassen.

Mudschtahid: »*Jemand, der den Idschtihad ausübt*«. Islamische Rechtsgelehrte dürfen, wenn sie bestimmte Kriterien erfüllen, Recht setzen. Zu diesen Kriterien gehören die Beherrschung des Arabischen, die Kenntnis von Koran und Sunna sowie die Kenntnis der islamischen Rechtswissenschaften.

Nahda: »*Erwachen, Erneuerung, Renaissance*«. Mit diesem Begriff wird das arabisch-islamische »Erwachen« auf kulturellem, religiösem und sprachlichem Gebiet gegen Ende des 19. und Anfang des 20. Jahrhunderts bezeichnet, das von Reform und Modernisierung geprägt war. Vertreter der Nahda waren u.a. Butrus al-Bustani, Muhammad Abduh, Dschamal al-Din al-Afghani und Rashid Rida.

Die ägyptischen Muslimbrüder haben nach dem Sturz Mubaraks 2011 ihr gesellschaftspolitisches Programm einer Erneuerung Ägyptens wohl auch in Anlehnung an die historische Bedeutung dieses Begriffes »Nahda-Projekt« getauft.

Sadaqa: »*Almosen*«. Freiwillige Almosengabe, die sowohl Muslimen als auch Nichtmuslimen zusteht.

Salaf bzw. al-Salaf al-Salih: »*Vorväter, Vorfahren bzw. die rechtgeleiteten Vorfahren*«. Die tugendhaften Vorfahren der heutigen Muslime. Bezeichnung für die Gefährten des Propheten und die ersten drei Generationen der Muslime, die sich durch eine vorbildliche Lebensführung ausgezeichnet haben. Wenn heutzutage von Salafiyya die Rede ist, dann sind damit ultrakonservative Strömungen im Islam gemeint, die sich in der Lebensführung an der Ursprungszeit des Islams orientieren und alles Moderne als dem Islam wesensfremd ablehnen. Diese sind nicht mit der historischen Salafiyya zu verwechseln, die gegen Ende des 19. Jahrhunderts entstand und eine geistig-religiöse Erneuerung der Gesellschaft sowie deren Anpassung an die Moderne anstrebte.

Scharia: »*Gottgegebenes Gesetz, ursprünglich: der breite Weg, der in der Wüste zur Wasserstelle führt*«. Islamisches oder auch göttliches Recht, das strenggenommen nur die von Gott im Koran verfügten Gebote und Verbote beinhaltet. Diese machen nur einen Bruchteil des islamischen Rechts aus. Zumeist werden die von den Rechtsgelehrten aus Sunna und Koran abgeleiteten Rechtsnormen fälschlicherweise unter dem Begriff der Scharia gefasst.

Schia/Schiiten: »*Die Anhänger (Alis)*«. Zweitgrößte Konfession im Islam nach der Sunna. Ihre Anhänger beziehen sich auf den vierten Kalifen, Ali ibn Abi Talib, als rechtmäßigen Nachfolger des Propheten. Dieser war zugleich Vetter und Schwiegersohn des Propheten Muhammad, wurde aber nach schiitischer Lehre bei der Nachfolgeregelung übergangen. Weil diesem ein besonderes religiöses Wissen und Charisma zugeschrieben wird, erkennen Schiiten nur Nachfahren Alis als legitime Imame an. Je nach Anzahl der anerkannten Imame, wird zwischen Fünfer-, Siebener- und Zwölferschia unterschieden (daneben gibt es noch weitere, kleinere Strömungen).

Schura: »*Beratung, Ratschlag*«. Der Koran schreibt in der gleichnamigen Sure 42 dem Herrscher die Konsultation mit anderen vor. Bewegungen wie Hamas oder auch die Muslimbrüder interpretieren dieses Gebot sehr weit als »Demokratie«, das etwa das Recht des Volkes auf regelmäßige Regierungswechsel etc. beinhaltet.

Sufi: »*Aus Wolle*«. Islamische Mystiker werden nach der Art ihres traditionellen wollenen Gewandes Sufis genannt. Im Mittelpunkt ihrer Lehre steht die Liebe zu Gott und dessen ritualisierte Anbetung.

Sunna: »*Überlieferte Norm, Prophetentradition*«. Die Lebensweise des Propheten mit seinen überlieferten Handlungen und Aussprüchen. Die Sunna des Propheten ist zur Nachahmung für alle gläubigen Muslime empfohlen. Nach dem Koran stellt sie die zweite Rechtsquelle des Islams dar. Rechtsgelehrte leiten von ihr bindende Normen und Gesetze ab. Allerdings liegt sie in Form mehrerer Sammlungen vor, nicht in Buchform wie der Koran.

Takfir: »*Zum Ungläubigen erklären, aus der Religion ausschließen*«. Wenn ein Muslim erklärt, nicht mehr zu glauben oder Handlungen ausführt, die teilweise oder ganz gegen islamische Normen verstoßen, so kann er von der Religion ausgeschlossen und bekämpft werden. Historisch und auch in heutiger Zeit wurde dieser Mechanismus oft missbraucht, um den Kampf gegen politische Gegner zu legitimieren.

Taqlid: »*Nachahmung, Tradition*«. Begriff, der in der islamischen Rechtswissenschaft die Befolgung eines früheren Rechtsgelehrten meint, ohne dass man selbst sich darum bemüht, die schriftlichen Quellen für eine selbständige Rechtsfindung zu konsultieren. Daraus resultiert in der Praxis die blinde Befolgung einer Rechtsschule, ohne ihre Normen zu hinterfragen. Diese Praxis wurde insbesondere praktiziert, seit das »Bab al-Idschtihad« geschlossen wurde.

Ulama (Plural für Alim): »*Gelehrter*«. Bezeichnung für einen islamischen Rechtsgelehrten, der in der Rechtswissenschaft ausgebildet ist, als auch Kenntnis von →Hadith und Koran hat. Allerdings ist dies kein formeller Titel, der an die Erfüllung objektiver Kriterien gebunden ist.

Umma: »*Gemeinschaft der Gläubigen*«. Die islamische Rechtstradition begreift alle Gläubigen als zusammenhängende Gemeinschaft, vereint durch den Glauben an Gott und seinen Propheten Muhammad, unabhängig von Ethnie oder Nationalität.

Moderne, zeitgenössische Interpretationen greifen auf diesen Begriff zurück, wenn sie von »Nation« sprechen. Damit übertragen sie den historischen Begriff der Gemeinschaft der Gläubigen in die Moderne und setzen gleichzeitig den von säkular-nationalistischen Kreisen besetzten Begriffen für Nation, »Daula« und »Watan«, etwas Eigenes entgegen.

Velayet-e Faqih: »*Souveränität des Experten/Rechtsgelehrten*«. Theorie, die auf den iranischen Revolutionsführer Ayatollah Khomeini zurückgeht, der zufolge religiöse Experten an der Spitze des Staates stehen sollen und diesen wiederum ein oberster Gelehrter vorsteht. Ihren Urteilen in weltlichen und theologischen Fragen ist Folge zu leisten. Iran ist das einzige Land der Welt, das gemäß dieser Theorie regiert wird.

Anhang

Hamas' politische Positionen im Lichte des Arabischen Frühlings

von Khaled Mashal[672]

Die folgende Übersetzung basiert auf der Transkription eines Vortrags, den der Chef des Politbüros der Hamas, Khaled Mashal, bei einer Konferenz[673] des »Al-Zaytouna Zentrums für Forschung und Beratung« mit dem Titel »Islamische Kräfte in der arabischen Welt und die Palästina-Frage im Lichte des Arabischen Frühlings« gegeben hat.

»Die Sicht der Hamas auf die Palästina-Frage

Wenn wir in diesem Kontext sprechen, dann sprechen wir von Hamas nicht nur als einer islamischen Bewegung, sondern auch als einer nationalen Befreiungsbewegung. Manches von dem, was wir vorbringen werden, fällt unter die Kategorie Prinzipien und grundsätzliche Einstellungen, manches unter politische Leitlinien und Positionen:

1. Wir werden in keiner Weise die Legitimität der Besatzung anerkennen. Dies ist eine prinzipielle, politische und moralische Position. Weder erkennen wir die Legitimität der israelischen Besatzung von Palästina an noch erkennen wir ›Israel‹[674] oder die Legalität seiner Präsenz in irgendeinem Teil Palästinas an. […]
2. Die Befreiung Palästinas ist eine nationale und legitime Pflicht gegenüber dem Vaterland. Sie fällt unter die Verantwortung der Palästinenser, Araber und der islamischen Umma. […]
3. Dschihad und bewaffneter Widerstand sind die richtigen und authentischen Mittel für die Befreiung Palästinas und die Wiederherstellung seiner

---

672. Quelle: Middle East Monitor: Hamas' political thought and stances in light of the Arab uprisings, www.middleeastmonitor.com/downloads/documents/130319_KhalidMishaal_HamasPoliticalThoughtandStances.pdf (abgerufen am 25.05.2013).
673. Die Konferenz fand am 28. und 29. November 2011 in Beirut, Libanon statt.
674. Die Hamas erkennt den Staat Israel nicht an, weshalb sie Israel in Anführungszeichen setzt.

Rechte. Natürlich muss dieser Kampf durch alle Formen des politischen, diplomatischen, medialen, nationalen und rechtlichen Wiederstands begleitet werden. [...]

4. [Bewaffneter] Widerstand ist ein Mittel, kein Zweck. Wenn wir einen anderen Weg hätten, das Land zu befreien, die Besatzung zu beenden sowie unsere Rechte wiederzuerlangen, ohne Blut zu vergießen und andere schmerzhafte Opfer [zu erbringen], dann hätten wir diesen gewählt. Jedoch hat die historische Erfahrung der Völker gezeigt, dass Widerstand in all seinen Formen, angefangen beim bewaffneten Widerstand, die einzige Möglichkeit ist, die man bei der Vertreibung von Unterdrückern, der Zurückschlagung der Aggression, als auch bei der Wiederherstellung der Rechte des Volkes und des Landes hat.

5. Wir bekämpfen das jüdische Volk nicht weil sie Juden sind. Sondern wir bekämpfen die zionistischen Besatzer und Aggressoren. Wir werden jeden bekämpfen, der uns angreift, unsere Rechte suspendiert oder unser Land besetzt – unabhängig von seiner Religion, Zugehörigkeit, Rasse oder Nationalität.

6. Das zionistische Projekt ist rassistisch, feindlich und expansionistisch und basiert auf Mord und Terrorismus. Folglich ist es der Feind des palästinensischen Volkes und der palästinensischen Nation und stellt eine echte Bedrohung für seine Sicherheit und Interessen dar.

7. Wir halten an al-Quds (Jerusalem) und seinen islamischen und christlichen Heiligtümern fest. [...] Al-Quds ist die Hauptstadt Palästinas und wird in den Herzen der Araber und Muslime als Zeichen ihres Stolzes in Ehren gehalten. [...]

8. Wir bleiben hart, was das Rückkehrrecht der palästinensischen Flüchtlinge und Vertriebenen angeht. [...] Wir lehnen es ab, Kompromisse bei diesem Recht einzugehen. [...]

9. Zuerst Freiheit, dann ein Staat: Ein richtiger Staat ist Ergebnis von Befreiung, aber ein Staat, der aus Abkommen hervorgeht, ist lediglich ein Gebilde oder eine Autonomiebehörde. [...] Andererseits ist die palästinensische Autonomiebehörde eine Realität, die wir mittels einer nationalen Partnerschaft mit anderen Kräften zum Wohle unseres Volkes, seiner Rechte und seiner Befreiung nutzen wollen.

10. Die Errichtung palästinensischer nationaler Institutionen und Behörden sollte immer auf Demokratie gegründet sein. Dies sollte mit freien und fairen Wahlen anfangen. [...] Auch muss sich jeder an Ergebnisse von Wahlen halten und den Willen des Volkes respektieren, als auch den Wechsel der Macht akzeptieren.

Die Veränderungen in der arabischen Welt und ihre Auswirkungen auf die Palästina-Frage, die Rolle der Hamas und mögliche Herausforderungen

1. Es besteht kein Zweifel, dass der Arabische Frühling ›israelische‹ Sorgen vergrößert und seine Erwartungen [für die Zukunft] durcheinandergebracht hat, weil die Spielregeln, an die sich der Feind gewöhnt hatte, anfangen sich zu ändern.

2. Wir zweifeln nicht daran, dass die Änderungen, die der Arabische Frühling mit sich bringt, der Hamas und den palästinensischen Widerstandsorganisationen die Möglichkeit gibt, in einer freundlicheren arabischen Umwelt zu agieren, die mehr auf der Linie des Widerstands ist. [...]

3. Offensichtlich ändert, ergänzt und beeinflusst der [Arabische] Frühling und die Ereignisse, die ihm folgten, die Landkarte der politischen Beziehungen der Hamas. Ägypten, Tunesien und Marokko sind mit Sicherheit eine qualitative Aufwertung von Hamas´ politischen Beziehungen im Vergleich zu ihren früheren Beziehungen. [...]

4. In diesem Kontext leidet unsere spezielle Beziehung zu Syrien – was angesichts der aktuellen Ereignisse in Syrien jedem bekannt ist. Von Anfang an wollten wir nicht, dass die Dinge diesen Gang gehen. Wir wollen, dass Syrien stark bleibt, was seine Sicherheit, Stabilität und Außenpolitik angeht, da seine Politik in den letzten Jahren am Widerstand ausgerichtet war. Dies ist eine historische Wahrheit; und mit der natürlichen Verlagerung des Arabischen Frühlings nach Syrien, strebt das syrische Volk nicht weniger als andere arabische Nationen nach Demokratie, Freiheit und Partizipation. [...] Unglücklicherweise aber schlugen die Dinge die tragische Richtung ein, deren Zeuge wir heute sind.

Probleme und Herausforderungen, denen die Staaten des Arabischen Frühlings gegenüberstehen

1. Die Beziehungen zum Westen und bedeutenden [nicht-westlichen] Staaten müssen geregelt werden, und dies ist in der heutigen Welt aus politischen, ökonomischen etc. Gründen normal. [Aber] dies darf nicht auf Kosten der palästinensischen Frage und der arabischen Rolle und Verantwortlichkeiten diesbezüglich gehen. [...] Wir glauben, dass es notwendig ist, dem Westen keinen Blankoscheck zu geben, während wir gleichzeitig unsere Beziehungen zu ihm definieren. Die Legitimität der Staaten des Arabischen Frühlings entspringt dem Willen seiner Völker, nicht ausländischer Unterstützung. [...]

2. Die Ansprüche der Arabischen Liga müssen erhöht werden, vor allem be-

züglich des arabisch-israelischen Konflikts. Außerdem ist es notwendig, die aktuelle arabische Strategie zu überprüfen und einer neuen Betrachtung zu unterwerfen. [...] Ja, es stimmt, dass die Menschen Zeit brauchen, aber nach dem Arabischen Frühling ist es nicht richtig, die gleiche Sprache, die gleichen Initiativen, gleichen Projekte sowie Einstellungen beizubehalten. [...] Wir müssen beginnen, die arabische Strategie gegenüber dem arabisch-israelischen Konflikt und die Einstellungen gegenüber dem Widerstand langsam zu verändern. Was in der Vergangenheit nach den offiziellen arabischen Normen tabu war, etwa der Lieferung von Waffen an den Widerstand, muss heute möglich werden. [...] [Die Umma] darf nicht auf Seiten ›Israels‹ stehen und ohne zu helfen zuschauen, während ›Israel‹ gleichzeitig die Umma missachtet und ihre Rechte, Interessen sowie Heiligtümer verletzt.

3. Die Friedensvereinbarungen und die Positionen der Länder, die sie geschlossen haben,[675] sind ein schweres Erbe, das einer Revision bedarf. Politische Vereinbarungen mit ›Israel‹ sind gegenüber der Umma und Palästina ungerecht, sie stellen keinen Vorteil dar und keine normale Situation. ›Israel‹ ist kein Freund oder Nachbar und wird es auch nicht sein, sondern ein Feind Palästinas und der gesamten Umma. Wenn wir die Vereinbarungen beschreiben, dann müssen wir die Beziehungen [...] sowie die Normalisierung mit dem Besatzer ansprechen. Die Normalisierung ist insbesondere im Licht des großartigen Arabischen Frühlings inakzeptabel. Denn an diesem Punkt müssen die Anführer der Umma begreifen, dass die Wut ihres Volkes nicht nur Ergebnis nach innen gerichteter Handlungen ist, sondern auch aus der Schande und den schwachen Positionen resultiert, die die Umma im arabisch-israelischen Konflikt eingenommen hat.

Wir wollen, dass unsere Umma als Nation in ihrem Arabischen Frühling vereint ist, vereint für Palästina. Und wir wollen, dass sie sich nach innen entsprechend der Interessen ihres Volkes ausrichtet. Heute sind diese Menschen durstig nach Freiheit, Demokratie, Entwicklung, einem würdigen Lebensunterhalt, Fortschritt sowie Technologie. Gleichzeitig erwarten sie [die Völker], dass ihre Nation sowohl unter den fortschrittlichen Nationen einen Platz einnimmt als auch selbstbewusste außenpolitische Positionen vertritt sowie stark im Kampf mit dem zionistischen Feind auftritt.«

---

675. Gemeint sind Ägypten, Jordanien und die Oslo-Vereinbarungen zwischen der PLO und Israel.

Rede Hassan Nasrallahs anlässlich des 13. Jahrestags des Abzugs der israelischen Besatzungstruppen aus dem Südlibanon[676]

In der folgenden Rede, die in Auszügen wiedergegeben wird, gibt Hassan Nasrallah am 25. Mai 2013 eine ausführliche Begründung für die Einmischung der Organisation in den syrischen Bürgerkrieg.

»Was in Syrien passiert, Brüder und Schwestern, ist sehr wichtig und schicksalhaft für die Gegenwart und die Zukunft des Libanon. Lasst uns nicht den Kopf in den Sand stecken, noch uns verstecken und mit den Ereignissen in Syrien so umgehen, als lebten wir in Djibouti. Nein, wir sind hier, an der Grenze! Wir besitzen den Mut zu sprechen und zu handeln und deshalb werden wir in aller nötigen Offenheit in diesem historisch rauen Moment sprechen.

Von Anfang an[677] hatten wir einen klaren Standpunkt. Wir haben gesagt, dass die Forderungen des Volkes nach Reformen rechtmäßig sind. Wir haben gesagt, dass die [syrische] Regierung wichtige, positive Eigenschaften besitzt, vor allem auf der Ebene des Widerstandes und der Opposition [gegen Israel], und dass sie negative Eigenschaften und Versäumnisse aufweist. Folglich sind Reformen notwendig. Der Weg zu diesen Reformen besteht darin, politische Gespräche [zu führen] und nicht, sein Gewehr auf den anderen zu richten [...]. Auch wir werden dies nicht tun, weil wir wissen, welchen Stellenwert Syrien für den Libanon hat, für die Region, den arabisch-israelischen Konflikt sowie für die palästinensische Frage. Ich persönlich habe mit den Brüdern [weitere Mitglieder von Hizbollah] versucht, zwischen dem [syrischen] Präsidenten Baschar al-Assad und anderen Persönlichkeiten und Seiten aus der Opposition eine politische Lösung zu erreichen [...]. Und ich kann bezeugen, dass Präsident al-Assad eingewilligt und die Opposition dies abgelehnt hat.

[...] Auch war die syrische Regierung bereit, bedeutende Reformen umzusetzen, aber die Opposition lehnt bis heute Gespräche ab und sie tat dies von Anfang an, weil sie hoffte, dass die syrische Regierung innerhalb weniger Monate stürzen würde. Die Opposition nahm an, dass derjenige, der von Frankreich, Italien, Deutschland, Großbritannien, den USA, den arabischen Golfstaaten und der Türkei usw. unterstützt wird, in jedem Fall innerhalb weniger Wochen und Monate den Sieg davontragen würde. [...]

---

676. Quelle: http://video.moqawama.org/details.php?cid=1&linkid=1184 (abgerufen am 20.06.2013).
677. Gemeint ist hier der Anfang der Demonstrationen im März 2011 in Syrien, die dann in den Bürgerkrieg mündeten.

Die Ereignisse nahmen in den folgenden zwei Jahren ihren Lauf und es wurde schnell klar, dass sich eine Achse bildet, die sich aus den eben erwähnten Ländern zusammensetzt und von den USA angeführt wird. [...] Und wir alle wissen, dass diese Achse von ›Israel‹[678] unterstützt wird, weil das amerikanische Projekt in der Region ›Israel‹ ist; daneben gibt es kein weiteres amerikanisches Projekt in der Region. Dieser Achse schlossen sich al-Qaida sowie Takfiri-Organisationen[679] an; ihnen kamen Erleichterungen und Finanzhilfen aus allen Teilen der Welt zu. Keiner kann uns davon überzeugen, dass zehntausende Kämpfer, Takfiris, Anhänger einer extremistischen Ideologie, die alles ablehnen, was nicht wie sie denkt, heimlich nach Syrien kamen. [...]

Sodann wurde ein Weltkrieg gegen Syrien auf allen Ebenen geführt, medial, politisch, diplomatisch, ökonomisch usw.; zehntausende Kämpfer aus allen Teilen der Welt wurden aufgerüstet und finanziert. [...]

Wir haben uns, offen gesagt, erst in der letzten Zeit eingemischt, während wir die ganze Zeit allen Seiten gesagt haben,: ›Syrien wird zerstört, geht verloren, eine Lösung ist nur über Gespräche zu erreichen‹; wir haben alle unsere Verbindungen in Gang gesetzt, zu islamischen Kräften, nationalistischen Kräften, zu Staaten ... alles vergebens. Die andere Achse hat sich entschieden, die Schlacht bis zum Ende auszutragen, sie will keine Gespräche, sondern nur den Sturz der Regierung, um jeden Preis.

Nun zu den bewaffneten Organisationen in Syrien: In den Regionen, aus denen der Staat vertrieben wurde und nun unter Kontrolle der bewaffneten Gruppen stehen: Hat die syrische Auslandsopposition irgendeinen Einfluss auf diese bewaffneten Gruppen?! Der Westen, die Araber, die Medien, Ich und Ihr [Publikum] kennen die folgende Wahrheit: Die größte Kraft und der mächtigste Flügel der bewaffneten Gruppen, die im Feld das Sagen haben, sind die Takfiri-Gruppen und die Opposition im Ausland hat absolut keinen Einfluss auf diese Gruppen. [...]

Diese arabischen Staaten[680] wollen sich der syrischen Regierung und dieser Gruppen entledigen. Deshalb erleichtern sie ihnen die Ausreise aus ihren Ländern, aber sie denken nicht an den Tag, an dem sie zurückkehren werden, ausgebildet,

---

678. In der Transkription der Rede wird Israel in Anführungszeichen gesetzt, da die Hizbollah es für ein illegitimes Konstrukt hält, das es nicht anerkennt.

679. Takfir, siehe Glossar. Mit diesem Begriff werden militant-dschihadistische Gruppen bezeichnet, die den Kampf gegen den politischen Gegner mit seinem Unglauben begründen und daraus ihr eigenes Recht ableiten, ihn bis zum Tod zu bekämpfen. Nasrallah zählt al-Qaida und weitere militant-sunnitische Organisationen, die im syrischen Bürgerkrieg aktiv sind, zu den Takfiri.

680. Gemeint sind Qatar und Saudi-Arabien, die maßgebliche Unterstützer und Ausrüster dieser Gruppen in Syrien sind.

geübt im Kämpfen und Töten und bereit für jede Art der Konfrontation. Das ist unsere Sichtweise, dies ist es, was heute passiert.

Es geht nicht mehr um ein revoltierendes Volk gegen seine Regierung, auch nicht mehr um Reformen. [...] Bei den Ereignissen in Syrien – und hier will ich unsere Grundsätze deutlich machen, auf die wir unser Handeln stützen – geht es heute um etwas gänzlich anderes: Wir betrachten die Herrschaft dieser Gruppen über Syrien oder über bestimmte Provinzen Syriens, insbesondere diejenigen, die an den Libanon grenzen, als große Gefahr für den Libanon und für alle Libanesen und nicht als Gefahr nur für die Hizbollah. Sie stellen auch keine Gefahr nur für die Schiiten im Libanon dar, sondern für den gesamten Libanon, für die Libanesen, den libanesischen Staat, für den libanesischen Widerstand sowie für das Zusammenleben der Konfessionen. [...] Wenn es diesen Gruppen gelingt, insbesondere die Grenzregionen zum Libanon zu beherrschen, dann stellen sie eine Gefahr für die muslimischen und christlichen Libanesen dar. Und wenn ich von Muslimen spreche, dann meine ich Sunniten, Schiiten, Drusen, Alawiten und nicht nur die Schiiten; vor allem die Sunniten sind in Gefahr!

Wollt ihr einen Beweis? Schaut auf den Irak! Diejenigen, die heute in Syrien kämpfen, sind die Erweiterung einer Organisation, die sich »Islamischer Staat im Irak«[681] nennt. Fragt die Sunniten im Irak nach dieser Organisation! Wie viele sunnitische Rechtsgelehrte hat diese Organisation getötet!? [...] Wie viele Moscheen hat diese Organisation [...] in die Luft gesprengt?! Und nicht nur schiitische Moscheen oder christliche Kirchen, nein! Sunnitische Moscheen! [...] Diese Organisation ist stolz darauf, dass sie 4000 bis 5000 Selbstmordattentate im Irak durchgeführt hat. Die meisten dieser Attentate haben Iraker getroffen, Angehörige aller Konfessionen und Religionen. [...] Das Problem der Geisteshaltung des Takfir und derjenigen, die ihn anwenden, liegt darin, dass sie die Anderen aus den nichtigsten Gründe zu Ungläubigen erklären – nicht nur aus ideologischen oder konfessionellen Gründen, sondern aus politischen Gründen. [...] Ich sage – und ich habe Statistiken darüber –, dass die Idee des Takfir im Irak, in Afghanistan, in Pakistan und in Somalia [...] viel mehr Sunniten getötet hat als Angehörige anderer muslimischer Konfessionen oder Christen [...]. Unter dieser Epidemie [Takfir] leiden nun Tunesien, Libyen sowie diejenigen Länder, die diese Seuche produziert und exportiert haben! [...]

Das ist die Gefahr! Diese Geisteshaltung des Takfir akzeptiert keinen Diskurs, keine Diskussion verschiedener Standpunkte [...]. Alles was diese Geisteshaltung kennt – und aus den nichtigsten Gründen – ist: ›Du bist ein Ungläubiger, dessen Blut wir vergießen, dessen Vermögen wir uns aneignen sowie dessen Ehre wir schänden dürfen!‹ Welche Zukunft erwartet Syrien angesichts dieser Geisteshal-

---

681. Dachorganisation von militanten Aufständischen gegen die US-Besatzung, die 2006 aus dem Zusammenschluss mehrerer Gruppen im Irak entstanden ist, u.a. Al-Qaida.

tung und dieser Organisationen?! Welche Zukunft den Libanon?! Palästina?! Welche Zukunft erwartet die Völker des Nahen Ostens?! [...] Diese Gefahr ist sehr real! Folglich betrachten wir die Angelegenheit nicht aus einer sektiererischen Perspektive, in der Schiiten gegen Sunniten gegeneinander kämpfen, wie uns manche vorgeworfen haben. Vielmehr betrachten wir die Angelegenheit aus einer Perspektive, in der alle Muslime und Christen durch diese Geisteshaltung und dieses Projekt, das auf die Region zurollt, bedroht sind. Und ich füge hinzu: Dieses Projekt ist durch die USA finanziert und unterstützt, denn dies ist alles, was den USA geblieben ist, um die Region zu zerstören und ihre Hegemonie darüber wiederherzustellen angesichts des revolutionären Erwachens und der Willensdemonstration der Völker.[682] [...]

Syriens Rolle für den Widerstand

In aller Deutlichkeit: Syrien ist das Rückgrat des Widerstands [gegen Israel]. Und der Widerstand kann nicht mit verschränkten Armen dastehen, während sein Rückgrat gebrochen wird. [...]

Wenn Syrien in die Hände der USA, Israels, der Takfiri-Organisationen und der Werkzeuge Amerikas – derjenigen Staaten also, die sich als Staaten der Region bezeichnen – fällt, dann wird der Widerstand belagert sein und Israel wird in den Libanon eindringen, den Libanesen seine Bedingungen diktieren, seine Begierden nach Land sowie seine Projekte wiederbeleben. [...] Wenn Syrien fällt, ist Palästina verloren, der palästinensische Widerstand, das Westjordanland, Gaza, al-Quds al-scharif (das erhabene Jerusalem); wenn Syrien in deren Hände fällt, dann erwartet die Völker und Staaten unserer Region eine harte, schlimme und ungerechte Zukunft! [...]

Brüder und Schwestern! Wir stehen vor einer völlig neuen Phase, die in aller Deutlichkeit in den letzten Wochen begonnen hat. Es geht nun um die Stärkung des Widerstands, Libanons sowie seinen Schutz. Und dies ist die Verantwortung aller! [...] Und wie bei allen früheren Schlachten sind wir die Herren dieser Schlacht, ihre Männer sowie diejenigen, die den Sieg erringen werden! [...] Und ich wiederhole, was ich in den ersten Tagen des Juli-Krieges 2006 gesagt habe: Oh, Ihr ehrbaren Leute, Ihr Kämpfer (Mudschahidin) und Helden! Genauso, wie ich Euch früher den Sieg versprochen habe, so verspreche ich Euch erneut den Sieg!«

---

682. Gemeint ist der Arabische Frühling.

Presseerklärung der Hamas vom 13. Juni 2013[683] zum Konflikt in Syrien, internen Konflikten und weiteren Positionen

»Bestimmte Medien, Zeitungen, Onlinemedien sowie Autoren und Journalisten verbreiten in ihren Artikeln Behauptungen, unwahre Nachrichten [...] und erfundene Ereignisse, die nie stattgefunden haben. Dies ist Teil eines Plans, der auf die Politik der Hamas und ihre Führung abzielt und danach strebt, sie und ihre Positionen in Verruf zu bringen. Es ist klar, dass dieser giftige Angriff erfolgt, weil die Hamas an ihren Prinzipien und Werten festhält. Ein weiterer Grund für diesen Angriff liegt in den Standpunkten der Hamas begründet, in denen sie die arabischen Völker, deren Revolutionen und rechtmäßigen Forderungen nach Freiheit und Würde unterstützt. [...]

Die islamische Widerstandsbewegung (Hamas) appelliert bezüglich dieser hinterhältigen, irreführenden und noch nie dagewesenen Medienkampagne, der sie ausgesetzt ist, an alle Journalisten, acht zu geben sowie präzise und objektiv zu berichten und nicht hinter unwahren und fabrizierten Nachrichten herzurennen, die den Ruf des palästinensischen Widerstands beschädigen, als auch die öffentliche Meinung in die Irre führen und die nur dem zionistischen Feind dienen. Deshalb betonen wir das Folgende:

1. Es existieren keine Konflikte oder gar gegnerische Flügel innerhalb der Bewegung, die von bestimmten Seiten und Autoren als ›Hamas im Inneren‹, ›Hamas im Ausland‹, ›Hamas Qatar‹, ›Hamas Iran‹ oder ›Hamas Ägypten‹ bezeichnet werden. Diese existieren nur in der Phantasie von bestimmten Personen und in den vorurteilsbeladenen Annahmen anderer. Hamas ist eine einheitliche und ungeteilte, authentische, nationale palästinensische Bewegung. Ihre Entscheidungen sind national bestimmt und unterliegen weder arabischen, noch islamischen externen Einflüssen.

2. Die Bewegung ist von ihrem Pfad des Widerstands gegen die Besatzung und ihre Pläne nicht abgewichen und wird in Zukunft nicht davon abweichen. Ferner wird sie ihre Gewehre nur auf den zionistischen Feind richten; wer etwas anderes wahrnimmt, der phantasiert! Keiner übertrifft eine Bewegung, die die Besatzung mit Schrecken erfüllt, ihre Schlafstätten er-

683. Quelle: http://www.hamasinfo.net/ar/default.aspx?xyz=U6Qq7k%2bcOd87MDI46m9rUxJEpMO%2bi1s7vxm%2bynXA1KxbfA4IWHGHXf%2b21%2b1Z1vBEwwtHFgp6%2byMBOo%2bQkkguLToiEpAd85EKeuIyX8dFvwJ1LZyzfddO8zboUs971RGtwcatpF5pNa8%3d (abgerufen am 20.06.2013).

schüttert hat und die vortrefflichsten Märtyrer aus den Reihen ihrer Führung als auch ihre einfachen Mitglieder geopfert hat. [...]

3. Hamas ist nicht in den syrischen Konflikt involviert und wird es in Zukunft auch nicht sein. Alle unsere Kräfte sind darauf ausgerichtet, auf unserem usurpierten Land der Besatzung Widerstand zu leisten.

4. Die Fabrikation gefälschter Nachrichten über die Einmischung der Bewegung in den syrischen Konflikt sind nichts weiter als ein verzweifelter Versuch, die Bewegung mit Dreck zu bewerfen und drückt den Bankrott derer aus, die hinter diesen Versuchen stehen. Aber gleichzeitig stellen wir uns deutlich hinter das syrische Volk und sein Recht auf Freiheit und Würde, als auch gegen die barbarischen Tötungen und Zerstörungen, denen Syrien und sein ehrbares Volk ausgesetzt sind.

5. Hamas verpfändet ihre Entscheidungsgewalt nicht demjenigen, der sie unterstützt. Und wenn sich die Unterstützer abwenden, so wird das den dschihadistischen Weg der Bewegung nicht aufhalten, denn wir beziehen unsere Kraft vom Erhabenen Herrn, der das Geheimnis unseres Erfolges ist.

6. Die Ziele und Intentionen, die hinter den fabrizierten Berichten stehen, welche über die dschihadistischen al-Qassam-Brigaden[684] veröffentlicht wurden [...], über Delegationen und Führer der Brigaden, die Iran und die Hizbollah besucht haben sollen, sowie die Behauptungen über einen Brief an Sayyid Hassan Nasrallah und andere irreführende Nachrichten, wurden bloßgestellt und entkräftet.«

---

684. Die „Izz al-Din al-Qassam-Brigaden" sind der bewaffnete Arm der Hamas.

» Weil man es aber nicht wissen will beziehungsweise bereits Gewusstes tun-
lichst verdrängen möchte, ist Petra Wilds Buch wichtig. Es fungiert gleichsam
als literarische Zwangsjacke der beharrlich Wegschauenden, den Blick auf den
im Buch berichteten Schrecken ideologisch Verweigernden.«

Süddeutsche Zeitung

Petra Wild

Apartheid und ethnische Säuberung in Palästina

Der zionistische Siedlerkolonialismus in Wort und Tat

ISBN 978-3-85371-355-6, br.,
240 Seiten, 15,90 €

» ... Das Monströse des Verbrechens wird banalisiert; ›statt sich an das Unsäg-
liche heranzutasten‹, wird es ›zur Alltagssprache degeneriert‹. Damit setzt sich
Zuckermann in seiner lesenswerten Studie auseinander. Er bezieht sich auf
Israel und Deutschland. In beiden Ländern hat der Begriff ›Antisemitismus‹
– aus unterschiedlichen Gründen – das ›genuine Entsetzen‹ verdrängt und an
dessen Stelle eine Doppelmoral und hohle Worthülsen installiert.«

Frankfurter Allgemeine Zeitung

Moshe Zuckermann

Antisemit!
Ein Vorwurf als Herrschaftsinstrument

ISBN 978-3-85371-318-1, br.,
208 Seiten, 15,90 €